숨어 있는 한국 현대사

일제 강점기에서 한국전쟁까지, 아무도 말하지 않았던 그날의 이야기

임기상 지음

인문서원

어느 휴머니스트의
따뜻한 역사 이야기

우리 근현대사에는 즐겁고 신나는 이야기보다 비장하고 애통한 이야기가 더 많다. 식민지, 분단, 전쟁을 거치며 깊은 애증의 골이 파였고, 그 안에서 얽히고설킨 삶들이 서로 무수히 상처를 주고받았기 때문이 아닐까 싶다. 아마 그래서일 것이다. 삼국 시대, 고려 시대, 조선 시대까지는 괜찮은데 유독 근현대사를 접하면 불편하고 힘들어지는 이유가.

그러나 불편하다고 외면할 수 없는 것이 다름 아닌 근현대사다. 근현대사는 현재의 내 삶과 직결되어 있기 때문이다. 지금 내가 살고 있는 21세기 대한민국이라는 공간과 시간을 만든 것이 바로 한국 근현대사다. 그러므로 근현대사를 모르면, 예컨대 분단의 역사적 과정을 정확히 알지 못하면 오늘 밤 9시 뉴스에 나오는 남북 관계 뉴스의 의미를 제대로 이해할 수가 없다. 제대로 이해하지 못하면 떠도는 이야기나 매스컴이 주는 정보에 무비판적으로 기대게 되고, 결국은 민주사회의 구성원인 시민이 갖추어야 할 덕목이요 자존심인 사고력과 판단력을 상실하게 되기 십상이다.

이 책은 일제 강점기부터 해방, 한국전쟁까지의 한국 근현대사를 인물 중심으로 써내려가고 있다. 자칫 복잡하고 딱딱하게 느껴지기 쉬운 그 시대의 역사를 저자는 사람 사는 역동적인 공간으로 복원시켜 놓았다. 친일파와 독립운동가, 좌익과 우익, 빨치산과 토벌대장, 이런 식의 흑백논리로 양분 대립시키지 않고 당시의 상황 속에서 충실하게 인물을 그려내는 저자의 필치가 설득력이 있다. 기자만이 가질 수 있는 예리한 통찰과 명료한 서술은 읽는 이를 즐겁게 한다. 가장 돋보이는 것은 밑바닥에 시종 흐르는 저자의 따뜻한 시선이다. 저자가 머리말에서 밝혔듯이, 민족주의와 휴머니즘이 그의 사관이기에 그럴 것이다. 진정한 민족주의와 휴머니즘은 분리와 분열이 아니라 통합과 화해를 지향하니 말이다.

역사책 쓰기를 업으로 삼은 지 어느새 20년이 넘었다. 전문연구자와 일반 대중의 지적 정서적 간극을 좁힘으로써 역사와 사회 발전에 기여하고자 하는 바람으로 시작한 역사의 '대중화' 작업이 20년이 넘은 셈이다. 그동안 얼마나 성과가 있었는지, 과연 성과가 있기는 한 건지 요즘 부쩍 회의가 든다. 그래도 단념하지 않는 것은 미래에 대한 희망 때문이 아닐까 싶다. 미래는 열려 있는 것이니까. 지금 우리가 살고 있는 현재가 과거의 산물이듯이, 오늘 우리가 하는 일이 미래를 만들 것이다.

원고 파일을 열고는 단숨에 마지막 페이지까지 읽었다. 그리고 맨 끝 문장을 읽고 났을 때는 나도 모르게 눈이 젖어 있었다. 다른 독자들도 아마 그럴 거라고 생각한다.

2014년 11월
박은봉

거짓투성이 현대사가
대한민국을 망친다

왜 한반도를 포함한 동아시아 현대사를 다시 써야 할까?

결론적으로 얘기하면, 우리가 배운 역사가 식민사관, 독재정권, 좌우 대립, 미국 중심주의에 휘둘려 너무나 왜곡되고 감춰져 있기 때문이다. 내가 태어난 1959년부터 적어도 1987년 6월항쟁이 쟁취한 민주화에 이르기까지, 그러니까 내가 글을 깨우친 1965년부터 1987년까지 22년 동안 내가 배운 현대사는 온통 거짓말과 왜곡, 과장은 물론 우리 민족이 아닌 일본과 미국의 시각에서 바라본 반 민족적, 반 민주적 정보에 불과했다.

1975년 봄 내가 고등학교에 진학했을 때 배운 유신헌법의 내용은 정말 역겨운 것이었다. 박정희는 유신헌법에서 대통령이 국회의원의 1/3을 임명하도록 해버렸다. 또 소선거구 대신 중선거구제를 도입해

도시에서도 여당 후보가 야당과 동반 당선될 수 있는 길을 터놓아 여권이 언제나 2/3에 가까운 안정적인 의석을 확보할 수 있게 만들어버렸다. 특히 대통령의 명령인 긴급조치로 인권 유린은 물론, 입법권과 사법권을 통제할 수 있는 상황에서 3권 분립이란 무의미한 것이었다. 이런 조항을 만든 다음 3선으로 제한했던 대통령의 임기를 없애 영구 집권할 수 있는 길을 열었다.

이건 헌법이 아니고 박정희라는 한 인간의 영구 집권, 자신에게 반대하면 누구나 감옥에 가두고 죽일 수 있는 끔찍한 반 인권적 내용을 담은 쓰레기였다. 그때 결심한 것이 내 죽는 날까지 투쟁을 벌여 이 헌법을 폐기하고 민주주의를 되찾겠다는 것이었다.

대학 진학 후 유신 정권과 전두환 정권에 맞서 싸우면서 비로소 역사에 관심을 갖게 됐다. 그 계기는 1980년 해직된 강만길 교수에 이어 고려대에 부임한 유영익 교수(현 국사편찬위원장)였다. 한국 근현대사를 가르친 그분의 강의 중에 지금도 두 가지 지적 사항이 명확하게 기억난다.

"뭐? 2차대전사에서 결정적인 전투가 노르망디 상륙작전과 북아프리카 전투라고? 이 전쟁은 물론 전후 세계사는 소련과 나치 독일의 전쟁에서 결판났다."

"김일성의 만주 빨치산 투쟁이 거짓말이라고 주장하는데, 내가 지도를 보면서 설명하겠다. 김일성 부대는 여기서 저기로 이동하며 일본군과 치열한 전투를 벌이며 이곳 연해주로 넘어갔다."

당시 얕은 세계사 지식과 할리우드 영화를 보며 2차대전의 결정판이 영·미가 주도한 노르망디 상륙 작전이라고 생각했던 만 21살의 나로서는 새로운 얘기였다. 그 뒤 전쟁사를 독자적으로 공부하면서 그것이 정확한 지식이었음을 여실히 깨달았다. 300만 명의 독일군과 500만 명의 소련군이 맞붙은 이 전쟁에서 승리한 소련이 총구를 만주와 조선으로 돌려 우리가 남북 분단에 이르게 된 과정을 이해할 수 있었다.

김일성의 독립운동도 이제는 부인할 수 없는 단계에 이르렀다. 남에서는 일본군과 만주군, 학병 출신이 군대의 중추를 형성하고, 북에서는 항일 빨치산과 중국 인민해방군 출신이 인민군의 대오를 이뤘다는 걸 안 것은 최근이다. 정통성의 차이가 있는데도 왜 북한은 남한에 밀려 거지꼴이 되었을까? 여러 가지 복잡한 이유가 있지만 진정한 민주주의의 도입과 경제적 개방이 중요했을 것이다.

그때부터 유럽 현대사와 동아시아 역사, 한국 현대사에 대해 차분하고 체계적인 공부에 들어갈 수 있었다. 그때 나에게 지적 자극을 준 유영익 교수가 지금은 이승만을 칭송하는 뉴라이트의 일원이라는 것이 아직도 믿어지지 않는다.

대학을 졸업한 후 30년 가까이 기자 생활을 하면서 조선 시대 이후 우리 민족의 발자취와 가깝게는 일제 강점기와 분단, 전쟁이 오늘날 우리의 삶을 규정하고 제약하는 일을 수없이 겪게 됐다. 몇 가지 예를 들어보자.

우리 아버지와 대학 은사인 고려대 철학과 표재명 교수가 이구동성으로 하신 말씀이 있다.

"우리 6.25 세대가 봤을 때 너희 세대가 불쌍하다."

"아니, 그 시대는 총 맞아 죽고, 굶어 죽고, 얼어 죽었다는 세대인데 왜 우리가 불쌍합니까?"

"그래도 우리는 모두 가난하니 서로 돕고 가족처럼 지냈다. 너희 세대는 빈부 격차와 그 알량한 욕망 때문에 더 불행하게 살고 있다."

경남 창원에 갔을 때 경남대 사회학과 임영일 교수에게 물었다.

"왜 경상남도는 이렇게 보수적인가요?"

"그건 인민군이 6.25 때 여기를 못 들어와서 그런 겁니다."

그제서야 경상도 일대가 상하가 뒤집어지는 계급 혁명의 경험이 없었다는 것을 깨달았다. 그 지역은 5천 년의 질서가 고스란히 유지되어 온 것이다. 그러니 선거든 뭔 일이든 개혁과 혁명은 불가능한 지역으로 남게 됐다.

대법원에 출입하던 시절 당시 대법원 대변인이었던 목영준 부장판사로부터 들었던 얘기다.

"1980년대 데모를 하다 들어온 대학생들을 저는 무조건 집행유예로 석방했습니다. 그러다 몇 년 전 이 학생들에게 징역 1~3년을 때리던 선배 얘기를 듣고 놀랐습니다. 나는 이 선배들이 인간으로 안 보였는데 이분들이 이런 얘기를 하는 겁니다. '박정희의 유신 시대에 데모했다는 학생들에게 징역 15~20년, 또는 사형을 선고한 선배 판사들이 인간으로 안 보인다……' 그 순간 저는 '역사란 갑자기 도약하는 것이 아니고 차근차근 개선되는 것이구나' 하는 생각이 들었습니다."

이 책에서는 일제 강점기에서 한국전쟁까지 우리 역사를 뒤흔든 거대한 사건들과 그 사건의 주역인 생생한 인간 이야기를 기록했다. 특히 왜곡되어 알려졌거나 중요한 인물인데도 역사에서 지워진 이들을 복원하고 제자리를 찾아주는 데 역점을 두었다.

이 책은 우리 현대사를 민족주의와 휴머니즘이라는 두 가지 시각에서 재구성해보자는 의도에서 시작한 작업의 결과물이다. 역사 공부를 하고 글을 쓰면서 상상 이상으로 우리 현대사가 여기저기 텅텅 비어 있고, 너무나 뒤틀려 있고, 거꾸로 서 있음을 알았다.

시작은 「CBS노컷뉴스」의 김준옥 보도국장과 송형관 문화체육부장의 격려였다. 이 작업은 내가 취재하고 발로 쓰는 것이 아니라 1987년 민주화 이후 20여 년 동안 젊은 학자들이 규명해낸 새로운 학설을 소개하는 것이다. 이분들의 역작을 저널리스트인 내가 종합, 정리해서 대중들에게 소개하는 것이다. 다시 말하면 '역사의 대중화'라고 할 수 있다.

역사학자 이덕일 한가람역사문화연구소장, 박명림 교수, 김삼웅 전 독립기념관장, 소설가 안재성 선생, 친일파 전문가 정운현 선생, 서중석 교수, 김동춘 교수, 역사비평가 이주한 선생 등 수없이 많은 저술가와 학자들의 글을 참고했고 본문에 감히 인용했다. 이분들의 역작과 노고에 마음으로부터 깊은 감사를 드린다. 그리고 난삽한 내 원고를 수없이 다듬은 인문서원 위정훈 편집장의 노고에 고개 숙여 고마움을 표하고 싶다.

　미래를 짊어질 젊은 세대가 이 책을 읽고 고난에 찬 역사의 질곡을 뚫고 민주화를 쟁취한 당당한 우리 현대사를 깊이 이해하고, 민주주의와 휴머니즘을 달성한 대한민국을 자랑스러워하기를 바란다.

2014년 11월

임기상

차례

I. 뒤틀린 현대사

_ 일제 강점기 독립운동가 vs 친일파

II. 흙 다시 만져보자, 바닷물도 춤을 춘다

_ 해방과 대한민국 정부 수립

III. 이승만은 어떻게 한국 현대사를 짓밟았나

　_ 한국전쟁 발발에서 휴전까지

I.

뒤틀린
현대사

일제 강점기 독립운동가 VS 친일파

I.

신소설의 작가,
나라를 팔아먹다

_ 매국노 이완용의 비서였던 이인직의 숨은 친일 행적

우리가 중·고교 시절에 교과서에서 배운 신소설 「혈의 누」라는 작품이 있다. 이 작품에 대해 우리는 '이인직이라는 작가가 쓴 우리나라 최초의 신소설'이라고만 배웠다. 「혈의 누」의 내용은 간략하게 말하면 다음과 같다.

> 1894년 청일전쟁이 평양 일대를 휩쓸었을 때 7살 난 여주인공 옥련은 피난길에 부모를 잃고 부상을 당한다. 그러다 일본군에게 구원받고 일본인 군의관의 도움으로 일본으로 건너가 소학교를 다니게 된다.

이 소설이 「만세보」에 연재되기 시작할 때가 1906년 7월 22일이다.

불과 넉 달 전인 1906년 3월 2일 이토 히로부미가 대한제국의 초대 통감으로 부임해 조선의 행정권을 장악했다. 이런 시기에 이인직이 '시련에 빠진 여주인공을 일본군이 구출한다'는 내용의 소설을 연재한 의도가 무엇일까?

쉽게 말하면 '일본이여, 빨리 우리를 구출해달라', '일본의 점령은 우리에게 축복이다'라는 여론을 조성하기 위한 것이다.

> "이인직씨 드러보소. 연희('연극'을 뜻함) 개량한다 하고 일본까지 건너가서 여러 달을 유전타가 근일에야 나왔다니 무슨 연희 배워왔나. 연희 개량 고사하고 동서분주 출몰하는 공의 형상 볼작시면 연희보다 재미있네. 공의 일도 가탄하다."

「대한매일신보」 1909년 5월 20일자 〈시사평론〉란에 실린 글이다. 당대 최고의 신소설 작가로 인기를 누리던 이인직에 대해 「대한매일신보」가 "연희보다 재미있다", "가탄하다(가히 탄식할 만하다)"고 조롱한 데는 까닭이 있다.

학교 시험 문제에 나오기 때문에 이인직이 선각자이고, 최초의 신소설을 썼다는 사실은 누구나 알고 있다. 하지만 이인직이 이완용의 비서였으며 이완용과 함께 조선을 팔아먹은 숨은 주역 가운데 한 명이라는 사실을 아는 이는 과연 몇 명이나 될까?

'경술국치' 뒤에 그 남자가 있었다

1909년 10월에 안중근 의사의 의거로 이토 히로부미가 사살되고 1910년 5월 데라우치 마사타케 육군대장이 3대 통감으로 부임하자

이인직의 신소설 『혈의 누』(왼쪽)와 우리에게는 '신소설의 작가'로만 알려져 있는 이인직. 작가이기 이전에 이완용의 비서로 나라를 팔아먹는 협상의 실무자였다.

총리 이완용은 비서인 이인직을 통감부 외사국장 고마쓰에게 몰래 보냈다. 1910년 8월 4일 밤 11시였다. 조선을 팔아먹는 비밀 협상을 하기 위해서였다.

고마쓰는 24년 후에 조선총독부 기관지에 당시의 일화를 소개했다. 지금으로 치면 '이제는 말할 수 있다' 같은 연재물 성격의 글이다. 이 협상에서 이인직은 이렇게 말했다.

"역사적 사실에서 보면 일한 병합이라는 것은 결국 종주국이었던 중국으로부터 일전하여 일본으로 옮기는 것입니다."

이렇게 운을 뗀 이인직은 은밀하게 이완용이 가장 궁금해하는 사항을 물었다. 그것은 '나라를 팔아먹는 데 따른 대가가 무엇이냐?'였다. 고마쓰는 "병합 후 조선의 원수(황제)는 일본 왕족의 대우를 받으며 언제나 그 위치를 유지하기에 충분한 세비를 받는다. 내각의 여러 대신은 물론 다른 대관으로서 병합 실행에 기여하거나 혹은 이에

데라우치 마사타케 통감(왼쪽)과 매국노 이완용(오른쪽).

관계하지 않은 자까지도 비위의 행동으로 나오지 않는 자는 모두 공작, 후작, 백작, 자작, 남작의 영작을 수여받고 세습 재산도 받게 된다."고 답했다.

귀가 솔깃해진 이인직은 "귀하께서 말씀하신 바가 일본 정부의 대체적인 방침이라고 한다면 대단히 관대한 조건이기 때문에 이완용 총리가 걱정하는 정도의 어려운 조건이 아니라고 본다."고 고마워했다. 나라를 팔아먹는 대가로 귀족의 작위와 은사금을 주겠다고 하자 "대단히 관대한 조건"이라며 희희낙락하고 있는 것이다.

이인직의 보고를 받은 이완용은 마침내 매국을 결심하고 1910년 8월 16일에 통감 저택을 방문해 데라우치를 만났다. 나라를 팔아넘기는 거대한 협상이 불과 30분 만에 끝났다. 중요한 사안은 이미 실무자 격인 이인직과 고마쓰 사이에 다 합의를 봤기 때문이다.

이렇게 해서 일제는 대한민국의 통치권을 일본에 넘겨준다는 내용의 한일병합조약을 강제로 체결했다. 이를 공포한 경술년 1910년 8월

나라를 팔아넘긴 대가로 일제로부터 작위와 은사금을 받고 희희낙락했을 매국노 4명이 한자리에 모였다. 왼쪽부터 이완용, 임선준, 이병무, 송병준.

29일을 국가적 치욕이라는 의미에서 '경술국치'라고 부른다.

　해방 후 우리 국사와 국어 교과서는 이런 악질 친일파 매국노 이인직을 '선각자'라고 소개하고 그의 작품 「혈의 누」를 '자주 독립, 신교육 사상이 담긴 신소설의 효시'라고만 가르쳐 왔다. 이런 파렴치한 교과서 집필을 주도한 인물들은 누구일까? 일제 하에서 식민사관을 개발하고 해방 후에는 이를 보급한 이병도와 신석호와 같은 조선사편수회 출신의 친일사학자(68쪽 참조) 말고 달리 누가 있겠는가?

2.

고종 황제
망명 시도 사건

_ 전 재산을 털어 항일 무장 투쟁에 나선 이회영 일가

경술국치 직후인 1910년 가을.

백사 이항복의 10대 후손으로 조선에서 손꼽히는 명문가인 경주
이씨 가문의 이회영을 비롯한 여섯 형제가 한자리에 모여 앉았다. 이
회영은 여섯 형제 중 넷째로, 위로는 이건영, 이석영, 이철영이 있었고
아래로는 이시영과 이호영이 있었다. 이회영은 형제들에게 온 가족이
만주로 이주해 일제와 싸우자고 설득했다. "이것이 왜족과 혈투하시
던 백사 이항복 공의 후손된 도리라고 생각합니다. 여러 형님들과 아
우님들은 나의 뜻을 따라주시기 바랍니다."

모두 이회영의 뜻에 동조하자 곧바로 가산 정리에 나섰다. 급하게
정리해 마련한 자금은 약 40만 원, 오늘날로 환산하면 600억 원에
달하는 거금이었다.

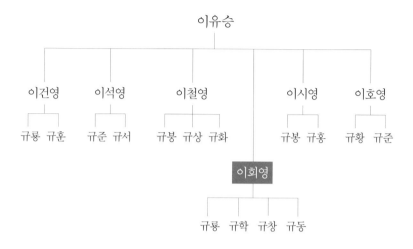

이회영 일가 가계도

1910년 12월, 이회영 일가 40여 명은 말과 마차 10여 대에 나누어 타고 대륙에서 불어오는 칼날 같이 매서운 북풍을 맞으며 압록강을 건너 만주로 향했다. 이회영의 부인 이은숙 여사는 당시를 이렇게 회고했다.

> "6~7일 간 지독한 추위 속에 좁은 차 속에서 고생하던 일을 어찌 다 적으리오. 그러나 어느 누구도 괴로운 사색은 조금도 내지 않았다."

배를 타고 강을 건넌 이회영은 뱃사공에게 뱃삯의 두 배를 지불하며 "일본 경찰이나 헌병에게 쫓기는 독립투사가 돈이 없어 헤엄쳐 강을 건너려고 하면 나를 생각해 배에 태워 건너게 해주시오."라고 부탁했다는 일화가 전한다. 만주의 안동현(오늘날 단둥)에 도착한 이회영 일가는 1차 집결지인 북쪽의 횡도촌으로 향했다. 사전에 모의한 대로 횡도촌에는 이회영 일가뿐 아니라 안동의 대표적인 유학자인 이상룡 일가와 이상룡의 처남인 김대락 일가, 안동의 황호 일가, 김동삼 일가가 속속 도착했다.

먼저 도착한 강화학파(조선 후기 정제두에서 비롯된 양명학의 학파. 강화도에서 모여 양명학을 연구했으므로 강화학파라고 한다)의 정원하, 이건승, 홍승헌 등이 이들을 기다리고 있었다.

이회영 일가가 삭풍이 부는 만주 벌판을 지나갈 때 일제는 나라를 팔아먹은 매국 친일파에게 공작, 후작, 백작, 자작, 남작의 작위를 내리고 막대한 은사금을 지급했다. 이회영 일가가 만주로 떠난 지 두 달 만의 일이었다. 그리고는 조선 백성들에게 "독립운동은 상놈들이나 하는 짓"이라고 선전했다. 그러나 조선 최고의 명문가인 이회영 일가를 시작으로 구한말에 공조판서를 지내고 남작 작위를 받았던 김가진, 안동을 대표하는 명문가인 이상룡 일가와 김동삼 일가 등이 차례로 망명하자 일제는 할 말을 잃었다. 조선에서 썩어빠진 고관대작들이 일제가 하사한 작위와 은사금에 취해 있는 동안, 내로라하는 유학자들은 전 재산을 털어 독립운동에 뛰어든 것이다.

신흥무관학교, 문을 열다

우여곡절 끝에 100여 명의 이주민들은 지린성 통하현에 있는 하니허(哈泥河)에 정착했다. 이석영이 거금을 쾌척해 이 일대의 토지를 사들여 1912년 3월부터 독립군 양성을 위한 학교 신축 공사를 시작했다. 석 달 후 새로운 교사가 완성됐다. 이렇게 문을 연 신흥무관학교

작위를 받은 매국 친일파 (1910년 10월 수작자)

이름	작위	친일 행적	이름	작위	친일 행적	이름	작위	친일 행적
고영희	자작	정미칠적, 경술국적, 중추원	박용대	남작		이재곤	자작	정미칠적, 중추원
권중현	자작	을사오적, 중추원	박제빈	남작		이재극	남작	
김병익	남작		박제순	자작		이재완	후작	
김사준	남작		성기운	남작		이정로	남작	
김사철	남작		송병준	자작	정미칠적, 일진회, 중추원, 친일 단체	이종건	남작	
김성근	자작		윤덕영	자작	경술국적	이주영	남작	
김영철	남작		윤웅렬	남작		이지용	백작	을사오적, 중추원
김종한	남작		윤택영	후작		이하영	자작	중추원
김춘희	남작		이건하	남작		이해승	후작	
김학진	남작		이근명	자작		이해창	후작	
남정철	남작		이근상	남작	중추원	임선준	자작	정미칠적, 중추원
민병석	자작	경술국적	이근택	자작	을사오적, 중추원	장석주	남작	중추원
민상호	남작	중추원	이근호	남작		정낙용	남작	
민영규	자작		이기용	자작	일본 귀족원 의원 및 제국의회 의원	정한조	남작	
민영기	남작	친일 단체	이병무	자작	정미칠적, 경술국적, 조선총독부 군인	조동윤	남작	조선총독부 군인
민영소	자작		이봉의	남작		조동희	남작	
민영린	백작		이완용	백작	을사오적, 정미칠적, 경술국적, 중추원, 친일 단체	조민희	자작	경술국적, 중추원
민영휘	자작		이완용	자작		조중응	자작	정미칠적, 경술국적, 중추원, 친일 단체
민종묵	남작		이용원	남작		조희연	남작	중추원
민형식	남작		이용태	남작		최석민	남작	
박기양	남작		이윤용	남작	친일 단체	한창수	남작	중추원
박영효	후작		이재각	후작				

조선 최고 명문가의 자손으로 태어났지만 자신이 가진 모든 것을 바쳐 독립운동의 최전선에서 싸우며 '노블리스 오블리제'를 온몸으로 실천한 우당 이회영.

에는 본과와 특별과가 있었다. 본과는 4년제 중학교 과정이었고, 특별과는 3개월, 6개월 과정으로 군인을 양성했다. 미국인 여기자 님 웨일즈가 쓴 독립운동가 김산의 일대기 『아리랑』에는 신흥무관학교를 졸업한 김산의 생생한 수기가 실려 있다.

"학교는 산속에 있었으며 18개의 교실로 나뉘어져 있었다. 18살에서 30살까지의 학생들 100명 가까이가 입학했다. 학과는 새벽 4시에 시작하고, 취침은 밤 9시에 했다. 우리들은 군대 전술을 공부했고, 총기를 갖고 훈련을 받았다. 가장 엄격

신흥무관학교 생도들이 훈련받는 모습이다. 생도들은 전문적인 군사 이론과 전술을 배우고, 체계적으로 군사 훈련을 받았다.

하게 요구했던 것은 산을 재빨리 올라갈 수 있는 능력이었다. 게릴라 전술과 한국의 지세, 특히 북한의 지리에 관해 주의 깊게 공부했다. 봄이면 산이 아름다웠다. 다들 희망으로 가슴이 부풀어 올랐으며, 기대로 눈이 빛났다. 자유를 위해서라면 무슨 일인들 못하겠는가?"

신흥무관학교에는 훗날 독립운동을 이끌 쟁쟁한 교사가 거쳐 갔고 1919년 11월 안투현 삼림 지역으로 이전할 때까지 약 3,500명의 졸업생을 배출했다. 1920년 10월 청산리에서 일본군 1,200명을 몰살한 청산리 전투에는 신흥무관학교 출신들이 대거 가담했다. 만주 지역에 흩어져 있는 모든 항일 무장 단체는 물론, 의열단, 광복군, 공산당이 이끄는 조선의용대도 신흥무관학교 출신들이 주축을 이뤘다. 신흥무관학교는 그야말로 항일 무장 투쟁의 요람이자 젖줄이었다.

고종 황제를 베이징으로 망명시키자

1918년 11월 말, 이회영은 8년여 만에 조선으로 돌아왔다. 일생일대의 중대한 비밀공작에 착수하기 위해서였다. 비밀공작이란 일제에 의해 강제 퇴위당한 뒤 덕수궁에 칩거하고 있는 고종 황제의 중국 망명이었다. 고종이 중국으로 망명해 항일 투쟁에 나선다면 일제의 조선 지배는 커다란 위기를 맞을 수밖에 없었다.

이회영은 고종을 베이징으로 망명시킨 뒤 개전조칙을 발표하도록 해서 양반 지배층 전체를 항일 투쟁으로 이끌 계획이었다. 그러나 일제가 고종을 철저히 감시하고 있어 좀처럼 기회를 잡을 수가 없었다. 그래도 이회영은 포기하지 않고 기회를 엿보다가 고종의 시종 이교영을 통해 은밀히 고종의 망명 의사를 타진했다. 예상대로 고종은 선뜻 망명 계획을 승낙했다.

당시 고종은 강제 퇴위당한 뒤 나라마저 뺏기고 일본에 끌려간 황태자 영친왕을 일본의 왕족 이방자와 혼인시킨다는 소식을 듣고 울분에 차 있었다. 순종이 후사가 없는 판국에 그 후계자마저 일본 여자와 결혼한다면 조선 왕실의 혈통은 완전히 끊어지는 셈이었기 때문이었다. 내부대신으로 일하다 을미사변 때 사직한 민영달이 얘기를 듣고 선뜻 나섰다.

"황제의 뜻이 그렇다면 분골쇄신하더라도 뒤를 따르겠소."

말년의 고종 황제. 신하들의 부축을 받으며 덕수궁 함녕전에서 내려오고 있다.

그러면서 거사 자금으로 5만 원이라는 거금을 이회영에게 전달했다. 이회영은 이 자금을 베이징에 있던 동생 이시영에게 보내 고종이 거처할 행궁을 빌리도록 했다. 그러나 모든 준비를 마치고 거사만 남겨 놓은 시점에서 전혀 예상치 못한 사태가 발생해 모든 것이 물거품이 되었다. 1919년 1월 21일, 당사자인 고종이 급작스럽게 서거한 것이다. 안타깝기 그지없는 일이었다.

이회영과는 별도로 상하이 임시정부도 고종의 다섯째 아들 의친왕을 상하이로 망명시키려는 계획을 진행하고 있었다. 의친왕은 황실 가족 가운데 항일 의식이 가장 강했다. 1919년 11월에 작성한 제2차 독립 만세 운동 선언서에 의친왕 이강의 이름으로 참여한 적도 있었다. 임시정부 안창호 내무총장은 국내에 있는 대동단 총재 전협과 협의해 의친왕을 상하이 임시정부로 망명시킬 계획을 짰다.

의친왕 이강. 임시정부 등 여러 단체에서 의친왕의 해외 망명을 여러 차례 시도했으나 번번이 실패했다.

　　의친왕은 일본 경찰을 속이기 위해 수염을 붙이고 중절모자를 쓴 채 기차를 타고 중국의 안동(오늘날 단둥)에 무사히 도착했다. 그러나 의친왕이 사라진 것을 안 일본 경찰은 신의주와 부산 등 국경 지대로 형사대를 급파해 샅샅이 뒤졌다. 그러다 안동역 부근에서 의친왕을 몇 차례 본 적이 있는 형사의 눈에 띠어 체포되고 만다. 국내로 압송된 의친왕은 훗날 임시정부로 친서를 보냈다.

　　"임시정부에 합류해서 고종 황제와 명성 황후의 죽음에 대한 복수를 하는 동시에 조국의 독립과 세계 평화에 헌신하겠다."

　　그러나 망명 실패 후 일본의 엄중한 감시 아래 놓이면서 울분에 찬 세월을 보내게 된다. 그럼에도 의친왕은 1940년부터 시행한 일제의 창씨개명을 끝까지 거부하며 저항했다.

이회영은 만주로 망명한 이후 무려 22년 동안 중국에서 독립운동을 하면서 신흥무관학교를 세워 독립군을 양성하고 흑색공포단을 조직해 항일 테러 활동을 벌이는 등 눈부신 활약을 했지만 고종 황제의 망명을 성사시키지 못한 것을 개인적으로 가장 아쉬워했다. 선생의 손자인 이종찬 초대 국정원장은 회고록에서 이렇게 밝혔다.

"우당 할아버지는 고종의 중국 망명 계획을 세우고 1918년 국내에 잠입했다. 중간에서 역할을 한 분은 고종의 측근 조남승이었다. 그는 흥선대원군의 둘째 사위이자 고종의 매제인 조정구의 장남이었는데, 조정구는 조선이 강제 합병될 때 수작과 은사금을 거절한 몇 안 되는 인물 중의 하나다. 당시 이회영─조남승의 비밀 대화는 이회영의 아들 이규학과 조남승의 여동생 조계진의 혼담으로 포장되었다. 실제로 두 분은 결혼하셨는데, 그 두 분이 바로 나의 부모님이다. 고종의 망명 계획은 갑작스런 승하로 수포로 돌아갔다. 그 뒤 우당 할아버지는 신혼의 아들과 며느리를 데리고 베이징으로 돌아왔고, 그해(1919년) 4월 상하이로 자리를 옮겨 임시정부 수립에 참여했다."

이회영은 자신의 계획이 성공을 거둬 고종 황제가 베이징으로 망명해 임시정부를 수립하고 일본에 선전포고를 했다면 전 국민이 들고 일어나리라 믿어 의심치 않았다. 국제관계로 보더라도 황제가 직접 망명해 정부를 수립한다면 자발적으로 합병했다고 주장한 일본의 거짓 선전이 만천하에 드러나는 일이 될 것이다. 고종의 갑작스런 승하

이회영과 아이들. 맨 왼쪽 아이인 이규창의 나이로 미루어 베이징에서 활동하던 1920
년 무렵으로 추정된다.

는 그야말로 땅을 치고 통탄할 일이었다.

상하이로 근거지를 옮긴 이회영은 1931년 10월 말 한·중·일 세 나
라의 아나키스트를 규합해 '항일구국연맹'을 결성하고 그 산하에 '흑
색공포단'이라는 직접행동대를 조직했다. 흑색공포단은 제일 먼저 국
민당에서 노골적으로 친일 행위를 하고 있는 외교부장 왕징웨이(汪精
衛)를 저격했다. 이어 톈진에 군수물자를 싣고 입항한 11,000톤급의
일청기선에 폭탄을 던져 선체 일부를 파손하고 많은 사상자를 냈다.
톈진과 푸젠성 샤먼에 있는 일본 영사관에도 잇따라 폭탄을 던져 건
물을 파괴했다. 이 모든 일의 배후에는 주도면밀하게 거사 계획을 짜
고 자금과 무기를 제공한 이회영이 있었다.

1932년에 일본군이 상하이마저 점령하자 이회영은 만주로 돌아가

서 망명의 원래 목적이었던 항일 무장 투쟁을 조직해 나가기로 결심했다. 이때 나이가 환갑이 훨씬 지난 65세였다. 이회영은 만주에 도착하면 이 지역의 실권자인 장쉐량(張學良)과 연대해 유격대를 조직하고, 암살단도 만들어 일왕 쇼와를 제거할 계획이었다.

65세 독립투사, 의롭고 외로운 최후의 투쟁을 벌이다

1932년 11월 초, 달빛이 환한 밤에 이회영은 아들 이규창과 함께 상하이의 황푸강 부두에서 영국 선적 〈남창호〉에 올랐다. 허름한 중국옷을 입은 이회영이 자리 잡은 곳은 제일 밑바닥인 4등 선실이었다. 이규창은 부친이 안착하기를 빌며 큰절을 올린 후 배에서 내렸다. 이규창은 만주에서 도착 편지가 오기만을 기다렸으나 편지는 오지 않았다.

마침내 전보가 왔으나 아버지가 아니라 어머니 이은숙이 보낸 전보였다. 전보에는 충격적인 내용이 담겨 있었다.

11월 17일 부친이 다롄 수상경찰서에서 사망

이회영을 맞으려 다롄항 부두로 나간 동북의용군사령부 요원 4명은 이회영이 일본 경찰에게 끌려가는 장면을 목격했다. 이들은 다방면으로 이회영을 구하려 했으나 소용이 없었다며, "반도(반역자)가 팔아넘겼다."고 사령부에 보고했다. 65세 노인 이회영은 혹독한 고문에도 끝내 함구했다. 본적지마저 밝히지 않았다. 무장 투쟁의 속살을 누구보다 속속들이 잘 알고 있는 그였기에 젊은이들을 지키기 위해 의롭고도 외로운 인생 최후의 투쟁을 벌인 것이다. 가혹한 고문 끝에 이회영이 숨지자 일본 경찰은 '삼노끈으로 자살했다'고 발표하고 서둘러 화장을 해서 고문 흔적을 지워버렸다.

이회영을 따르던 아나키스트들은 복수를 다짐했다. 이들은 이회영의 만주 출발을 일본 경찰에 알린 밀정 이태공과 연충렬을 일본 경찰이 찾고 있는 김구 선생을 만나게 해주겠다고 유인했다. 접선 장소에 나타난 밀정 두 사람은 죄상을 자백하고 벌판에 끌려가 처단됐다.

이회영의 다른 형제들의 삶도 마찬가지였다. 상하이에서 발행되던 한국독립단의 기관지 「한민」 1936년 5월 25일자에는 '이석영의 공'이란 글이 실렸다. 둘째 이석영에 대한 기사였다.

> "이석영이 수많은 재산을 신흥무관학교 운영에 모두 쏟아 붓고도 나중에는 지극히 곤란한 생활을 하면서도 일호의 원성이나 후회의 개식이 없고 태연하여 장자의 풍이 있었다."

또한 이석영이 2년 전 상하이에서 굶주림에 시달리다가 세상을 떠났고, 그의 부인도 상하이의 조카 집에서 유명을 달리했다고 전했다. 셋째 이철영은 1925년에 사망했으며 여섯째 이호영은 1933년에, 첫째 이건영도 1940년에 세상을 떠났다. 해방이 되자 다섯째 이시영만 살아 돌아왔을 뿐, 다섯 형제가 독립운동을 하다 목숨을 잃은 것이다.

나라가 위기에 처했을 때 나라를 팔아먹는 데 앞장선 지배층이 있는 반면, 이렇게 자신의 모든 것을 내던져 온몸으로 '노블리스 오블리제'를 실천한 지배층도 있었다. 망국과 동시에 만주 지역에서 조직적인 독립운동이 가능했던 것은 모든 것을 내던져 희생한 이런 분들이 있었기 때문이다.

이시영(오른쪽에 중절모를 쓰고 눈물을 닦고 있는 이)과 김구 주석(가운데 안경쓴 이). 그 눈물의 뜻을 미루어 짐작할 수 있다. 맨 앞의 소년이 이회영의 손자 이종찬이다.

조선 선비의 '노블리스 오블리제', 역사가 기억하리라

우당 이회영이 만 65세의 노구를 이끌고 만주로 떠난 것은 만주에 동북항일의용군을 만들어 일제와 무장 투쟁을 하기 위해서였다. 비록 밀정들의 밀고로 체포돼 고문사했지만 그 뜨거운 고국애에는 그저 숙연해질 뿐이다. 우당이 순국하고 80여 년의 세월이 지났지만 지금 다시 나라를 뺏긴다면 온 식솔을 이끌고 전 재산을 바쳐 독립투쟁에 나설 고위층 인사가 이 땅에 과연 몇 명이나 얼마나 될까?

이회영 일가는 명예 대신 모든 것을 다 잃었지만 후손들은 꿋꿋하게 살아남았다. 형제 중 유일하게 귀국한 이시영은 초대 부통령에 취임했다가 1951년 이승만의 독재가 노골화되자 미련 없이 부통령 자리를 내던졌다. 이회영 선생의 손자 중 이종찬은 국회의원에 이어 민주화가 되자 초대 국가정보원장을 지냈다. 또 다른 손자 이종걸은 국회의원이다.

이회영 평전 『이회영과 젊은 그들』(2009)을 쓴 역사학자 이덕일은 선생의 인생을 이렇게 평가했다.

"황푸강 부두에서 이회영을 마지막으로 배웅한 아들 이규창은 자서전 『운명의 여진』에서 '나의 부친은 참으로 불쌍한 분이다'라고 썼다. 물론 이회영의 일생은 개인적으로 대단히 불쌍한 삶의 연속이었다. 그러나 인생은 과정이고 그런 과정의 총합이 역사다. 역사도 과연 이회영을 불쌍하다고 규정하고 있는가? 일제로부터 자작이니 백작이니 하는 벼슬을 받은 수작자들의 일생과 이회영의 일생 중에 어느 쪽이 더 불쌍한지는 역사가 말해준다. 그리고 그 역사는 현재 우리의 삶은 올바른 것인지를 이회영의 인생을 통해 반문하고 있다."

3.
일본 갑부, 조선 호랑이 고기를
VIP에게 대접하다

_ 한국 호랑이와 표범을 멸종시킨 일제의 또 하나의 만행

1. 함경남도 호랑이의 차가운 고기(푹 익히고 토마토 케첩을 곁들임)

2. 영흥 기러기 스프

3. 부산 도미 양주 찜(야채를 곁들임)

4. 고원 멧돼지구이(크랜베리 소스와 샐러드 곁들임)

5. 아이스크림(작은 과자 곁들임)

6. 과일과 커피

일본이 조선을 강점한 후 7년이 지난 1917년 12월 20일 도쿄의 제국호텔. 사업가 야마모토 다다사부로(山本唯三郞)의 초대를 받아 모인 200여 명의 손님들은 메뉴판을 보고 입맛을 다셨다. 다들 정신없

이 먹고 있는 와중에 야마모토가 마이크를 잡았다.

"전국시대의 무장은 진중의 사기를 높이기 위해 조선의 호랑이를 잡았습니다. 다이쇼 시대의 저희들은 일본 영토 안에서 호랑이를 잡아왔습니다. 여기에 깊은 의미가 있다고 생각합니다."

임진왜란 때 함경도에 침입한 가토 기요마사(加藤淸正)가 호랑이를 잡은 이야기를 자기네 땅이 된 조선에서 자유롭게 사냥한 자기와 비교한 연설이었다. 이 돈 많은 사업가는 어떻게 해서 조선의 호랑이를 잡았나?

예로부터 한반도는 동아시아 호랑이와 표범의 핵심 서식지였다. 과거 이들 동물들을 잡았던 기록과 현재 살고 있는 러시아의 서식지를 비교해봐도 한반도에 훨씬 많은 호랑이와 표범이 살았다는 것을 알 수 있다. 우리 전설이나 민화 등에 호랑이와 관련된 이야기가 많은 것도 그런 이유다. 한반도는 아무르 호랑이의 최남단 서식지다. 기후가 따뜻해 식물이 잘 자라 초식동물이 많고 먹이가 즐비하니 최상위 포식자가 늘어날 수밖에 없었다.

그러면 그 많던 호랑이는 다 어디로 갔을까? 가장 많이 포획된 시기는 일제 시대였다. 이어 해방 이후에 전쟁이 터지고 경제 개발이 가속화되면서 완전히 자취를 감춘 것으로 추정된다. 우리나라의 마지막 호랑이는 1921년 경주 대덕산에서 사살됐다. 표범은 1962년 경남 합천 오도산에서 사로잡혀 창경원(오늘날 창경궁)으로 옮겨진 뒤 1974년에 죽은 수컷이 마지막이다.

이렇게 사라진 조선 호랑이와 표범에 대해 오랜 기간 취재하고 연

일본 도쿄의 제국호텔에서 열린 조선 호랑이 고기 시식회.

구해서 책으로 기록을 남긴 이들은 뜻밖에도 일본인들이다. 일본 동물작가 엔도 기미오가『한국 호랑이는 왜 사라졌는가?』와『한국의 마지막 표범』을 쓴 것이다. 두 권의 책은 모두 국내에 출간되었다. 이어 한국 호랑이에 관한 유일한 사료로 평가되는『정호기』도 우리말로 옮겨졌다. 이들 저서들은 사실상 조선 호랑이와 표범을 멸종시킨 일본을 대신해서 부른 '한반도에서 사라져간 호랑이와 표범을 위한 진혼곡'이라고 할 수 있다. 엔도는 호랑이와 표범이 사라진 직접적 원인은 일제 강점기의 (해로운 짐승을 제거한다는) '해수 구제 정책' 때문이란 점을 실증적으로 밝혔다. 그는 "1915년부터 1924년까지 통계가 없는 두 해를 뺀 8년 동안 사살된 호랑이가 89마리, 표범이 521마리였다. 1933년에서 1942년까지 10년 동안은 호랑이 8마리와 표범 103마리를 제거했다."고 설명했다. 물론 조선 시대에도 호랑이를 많이 사냥해 개체 수가 많이 줄었지만 일제가 최종적으로 확인사살을 한 것은 사실이라는 것이다.

비운의 조선 호랑이, 제국의 자본에 싹쓸이당하다

조선과 달리 일본에는 야생 호랑이가 단 한 마리도 살지 않았다. 일본에서는 호랑이 사냥이 무사의 용맹성을 과시할 수 있는 흔치 않은 기회였다. 선박업으로 엄청난 부를 쌓은 야마모토는 많은 돈을 써서라도 명예나 이름을 드높이고 싶었다. 더군다나 알아보니 조선총독부도 최대한 지원한다고 하지 않는가? 그는 1917년 11월 10일 도쿄역을 출발해 딱 한 달 동안 150여 명을 동원해 조선 산천을 뒤지면서 떠들썩하게 사냥 여행을 다녔다. 이 여행에는 조선의 최고 포수 21명과 일본인 포수 3명이 가담해 8개 조로 나뉘어 함경남북도와 금강산, 전라남도에서 사냥을 벌였다.

그가 남긴 사냥 일지를 엮은 책이 『정호기』다. 당시 조선 호랑이 등을 사냥한 정황과 사진을 기록한 수렵지다. 그의 호랑이 사냥은 조선총독부의 든든한 뒷받침과 해로운 맹수를 퇴치한다는 명분 아래 돈과 권력을 이용해 남의 땅에 와서 야생동물을 싹쓸이한 무용담이다. 제국주의 갑부의 일그러진 욕망과 허영심이 날 것 그대로 생생하게 표현되어 있는 『정호기』 한 대목을 읽어보자.

> "조선 제일의 호랑이 사냥꾼 백운학과 사냥꾼 3명은 오후 4시에 함경북도 성진에 있는 남운령에 도착했다. 이들은 산 정상에서 갈라섰다. 산에는 인적이 거의 없었다. 눈이 많이 쌓여 있었다. 몰이꾼 10여 명이 산 밑에서 호랑이 몰이를 시작했다.

호랑이 사냥 원정대에 소속된 조선 포수 최순원과 백운학이 각각 잡은 호랑이. 뒤에 서 있는 카이젤 수염을 한 인물이 제국호텔에서 호랑이 고기 시식회를 열었던 야마모토다.

갑자기 산허리 나무숲에서 호랑이 한 마리가 나타났다. 예상대로 호랑이는 산 정상을 향해 질주하려고 했다. 백운학은 호랑이와 40보 정도 거리를 유지했다. 그는 소총 3발을 연달아 쏘아 호랑이 숨통을 끊어놓았다."

식민지로 전락한 조선의 사냥꾼이 일본인 부자의 하수인이 되어 소중한 동물들을 사냥하는 모습이 안쓰럽다. 이어 그들은 함경남도 단천의 호랑이굴에서 두 번째 호랑이를 사살했다. 함경남도 영흥에서는 2.1미터 길이의 표범을 잡았다. 특이하게 전남 천태산에서는 호랑이와 표범의 혼혈인 '수호'라는 맹수가 잡혔다. 수호는 100년에 한 마리 나올까 말까 하는 희귀한 동물로, 꼬리가 표범보다 굵고 길다.

수호를 잡은 사냥꾼들이 능주에서 기념촬영을 했다. 한 몰이꾼은 수호에게 머리를 물려 붕대를 감고 있다.

정리하면, 호랑이 2마리, 표범과 수호, 곰 각각 1마리, 멧돼지 3마리, 산양 5마리, 늑대 1마리, 노루 9마리, 다수의 기러기와 청둥오리, 꿩이 있었다. 각 언론은 이번 사냥이 대성공이라고 보도했고 야마모토는 으스대며 다녔다. 야마모토는 호랑이 2마리의 고기는 다 먹어치웠으나 가죽 등 다른 잔해는 모교인 도시샤 고등학교에 기증했다. 표범 한 마리와 수호도 같이 기증했다.

1921년 10월 추석을 앞두고 경주 대덕산에서 나무를 베던 주민이 호랑이의 습격을 받고 주재소에 신고했다. 마침 일본 왕실의 귀족이 경주를 방문할 예정이어서 주재소는 비상이 걸렸다. 이 기회에 공을 세우자고 나선 미야케 요로 순사는 길닦기 공사 중이던 조선인들을 몰이꾼으로 동원해 호랑이를 쏘아 죽였다. 이후 지금까지 93년 동안 남한에서 호랑이가 나타난 적은 단 한 번도 없다. 북한에서는 지난 1993년 자강도 낭림산에서 호랑이 일가족 3마리가 생포되었다. 이 가운데 한 마리가 1999년 1월 서울대공원에 기증되었다.

「호작도」. 호작도란 서낭신의 사자인 까치가 호랑이에게 신탁을 전하는 모습을 그린 민화를 말하며, 일반적으로 해학적인 표정의 호랑이로 묘사된다. 맹수이자 영험한 존재로 여겨졌던 호랑이는 일제에 의해 한반도에서 자취를 감췄다.

토종 표범은 1962년 2월 경남 합천에 있는 오도산에서 마지막으로 잡힌 후 자취를 감췄다. 이 표범은 드럼통에 갇혀 있다가 한 달 후 창경원으로 팔려갔다. 엔도는 마지막 표범이 사로잡힌 다음 해 경남 거창군 가야산 기슭의 마을에서 진돗개가 표범을 잡았다는 기사를 보고 거창을 찾았다. 하지만 표범은 이미 분해된 상태였다. 대구의 뱀가게에 가죽, 고기, 뼈까지 모두 팔려나갔다. 당시 한약상들은 표범을 영험한 약재로 생각해 뼛가루까지 비싼 값에 사갔다고 한다.

이렇게 해서 한반도 남단, 적어도 남한에서는 한국 호랑이와 표범은 영원히 사라지고 그 공백을 멧돼지가 메꾸게 된다. 호랑이와 표범의 멸종. 일제가 한반도 생태계에 저지른 만행이자 씻지 못할 또 하나의 중대 범죄다.

4.

축복받은 일본에
살어리랏다?

_ '뼛속까지 친일파' 윤치호 등 친일파를 7명이나 배출한 윤씨 집안

1960년 윤보선 대통령이 취임한 직후 윤치호 일가의 인물들이 경무대에 모여 기념사진을 찍었다. 49쪽 사진 속 인물은 왼쪽부터 서울대 총장 윤일선, 국회 부의장 윤치영, 제4대 대통령 윤보선, 육군 의무감 윤치왕, 주영 공사 윤치창, 농림부 장관 윤영선 등이다. 정말 휘황찬란한 이력들이다. 하지만 더 놀라운 사실은 이 집안의 인물 가운데 7명이나 민족문제연구소가 발간한 『친일인명사전』에 이름을 올렸다는 것이다.

윤치호(1865~1945)의 아버지 윤웅렬은 조선 말기에 군부대신과 법부대신을 지낸 후 일제로부터 남작 작위를 받아 친일반민족행위자로 분류됐다. 그는 아들 셋을 두었는데 장남이 중추원 고문을 지낸 윤치호, 차남이 영국 글래스고 의대를 나와 세브란스 병원장을 역임한

1960년 윤보선 대통령이 취임한 직후 윤치호 일가의 인물들이 경무대에 모여 찍은 기념사진. 왼쪽부터 윤일선, 윤치영, 윤보선, 윤치왕, 윤치창, 윤영선이다.

윤치왕, 삼남이 미국 시카고대를 졸업하고 초대 주영 대사와 터키 대사 등을 지낸 윤치창이다.

윤웅렬의 동생 윤영렬은 6남 3녀를 낳았는데, 이 가운데 4명이 『친일인명사전』에 이름을 올렸다. 손자를 포함하면 모두 5명에 달한다. 큰아들 윤치오와 둘째 윤치소는 일제 때 조선총독의 자문기관인 중추원의 찬의와 참의를 지냈다. 윤치오의 큰아들 윤일선은 서울대 총장을, 차남은 일본의 괴뢰국인 만주국의 간도성 차장을 역임했다. 둘째 윤치소의 장남이 대한민국 제4대 대통령 윤보선이다(다음 쪽 계보도 참조).

3남인 윤치성은 일본 육사를 나와 일본군 기병 중좌(우리의 중령에 해당)로 있었다. 6남 윤치영은 일제 말기에 국민동원총진회 중앙지도위원 등을 지내면서 적극적인 친일 활동을 벌였고, 해방 후에는 이승만과 박정희의 신임을 받아 서울시장과 민주공화당 의장에 올랐다.

윤치호 일가 가계도

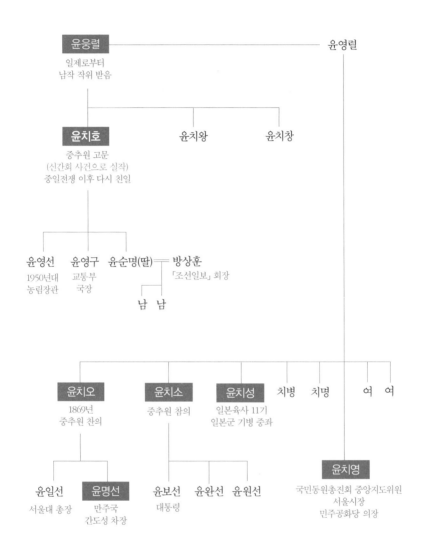

윤웅렬 ——————————————————— 윤영렬
일제로부터
남작 작위 받음

윤치호   윤치왕   윤치창
중추원 고문
(신간회 사건으로 실작)
중일전쟁 이후 다시 친일

윤영선   윤영구   윤순명(딸) ══ 방상훈
1950년대   교통부   「조선일보」회장
농림장관   국장

남 남

윤치오   윤치소   윤치성   치병   치명   여   여
1869년   중추원 참의 일본육사 11기
중추원 찬의   일본군 기병 중좌

윤일선   윤명선   윤보선   윤완선   윤원선   윤치영
서울대 총장 만주국   대통령   국민동원총진회 중앙지도위원
          간도성 차장   서울시장
                                          민주공화당 의장

105인 사건 당시 주모자들이 재판을 마치고 감옥으로 호송되는 장면이다. 이때부터 윤치호는 일제가 망할 때까지 어떤 형태의 독립운동도 반대했다. 3.1운동까지도 "물 수 없다면 짖지도 말라."며 적극적으로 비난했다.

'친일하면 흥하고 독립운동하면 망한다'는 세간의 속설을 이 집안이 적나라하게 증명하고 있다.

물 수 없다면 짖지도 말라?

'친일파의 대부'라 불리지만 윤치호가 처음부터 친일을 한 것은 아니었다. 그는 1880년대와 1890년대에 일본과 중국, 미국에서 유학한 조선 최초의 국제인이자 근대 지식인이었다. 한때 개화 관료로 독립협회를 이끌었고 105인 사건(1911)의 주모자로 체포되어 옥고를 치렀으며 조선 감리교의 대부로 YMCA 운동을 주도한 조선의 대표적인 엘리트이기도 했다. 그러던 그가 점차 친일로 기울어 가는 과정은 1883년부터 1943년까지 장장 60년에 걸쳐 써내려간 일기장에 적나라하게 드러나 있다. 대부분 영어로 쓴 그 일기를 보면 윤치호의 내면

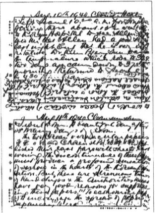

미국 에머리대학에 유학 중이던 20대 후반의 윤치호(왼쪽)와 그가 영어로 쓴 친필 일기 원본의 일부.

과 행동 배경을 이해할 수 있다. 몇 구절을 인용해보자.

"조선이 지금의 야만적 상태에 머무느니 차라리 문명국의 식민지가 되는 게 낫겠다." - 1890년 5월 18일 일기

"만약 내가 마음대로 내 고국을 선택할 수 있다면, 나는 일본을 선택할 것이다. 오, 축복받은 일본이여! 동방의 낙원이여!" - 1893년 11월 1일 일기

"청인(중국인)의 집은 음침하기 짝이 없어 일본 사람의 정결하고 명랑한 집에 비할 수 없다. 그러나 우리나라 사람의 똥뒷간 같은 집이야 어찌 청인의 2층집에 비하겠는가?" - 1885년 일기

일기장에 드러난 윤치호의 행각을 보면 소극적이나마 일제에 저항하던 그가 점차 친일로 달려가는 계기가 두 번 나타난다. 첫 번째는 일본이 조선을 강점한 후 민족주의자의 씨를 말리려고 벌인 '105인 사건'의 주모자로 체포된 일이다. 그는 전향 조건으로 다음과 같은 전향의 변을 발표하고 풀려난다.

"우리 조선 민족은 어디까지나 일본을 믿고 피아의 구별이 없어질 때까지 힘쓸 필요가 있는 줄로 생각하고……. 이후에는 일본 여러 유지 신사와 교제해서 양 민족의 행복되는 일이나 동화에 대한 계획에 참여해 힘이 미치는 대로 몸을 아끼지 않고 힘써볼 생각이다."

「경성일보」와의 인터뷰에서는 "약자가 항상 순종해야만 강자에게 애호심을 불러일으켜 평화의 기틀이 마련되는 것이다. 그런 뜻에서

105인 사건

1911년 일제가 무단 통치의 일환으로 민족 운동을 탄압하기 위해 데라우치 총독 암살 미수 사건을 확대, 조작하여 애국계몽 운동가들을 투옥한 사건. 데라우치 총독 암살 미수 사건이라고도 하지만 제1심 공판에서 유죄 판결을 받은 사람이 105명이었으므로 일반적으로 105인 사건이라고 한다. 윤치호, 양기탁, 임치정, 이승훈, 유동열, 안태국 등 전국적으로 600여 명이 검거되었다.

1심에서 유죄 판결을 받은 105명은 모두 고등법원에 항소하여 주모자로 주목된 윤치호 외 5명을 제외한 99명이 무죄 판결을 받았다. 일제는 이 사건을 통해 신민회의 실체를 파악하고 해체시키는 등 비밀 항일 단체를 제거했다. 그러나 사건에 연루된 많은 운동가들이 해외로 망명하여 항일 독립운동에 가담하게 되면서 이후 민족 해방 운동의 범위를 확대시켰다.

3.1운동이 일어날 무렵 어머니와 세 딸과 함께한 윤치호.

조선이 일본에게 덮어놓고 불온한 언동을 부리는 것은 이로운 일이 못 된다."라고 주장했다.

조선에서 손꼽히는 갑부였던 윤치호는 수시로 총독부나 일본 군경에게 기부금을 바쳤지만 독립운동 군자금은 죽는 날까지 10원 한 장 내지 않았다. 이런 행태의 밑바닥에는 조선의 역사와 전통을 부정적으로 인식하고 조선인들의 민족성이 열등하다고 보는 시각이 깔려 있었다.

윤치호는 독립운동가들을 "자신이 죽을 용기도 없으면서 순진한 사람들을 죽음의 골짜기로 몰아가는 저주받을 악마와 같은 존재"라고 혐오했으며 임시정부 참가 요청도 거부했다. 그는 3.1운동에 반대하는 이유로 파리 강화회의에서 조선 문제는 상정도 되지 않을 것이고, 누구도 조선 독립을 위해 일본과 싸우려 하지 않을 것이라는 점을 들고, "약자가 할 수 있는 최선의 방책은 강자의 호감을 사는 것"이라고 강변했다.

3.1운동 직후인 1919년 9월 12일자 일기에는 이런 일도 기록했다.

"오후 3시 20분쯤 예쁘장하게 생긴 여학생이 찾아왔다. 그녀는 조선인민협회 명의의 서한을 내밀면서 조선 독립을 위해 자금을 달라고 요구했다. 나는 나 자신과 내 가족이 위험에 처할 수 있으므로 돈을 줄 수 없다고 말했다. 아울러 '독립운동가들이 자신들은 생명의 위험을 무릅쓰고 조선에 잠입하지 못하면서 내게는 생명을 담보로 자기들에게 돈을 대라고 요구하는 게 희한한 일이 아닐 수 없다'고 솔직하게 말했다. 그녀는 시무룩한 표정으로 서한을 챙겨서 가버렸다."

희한한 사람은 3.1운동에서 확인된 조선 민족의 독립 열망을 무시하고 독립운동가를 비난하는 윤치호 자신이다. 윤치호는 조선을 무시하고, 미국과 영국에 대해서는 존경심과 시기심을 동시에 품고 있었으며, 날로 영토를 넓혀가는 일본을 경외했다.

"축복받은 일본에서 살고 싶다"

윤치호는 미국 유학 시절 인종 차별을 당했던 피해의식 때문인지 황인종의 대표인 일본이 백인종의 오만과 편견으로부터 유색 인종을 해방시켜주기를 바란다고 일기장에 적었다. 그는 YMCA와 감리교의 '일본화' 작업을 주도하고, 국민정신총동원 조선연맹, 조선지원병후원회, 조선임전보국단 등 대표적인 친일 단체의 핵심 인물로 참여했다.

윤치호의 두 번째 변신 계기는 태평양전쟁 발발이었다. 이때부터 그는 각종 친일 단체의 대표와 고문 자격으로 신문에 기고하고 강

연과 라디오 방송을 통해 "내선일체만이 우리의 살 길"이라고 외치고 다녔다. 급기야는 총독부의 제의를 받아들여 중추원 고문에 취임한 데 이어 일제가 망하기 직전인 1945년 4월에는 일본 귀족원 칙선의원에 선임됐다. 그러다 일본이 패망하자 친일파를 비판하는 이들에게 "행운처럼 찾아온 해방이니 과거는 잊고 다 함께 협력하자."고 떠들고 다녔다.

해방과 더불어 반민특위의 체포 대상자 1호가 될 운명이었던 윤치호는 일제가 물러나고 채 몇 달이 지나지 않은 1945년 12월에 석연치 않은 이유로 사망했다. 일기장에서 그의 생각을 집약한 것은 다음과 같은 고백이다.

> "인종 편견과 차별이 극심한 미국, 지독한 냄새가 나는 중국,
> 그리고 악마 같은 정부가 있는 조선이 아니라 동양의 정원이
> 자 세계의 정원인 축복받은 일본에서 살고 싶다."

5

백발 노인의 의거,
조선을 뒤흔들다

_ 조선총독에게 폭탄을 던지고 순국한 64세의 강우규 의사

3.1운동의 여진이 채 가라앉지 않은 1919년 9월 2일 오후 5시 남대문역(오늘날 서울역). 이날 경성의 날씨는 무더웠다. 새로 부임하는 사이토 마코토 조선총독을 경호하기 위해 역 주변은 물론 남산 중턱 조선총독부 청사에 이르기까지 일본 군경이 촘촘하게 깔려 있었다. 일본군은 귀빈을 맞기 위해 의장대 1개 중대와 보병 2개 대대를 도열병으로 동원했다.

신임 총독이 탄 열차가 미끄러지듯 플랫폼으로 들어섰다. 하얀 해군대장 복장을 한 사이토 총독이 열차에서 내려 마중 나온 인사들과 악수를 나눈 후 귀빈실을 거쳐 역 광장에 나왔다. 광장에는 사이토 총독 부부가 탈 마차와 정무총감 부부가 탈 마차가 대기하고 있었다. 마차 옆에는 수행원들이 탈 인력거가 두 줄로 늘어서 있었다.

부임해 오는 조선총독에게 폭
탄을 던지고 순국한 강우규 의
사. 맑고 선한 눈매에서 의로운
조선 노인의 기상이 느껴진다.

마부가 말고삐를 당기자 말이 앞발을 내디뎌 마차 바퀴가 구르기 시
작했다. 때를 맞춰 인근 한양공원에서 예포 17발이 울려 퍼졌다.

그 순간, 역 광장에 있는 다방 인근에서 '검은 물체' 하나가 마차
근처로 날아왔다.

"쾅─!"

폭탄은 사진을 찍던 기자 바로 옆에서 폭발했다. 그 소리는 천지
를 진동하는 듯했다. 수십 명이 파편에 맞아 피를 흘리며 쓰러졌다.
역 광장은 다친 사람들의 비명 소리로 순식간에 아수라장으로 변했
다. 폭발 소리에 놀란 기병들의 말들이 이리 뛰고 저리 뛰는 바람에
역 광장은 아비규환을 방불케 했다. 사이토가 탄 마차는 서둘러 남
산 총독 관저로 달렸다. 이날의 거사로 대규모 인명 피해가 발생했
다. 현장에서 무라다 육군 소장, 혼마치 경찰서장, 구보 만주철도 이

사를 비롯해 신문기자, 경찰, 철도와 차량 관계자 등 37명이 중경상을 입었다. 중상자 가운데 2명은 나중에 후유증으로 사망했다.

그러나 너무나 아쉽게도 '표적'이었던 사이토 총독은 별다른 피해를 입지 않았다. 그가 탄 마차에서 대여섯 조각의 파편이 박힌 것이 발견되었고, 그의 혁대에서 파편 몇 조각이 발견된 정도였다. 사이토의 뒤를 따라 도주하던 미즈노 정무총감 마차의 마부도 파편을 맞았다. 범인은 유유히 사라졌다.

"단두대 위에 서니 봄바람이 이는구나"

현장에서 범인 검거에 실패한 일본 경찰은 서둘러 수사본부를 설치하고 추적에 나섰지만 폭탄 투척범을 찾지 못하고 우왕좌왕했다. 그런데 거사 보름 뒤인 9월 17일 악질 친일 경찰로 유명한 김태석이 동지의 집에 은신 중이던 강우규 의사를 검거해 일본 경찰의 체면을 살렸다. 강우규는 또 다른 거사를 준비하다 체포된 것으로 알려졌다. 일본 경찰의 발표를 보고 다들 놀란 것은 폭탄 투척범이 64세의 호호백발 노인이라는 점이었다. 신문에는 범인의 얼굴이 처음 공개됐는데, 흰 두루마기 차림에 머리칼과 수염 모두 하얀색이었다.

평안도 덕천 출신인 강우규는 북간도로 이주해 교육 사업을 벌이다 새 총독이 부임한다는 소식을 듣고 러시아에서 폭탄을 구입해 사타구니에 숨긴 채 경성에 잠입했다. 강우규는 신문에 난 사진을 보고 신임 총독의 얼굴을 익히고, 며칠 전부터 역 주변의 지형을 두루 살폈다. 거사 당일 사이토 총독이 탄 마차가 출발하려는 순간 마차를 향해 힘껏 폭탄을 던졌다. 폭탄이 터진 후 역 광장이 아수라장이 되자 유유히 사건 현장을 빠져나온 것이다.

강우규 의사는 일제의 법정에서도 의연하게 대처했다. 처음에 '피고'라고 부르던 일본인 판사가 의사의 인격에 압도되어 '강 선생' 또는 '영감님'이라고 부를 정도였다. 1심에서 사형을 언도받은 의사는 항소했다. 이는 자신의 거사에 연루되어 고생하는 최자남, 허형, 김종호 등을 변호하고 의거의 뜻을 널리 알리기 위한 것이었다. 사형이 확정된 뒤 강우규 의사는 매일 성경책을 읽고 아침저녁으로 기도를 하면서 평온한 마음으로 마지막 날을 기다렸다. 옥바라지를 하던 아들 중건이 슬퍼하자 이렇게 격려했다.

"내가 죽는다고 조금도 어쩌지 말라. 내 평생 나라를 위해 한 일이 아무것도 없음이 도리어 부끄럽다. 내가 자나 깨나 잊을 수 없는 것은 우리 청년들의 교육이다. 내가 죽어서 청년들의 가슴에 조그마한 충격이라도 줄 수 있다면 그것은 내가 소망하는 일이다. 언제든지 눈을 감으면 쾌활하고 용감히 살려는 전국 방방곡곡의 청년들이 눈앞에 선하다. 너는 나의 유언을 전국의 학교와 교회에 널리 알리도록 하여라."

1920년 11월 29일 강우규 의사는 사형대에 섰다. 일본인 검사가 "감상이 어떠냐?"고 물었다. 강우규 의사는 한 수의 시로 답했다.

"단두대 위에 서니 오히려 봄바람이 이는구나.
몸은 있으되 나라가 없으니 어찌 감상이 없으리오."

그리고 의연히 순국했다. 같이 수감된 수인들은 그가 '사형 전날까

옛 서울역 앞 광장에 세워진 강우규 의사의 동상.

지 담담하게 성경을 탐독하며 태연자약했다'고 전했다. 강우규 의사의 의거는 독립운동 사상 처음이자 마지막인 노인에 의한 의열 투쟁이었다. 이 소식을 들은 국내외의 젊은이들은 의열단과 흑색공포단 등 각종 비밀 결사를 만들어 일제의 간담을 서늘케 했다.

김태석, 오욕으로 얼룩진 이름

그러면 강우규 의사를 체포하고 고문한 뒤 사형대로 보낸 민족반역자 김태석은 어떻게 됐을까? 반민특위가 보관하고 있는 모든 자료는 친일 경찰들이 압수해 불태워버려 거의 남아 있지 않지만 최근 발굴된 「주간서울」 33호에 흥미로운 사진이 1면 톱으로 실려 있다. 사진에는 악질 친일 경찰 노덕술(얼굴을 돌린 인물)과 친일파 김연수, 최린, 이풍한이 포승줄에 묶여 공판장으로 들어가는 장면이 포착됐다. 아래 사진에는 이종형, 김태석, 박흥식, 이기용 등 체포된 친일파들이 공판을 받고 있는 장면이 보인다.

강우규 의사를 체포한 김태석은 일본에 붙어 경찰 간부와 군수 등을 지내며 승승장구하다 일제가 패망하자 1945년 11월 3일자로 조선총독부 중추원 참의직에서 파면당했다. 그는 대한민국 정부가 수립되고 1948년 친일파 처단을 법제화한 반민족행위처벌법(반민법)이 공포되고 1949년 반민특위가 구성되어 포위망을 좁혀오자 밀항선을 타고 자신이 충성을 바친 일본으로 도피하려 했다. 그러나 밀항선을 구해달라고 친구에게 부탁한 서신이 발각되어 1949년 1월 13일에 체포되었다. 그가 포승줄에 묶여 재판정에 서자 그에게 고문을 당한 독립투사들의 증언이 잇따랐다. 특히 의열단원들의 밀양 폭탄 사건 피의자 15명에 대한 그의 고문은 악명이 높았다.

1949년 4월 4일자 「주간서울」. 3월 28일에 열린 '반민족행위자 공판'에 대한 기록을 사진과 함께 실었다. 얼굴을 돌린 이가 악명 높은 친일 경찰 노덕술이다(위). 1948년 반민특위가 구성된 후 법정으로 끌려온 친일파들(아래).

당시 피의자들은 이 세상에 있을 수 있는 가장 야만적이고 잔인한 온갖 고문과 악형을 받았다고 고발했다. 5월 20일 김태석의 3차 공판에 나온 홍종린은 눈물을 머금고 떨리는 목소리로 "이 사건 당시 학생이던 나의 동지 윤필환 이하 15명을 체포해 고문과 극형을 가하고 나중에는 죽게까지 한 자가 바로 이 사람"이라고 증언했다. 이때 김태석은 그런 사실이 없다고 외쳤다. 곽상훈 검찰관은 본인이 들은 이야기를 법정에서 털어놓았다.

> "일제 시대에 나와 같은 형무소에서 복역했던 황삼규 동지가 출옥한 후 나에게 말하기를 '내가 김태석이라는 놈 때문에 폐병에 걸리고 이렇게 폐인이 되었으니 그놈의 원수는 죽어서라도 갚아야 할 것이다. 특히 나는 경찰서에서 그 나이 든 노인인 고 강우규 의사가 그놈한테 고문당하는 것을 보았는데 어찌나 많이 맞았는지 혀가 세 치나 빠져나온 것을 보았으니 이것이야말로 천인공노할 죄상이 아닌가?'라고 격분했다."

곽 검찰관이 "이 증언을 보더라도 피고인의 죄상은 역력하지 않은가?"라고 반박하자 김태석은 두 손을 흔들면서 재판장을 바라보며 그런 사실이 없노라고 뻔뻔스럽게 최후까지 부인했다. 김태석의 공소장을 읽어보자.

1. 김태석은 강우규 의사를 체포해 사형케 하고, 그 사건의 연루자인 허형, 최자남, 오태영 등 독립운동가를 검거해 투옥했다.
2. 1920년 7월 20일 밀정 김진규를 이용해 밀양 폭탄 사건의 주동자인 이성우, 윤소룡을 체포해 조사한 결과 김병환 집에 폭탄 2개를 보관하고 있다는 사실을 알고 급습해 폭탄을 발견하여 피의자에게 혹독한 고문을 가해 많은 공을 세웠다.

3. 1921년 10월 말 밀정 김인규의 보고를 받고 독립운동 단체인 조선의용단 주동자인 김휘중을 체포, 취조한 결과 그 연루자인 황정연을 검거했다.
4. 평양경찰서에서 근무하는데도 1915년 일심사 사건의 일부를 서장의 특명으로 취급해 사건에 도움을 줬다.
5. 1938년 경남 참여관 겸 산업부장으로 임명되어 지원병 모병 시험과를 겸무하면서 애국청년 15명을 전쟁터로 보냈다.

도무지 일본인인지 조선인인지 구분이 안 될 정도다. 이번에는 재판정에서의 김태석 태도를 보자.

재판장 : 피고가 사법계에 있을 때 사상범을 취급한 사실이 있지?

피고 : 절대로 없습니다.

재판장 : 기미 만세 운동 당시 학생 사건을 취급했다지?

피고 : 아닙니다. 절대로 없습니다. 나는 한낱 심부름꾼에 지나지 않았습니다.

재판장 : 그러나 조선 사람으로 일본인에게 보고해야만 하지 않았나?

피고 : 저 혼자 한 일은 없습니다. 거듭 말합니다만, 일본말로 고쓰카이(소사)에 지나지 않았습니다.

이렇게 뻔뻔하게 오리발을 내밀다 나중에는 3.1운동 때 자신도 만세를 불렀으며 독립운동가를 구해준 애국자라고 떠들어댔다.

곽상훈 검찰관은 준엄한 논고와 함께 반민자(반민족행위자)로는 최초로 사형을 구형했다. 노진설 재판관은 "피고는 자기 영리를 취하기 위해 포악무도한 일본의 침략 정책에 호응해 독립운동가에게 막대한 방해를 가했으니 죄상이 중대하다."며, 무기징역과 함께 50만원의 재산을 몰수했다. 그러나 친일 경찰과 이승만의 반민특위 파괴에(186쪽 참조) 힘입어 김태석은 1950년 봄에 석방되고 무기징역은 기록으로만 남았다.

석방 직후 발발한 한국전쟁의 혼란 속에서 김태석은 종적을 감추었다. '인민군에게 붙잡혀 맞아 죽었다', '그에게 고문을 당한 의혈단원들에게 끌려가 처단됐다'는 얘기만 떠돌고 있다. 그는 살아남기에는 너무나 많은 사람들에게 원한을 샀으며, 역사의 심판도 면하지 못했다. 김태석은 2002년 발표된 '친일파 708명' 명단과 2008년 공개된 민족문제연구소의 『친일인명사전』 명단에 포함되었다. 또 대한민국 친일반민족행위진상규명위원회가 발표한 '친일반민족행위 195인' 명단에도 들어갔다. 우리나라도 나치 전범 아이히만의 경우와 같이(67쪽 참조) 전범을 공소시효 없이 추적하는 법, 말하자면 악질 민족 반역자를 끝까지 찾아내어 죄과를 묻는 특별법이 있어야 한다고 필자는 생각한다.

조선총독을 향해 폭탄을 던진 강우규 의사와 그를 체포해 사형대에 보낸 친일 경찰 김태석. 이 두 사람의 인생이 식민지 백성이 택할 수 있는 극단의 선택이었다. 한 사람은 영생을 얻었고 다른 한 사람은 오욕과 저주 속에서 저승을 헤매고 있다.

아이히만은 나치 독일의 히틀러가 유럽에 있는 유대인들을 절멸시키기 위해 만든 '최종 해결 (Final Solution)' 계획을 실행한 인물이다. 아이히만은 2차대전 종전 직후인 1950년 6월 17일 아르헨티나의 수도 부에노스아이레스로 도주했다. 부에노스아이레스에서 '리카르도 클레멘트'로 이름을 바꾸고 건설사 직원, 물류업체 감독관 등의 일을 하며 숨어 살았다.

하지만 그의 정체는 뜻하지 않게도 장남 클라우스 아이히만 때문에 탄로가 났다. 1957년 클라우스가 여자 친구인 유대계 소녀 실비아 헤르만에게 자신의 아버지가 유럽에서 '유대인 제거'에 앞

아이히만.

장섰다고 자랑스럽게 떠벌린 것이다. 클라우스는 금발이며 독일인 같은 외모를 가진 실비아가 유대계일 줄은 상상도 하지 못했다. 실비아의 아버지 로타어 헤르만은 2차대전 당시 부모는 아이히만에게 희생됐고 자신도 수용소에 수감됐던 유대계 독일인이었다. 딸에게서 클라우스의 얘기를 전해들은 헤르만은 즉각 유대인 수용소에서 함께 지냈던 프리츠 바우어 독일 헤센 주 검찰총장에게 편지로 이 사실을 알렸다.

편지는 이스라엘 외교부에 전달됐고 첩보기관 모사드가 사실 확인에 나섰다. 2년에 걸친 추적과 조사 끝에 모사드는 아이히만의 신원을 확인했다. 모사드는 체포 과정에서 아르헨티나와 주권 문제로 분쟁을 일으키지 않기 위해 아이히만을 납치해 이스라엘 법정에 세우기로 하고 작전에 나섰다.

1960년 5월 11일 밤 8시. 아이히만이 탄 버스가 집 근처에 도착했다. 집 주변에 모사드 요원 7명과 자동차 2대가 잠복했다. 요원들은 귀가하던 아이히만을 덮쳤고 대기하고 있던 차 안으로 밀어 넣었다. 차에 태워진 아이히만은 체념한 듯 독일어로 "운명을 받아들일 준비가 됐다."고 말했다. 모사드는 당시 아르헨티나 독립 기념행사에 참석하기 위해 이스라엘 정부사절단이 타고 온 여객기 항공사 승무원으로 아이히만을 위장시켜 이스라엘로 빼돌렸다. 아이히만은 1961년 텔아비브에서 열린 재판에서 사형 선고를 받고 다음 해에 교수형에 처해졌다.

6.

조선사편수회,
한국 고대사를 말아먹다

_ 황국사관의 전초기지였던 조선사편수회와 이병도 등 식민사학자의 궤적

일제 치하의 어느 따뜻한 봄날, 조선사편수회 임원들은 야유회를 갔다. 돗자리도 깔고 차양도 친 다음 기생과 게이샤를 끼고 주지육림에 빠져 흥청망청 놀았을 것이다. 아마도 그 자리에는 조선을 열등한 민족으로 깎아내리고 단군조선도 말살한 이마니시 류(今西龍) 등의 일본인 학자들 틈에 이병도와 신석호 등 친일사학자도 끼어 있었을 것이다. 같은 시각 중국에서는 신채호, 박은식 같은 민족사학자들이 한 손에는 총을, 한 손에는 붓을 들고 우리 역사를 치열하게 써내려가고 있지 않았을까?

조선사편수회란 어떤 기관인가? 1919년 전국에서 들불처럼 일어난 3.1운동 직후 민족주의 사학자인 박은식 선생이 중국에서 저술한 『한국통사』와 『한국독립운동지혈사』가 국내에 유입되어 은밀히 읽혔

조선사편수회 야유회. 식민사학자들이 기생과 게이샤를 끼고 흥청거리던 그 시간에 독립운동가들은 굶주림과 추위 속에 올곧은 우리 역사를 써내려가고 있었다.

다. 이것을 탐지한 일본총독부는 당황했다. 이에 따라 부랴부랴 준비 작업을 거쳐 1925년 발족시킨 것이 조선사편수회였다. 한마디로 '조선총독부가 조선 민족에게 황국사관을 심기 위한 목적으로 설치한 한국사 연구 기관'이었던 것이다.

이런 기관에서 한반도의 역사를 제대로, 객관적으로 연구할 수가 있을까? 조선사편수회는 태생부터 이미 뒤틀려 있는 기관이었다. 일제는 1910년부터 1937년까지 27년 간 전국을 누비면서 조선 사료를 광범위하게 수집했다. 그리고 자신들의 역사 조작에 불리한 서적들은 싸그리 없애버렸다. 황국사관 학자들과 식민사학자들은 1938년『조선사』총 37책을 완간했다. 이 방대한 저서의 골자는 간단하다.

조선사는 주체성이 없어 주변 민족의 지배와 간섭, 침략에 의해 전개되어 왔다. 조선은 일본의 지배를 받아야 타율성에서 벗어나 발전한다.

이것이 요즘말로 하면 식민사관이다. 한마디로 조선총독부의 관점으로 한반도 역사를 바라보는 사관을 말한다. 그리고 이것을 신봉하는 사학자를 식민사학자라고 부른다.

조선총독부의 노림수는 한국인이 독립할 능력이 없는 민족임을 강조하기 위해 한국사 전체를 재편하는 것이었다. 이를 위해 단군조선을 부정하고 한반도 남쪽은 일본의 식민지, 북쪽은 중국의 식민지로 출발했다는 허구를 도입했다.

식민사관, 총보다 대포보다 무서운

다른 한편으로 총독부는 1927년에 도쿄제국대학 출신의 민속학자 무라야마 지준(村山智順)에게 조선의 제도, 사상, 생활상에 대한 보고서를 내도록 했다. 무라야마는 자신은 물론 여러 사람들의 글을 모아 『조선인의 사상과 성격』이란 책을 출간했다. 좀 길지만 개요를 읽어 보자.

> 조선인은 '방종, 사치, 낭비, 사행' 등의 성격을 가졌다. 근검 노력의 자세가 결여됐고 남에게 빌붙어 생활하려는 경향이 강하다. 조선인은 표면적이고 형식적인 것을 즐기고 부화뇌동하는 기질이 있다. 자기 주의나 정견이 없이 감정에 격하는 악벽이 있다.
>
> 또한 모방성이 풍부해 구미사상 같은 것을 아무런 심사숙고도 없이 통째로 삼키듯 받아들인다. 조선인은 죽더라도 해내고 말겠다는 각오와 진지함이 모자란다. 쉽게 체념한다. 체념할 때도 결말을 제대로 내지 않고 그냥 내버려두고, 다시 일

을 하면 그때 또 시작한다는 식이다. 조선 3,000년 역사를 보면 어느 시대나 대국만을 따르는 역사였다.

조선인은 무척 달변이지만 실내용이 없다. 조선을 어떻게 해야 하는지, 어떻게 하면 안 되는지 웅변을 토하지만 옛날이나 지금이나 과학적으로 조선을 논하는 인물을 본 적이 없다.

조선인은 정신 고통을 심하게 받으면 목을 매거나 물에 빠져 죽는다. 외국인이 들으면 거의 믿기 어려울 만큼 하찮은 불쾌감, 모욕적 언사, 가치 없는 사정 등으로 쉽게 자살을 택한다.

조선인은 사대에 익숙하다. 조선은 늘 동남의 일본, 서남의 지나, 서북의 야만인 등 세 방면에서 압박을 받아 진정한 독립을 이룰 수 없었다. 이들 사이에 끼어 있었기 때문에 사대주의를 선택할 수밖에 없었다. 사대 자존은 조선반도 정치가의 부득이한 방책이었지만 꼭 자존심이 없어 그런 것은 아니었다.

조선인은 매우 낙천적이다. 상·중·하류를 통틀어 만취해 쓰러질 때 보여주는 조선인의 근심 없고 낙천적인 모습은 일본에서 도저히 찾아볼 수 없는 것이다.

조선인은 바야흐로 자포자기로 모든 일에서 노력과 향상심을 상실했다. 유일한 목표였던 독립도 진지하게 사고하지 않은 채 하루하루 일본에 저항만 하면 된다는 식이다.

조선 하층 계급은 이자가 아무리 비싸도 빌릴 수만 있다면 기꺼이 돈을 빌리는 사람들이다. 오늘만 있고 내일을 모르는데 하물며 모레가 있을 수 있을까? 빌린 돈의 이자 따위는 아무 문제가 아니다. 빌리기만 하면 그 뒤는 죽이든 밥이든 전혀 상관하지 않는다.

조선사편수회가 펴낸 『조
선사』. 해방과 함께 불쏘
시개로나 썼어야 마땅하
나 식민사학자들에 의해
우리 교과서로 스며든다.

조선총독부는 과학적이고 객관적으로 조선인의 사상과 성격, 조선
의 역사를 정리한 것이 아니라 오로지 일제의 식민 통치를 정당화하
겠다는 목적에 맞추어 조선인에게 노예근성을 심기 위해 이 같은 작
업을 진행했다. 그래서 조선의 마지막 총독이었던 아베 노부유키는
조선을 떠나기 전에 총독부 직원들에게 "우리 일본은 조선인에게 총
과 대포보다 더 무서운 식민사관을 심어 놓았다."고 자신만만하게
선언했던 것이다.

조선사편수회는 처음에는 일본인 학자들로만 출발했지만 일본에
유학 가서 황국사관에 젖어버렸거나 경성제국대학을 갓 졸업한 조선
인 식민사학자들이 하나둘 들어오기 시작했다. 『친일인명사전』에 등
재된 5명, 최남선, 이능화, 이병도, 신석호, 홍희 등이 그들이다.

서울대의 전신이기도 한 경성제국대학은 1924년 조선총독부가 세
운 대학이다. 설립 목적은 조선인들의 민족대학 설립 운동을 차단하
고 식민지 관료를 양성하는 것이었다. 그래서 경성제국대학은 일본의
다른 제국대학과 달리 문부성(우리의 교육부에 해당)에 소속되어 있지

식민사학의 요람 경성제국대학 전경. 조선사편수회의 손발 노릇을 한 친일사학자를 꾸준히 공급했다.

않았고 조선총독이 직접 관리했다. 조선인은 전체 정원의 1/3을 넘지 못하게 했고, 이공계 대학은 들어갈 수 없었다.

조선사편수회에 들어간 이병도와 신석호 등은 오늘날까지도 우리 사회에 독버섯처럼 번져 있는 식민사학을 충실하게 전파한 친일 식민사학자로 평가받고 있다. 두 사람의 행적을 살펴보자.

식민사학의 아이콘, 국사학계를 주름잡다

'식민사학의 태두'로 비난을 한 몸에 받고 있는 이병도(1896~1989)는 보성전문학교 법학과를 졸업한 뒤 일본으로 건너가 와세다대학 사학과와 사회학과를 다녔다. 이때 일선동화론을 주창한 요시다 도고의 영향을 받아 한국사에 관심을 갖게 됐다. 또 황국사관의 권위자인 쓰다 소키치와 이케우치 히로시의 수업을 들으면서 점차 황국사관에 물든 것으로 보인다. 졸업 후 조선사편수회에 들어가 이마니시 류의 수사관보가 되어 식민사관을 집약한 『조선사』 편찬에 적극 참

친일사학자 이병도(왼쪽)와 신석호. 일제 때는 일본에, 해방 후에는 이승만~박정희 정권에 붙어 천수를 누린다.

여했다. 해방 후에도 친일파로 처단되기는커녕 경성제대 교수를 거쳐 서울대 문리대 교수로 수많은 제자를 양성했다. 친일파를 우대하는 이승만~박정희 정권의 비호 아래 국사편찬위원회 위원장, 문교부 장관(오늘날 교육부 장관), 학술원 원장, 국토통일원 고문을 거쳐 전두환 정권에서 마지막 공직인 국정자문위원까지 지냈다.

신석호(1904~1981) 역시 1929년 경성제국대학 사학과를 졸업하자마자 조선사편수회에 들어갔다. 거기서 충성을 다한 결과로 촉탁에서 시작해 1930년 수사관보, 1937년 수사관으로 착실히 승진했다. 해방 후에도 건재를 과시했다. 임시 중등국사교원 양성소를 만들어 교사를 양성했다. 역사를 왜곡한 장본인이 새 국가의 인재를 키운 셈이다. 이어 국사편찬위원회 사무국장으로 취임해 열심히 식민사관을 교과서에 반영하고, 틈틈이 독립운동사까지 저술했다. 국사편찬위원회 기록을 보면 신석호는 자신의 재임 기간을 '1929. 4.~1965. 1. 21'로 적어 놓았다. 신석호의 머릿속에서는 국사편찬위원회가 조선사편수회의 연장인 셈이다.

　이병도, 신석호와 관련해서 웃지 못할 일화가 있다. 4.19혁명으로 이승만이 쫓겨나고 5.16쿠데타가 발생한 직후인 1962년, 군사 정권은 정통성을 보완하기 위해 독립유공자 선정과 표창에 나섰다(1948년 정부 수립 이후부터 그때까지 독립유공자로 선정된 인물은 초대 대통령 이승만과 부통령 이시영, 단 2명뿐이었다). 공적심사위원회에 참석한 김승학, 김학규, 김홍일, 오광선 등 평생을 조국 해방에 바친 독립운동가들은 깜짝 놀랐다. 천하가 다 아는 대표적인 친일사학자 이병도와 신석호가 떡하니 심사위원실에 앉아 있는 게 아닌가? 분노한 어느 독립운동가가 일갈했다.

　"임자들이 독립운동에 대해 뭐 암마?"

　두 사람은 얼굴만 붉히고 고개를 들지 못했다.

　웃기는 것은 그 망신을 당하고도 두 사람이 계속 공적심사위원회에 기웃거렸다는 사실이다. 다음 해에는 신석호가, 1968년에는 두 사람 다 참석하고, 1980년에는 신석호가 끈질기게 끼어들었다. 1982년부터는 이름이 사라졌다. 그 전해에 신석호는 사망하고 이병도는 나이가 들어 기력이 떨어져서 불참했다고 한다.

　이처럼 친일 식민사학자 1세대인 이병도와 신석호는 각각 서울대 국사학과와 고려대 사학과 교수로 역할을 분담해 사학계를 주름잡았다. 신석호와 이병도를 '사랑하는 제자'로 여겼던 황국사학자 쓰다 소키치나 이케우치 히로시가 해방 후 그들의 활약상을 봤다면 어떤 생각을 했을까? "역시 한민족의 민족성은 강자에는 굴종하고 약자에 대해서는 그 반대이며, 거기서 노예적 근성이 보인다."면서 흐뭇해하지 않을까? 일제의 패망과 함께 식민사학은 용도 폐기되고 조선사편수

고려대 총학생회가 친일 인사 10명의 명단을 발표하는 동안 학생들이 이름과 경력이 표기된 피켓을 들고 있다.

회에 가담한 친일파는 모조리 처단됐어야 하는데 그렇지 못한 것이 우리 현대사의 비극이다.

지난 2005년에 고려대 총학생회 산하 일제청산위원회는 '민족 고대'를 더럽힌 학내 친일 잔재 10명의 명단을 발표했다. 민족의 혼을 좀먹은 스승들을 제자들이 내치는 장면이다. 선정된 친일파는 신석호와 이병도를 비롯해 고원훈, 김성수, 선우순, 유진오, 이각종, 장덕수, 조용만, 최재서였다. 그중 제자들이 발표한 스승 신석호의 죄상은 다음과 같다.

조선사편수회 수사관보·수사관 등으로 활약하며 일제의 역사 왜곡, 식민사관 구축에 동참·협력했음.
특징 : 해방 후에도 국사 편찬 사업에 주도적으로 참여.

1.
식민사관의
세 가지 거짓말

_ 조선총독부 사관의 터무니없는 주장과 식민사관의 정체

황국사학을 신봉한 일본인 학자인 쓰다 소키치와 스에마쓰 야스 카즈 등이 조선사편수회를 통해 전파한 식민사관의 핵심은 일선동조 론, 만선사관, 정체성론 등 세 가지다.

일선동조론 : 일본 민족과 한민족은 애초에 조상이 하나였으 니 독립운동을 하는 것은 부당하다.

만선사관 : 한반도는 대륙에서 실패한 정치 세력이 옮겨 자리 잡은 곳으로 만주와 하나로 묶어야만 역사나 문 화가 체계화된다.

정체성론 : 한반도는 발전이 정체돼 있었고, 일본 덕분에 고대 적인 것에서 근대적인 것으로 도약했다.

우리 땅에 식민사관의 씨를 뿌리고 이병도, 신석호 등의 친일 식민사학자를 키워낸 일본의 사학자 쓰다 소키치.

　이런 어처구니없는 주장을 합리화하기 위해 일제는 우리 민족의 뿌리인 단군조선부터 말살했다. 뿌리를 흔들면 나무가 통째로 흔들릴 수밖에 없는 것이 당연한 이치이기 때문이다. 맨 먼저 건국 시조인 단군과 단군조선을 사화(史話)가 아니라 신화(神話)로 만들어 부정하고, 중국에서 온 위만과 중국의 한나라가 설치한 한사군에서 한국 역사가 시작됐다고 날조했다. 단군조선을 역사로 인정하면 한국사가 일본보다 장구해지기 때문이다.

　일본은 서기 4세기 무렵이 되어서야 미약하게나마 중앙 집권적인 체제를 갖춘 야마토 정권이 등장하여 외교력을 행사하기 시작하였다. 반면 고조선은 서기전 24세기에 건국되었다고 『삼국유사』는 기록하고 있다. 그러나 일본의 황국사관 학자들은 단군조선의 실체를 부정하고 자신들의 입맛대로 한국의 국가 기원은 삼국 시대, 그것도 서기 4세기 무렵에야 이뤄졌다고 강변하고 있다.

부서진 한국사, 신화가 되어버린 단군조선

일본에 문명을 전달한 한국의 장구하고도 찬란한 역사를 인정하면 식민사관은 존립할 수 없었다. 그래서 거꾸로 일본의 식민 정권인 임나일본부가 신라, 백제, 가야를 지배했다고 조작한 것이다. 다시한 번 정리하면,

1. 단군조선은 역사가 아니라 신화다.
2. 위만이 고조선을 통치하면서 고조선은 비로소 국가로 성장했다.
3. 한나라가 고조선을 정복하고 설치한 한사군은 한반도에 있었다.
4. 한국은 중국과 일본의 지배로 발전했다.
5. 『삼국사기』 초기 기록은 역사적 사실이 아니다.

이런 어처구니없는 전제를 깔고 역사를 멋대로 기술한 것이 식민사관이다. 이렇게 해서 부여, 고구려, 백제, 신라, 가야, 통일신라, 발해, 고려, 조선으로 이어지는 한국사의 원형을 줄줄이 파괴했다. 마구 파괴한 만신창이 한국사를 가르치면서 식민지 백성들에게 이런 명제를 주입시켰다.

1. 한국 역사는 짧았고, 영역은 좁았다.
2. 한국은 고대부터 중국과 일본의 식민 지배를 받았다.
3. 한국 민족은 주체성이 없어 다른 민족의 영향과 지배를 받아야 발전했다.

4. 한국은 1천여 년 간 사회적, 경제적으로 정체된 사회였다.

5. 한국 민족은 열등하고 사대성과 당파성이 심하다.

6. 일본의 한국 지배는 필연이고 당연하다.

7. 한국은 일본 통치에 감사해야 한다.

우리의 정신을 좀먹는 이런 사관이 해방과 함께 자취를 감추지 않고, 이병도와 신석호 등의 친일사학자들을 통해 강단에 전파되면서 주류 역사학계가 황폐화된 것이다.

서울대 국사학과 교수로 있다가 연세대로 자리를 옮겨 정년퇴직한 민족사학자 김용섭 교수는 2011년에 회고록 『역사의 오솔길을 걸으며』를 펴냈다. 그 한 대목을 읽어보자.

"분명치는 않은데 민족주의 역사학인가, 실증주의 역사학인가를 강의하는 시간 같은데, 교학부장 고윤석 교수를 포함한 네댓 명의 중년·노년 교수가 내방했다. 노크를 하기에 문을 열었더니, 김원룡 교수께서 말씀하시기를 "일제 때 경성제국대학에서 내가 배운 스에마쓰 야스카즈 선생님인데, 김 선생 강의를 참관하기 위해 모시고 왔어요. 김 선생, 되겠지?" 하는 것이다.

여기서 주목해야 할 인물은 '스에마쓰 야스카즈 선생님'이다. 해방 후에도 서울대 국사학과를 드나들면서 서울대 교수를 지도했다는 스에마쓰는 누구인가? 도쿄제국대학 국사학과, 즉 일본사학과를 졸업하고 조선총독부 조선사편수회 수사관을 지낸 스에마쓰 야스카즈(末松保和, 1904~1992)는 조선사편수회에서 한국인 이병도와 신석호 등을 데리고 식민사관에 입각한 『조선사』 37책을 편찬할 때 핵심 역할을 한 인물이다. 그는 1933년부터 일제 패망 때까지 경성제국대학 교수로 근무하다 패전 후에는 일본 귀족들이 다닌다는 가쿠슈인대학(學習院大學) 교수가 되었다.

스에마쓰가 도쿄제대에서 박사 학위를 받은 논문은 우습게도 「신라사 연구」였다. 그는 "고대부터 한반도는 중국과 일본의 지배를 받았다."는 황국사관의 선봉장이었다. 대표 저서인 『임나흥망사』에서는 "일본의 한반도 영유(임나)는 그 자체만으로도 일본의 자랑이며, 구한말 일본에 의한 조선 병합은 고대의 복현이다."라고 주장하고 다녔다. 경성제대에서 스에마쓰 야스카즈로부터 일제 식민사학을 전수받은 '고고학계의 태두' 김원룡은 그런 사관에 입각해 '원삼국시대설' 등 해괴한 학설을 주장하고 다녔다.

파렴치한, 너무나 파렴치한

김용섭 교수의 회고록에는 또한 동료였던 김철준 교수가 "김 선생 민족주의는 내 민족주의와 다른 것 같아."라고 얘기하는 장면과 "이병도 선생에 대해 무슨 글을 그렇게 써!" 하면서 질책하는 얘기도 나온다. 자기들의 스승인 국가대표 친일사학자 이병도의 제자다운 처신이다.

한우근 교수는 여러 사람들이 있는 자리에서 "김 선생, 우리 민족사학 그만하자."고 김용섭 교수를 조롱하는 소리까지 했다. 이런 분위기에서 급기야는 황국사관의 영수까지 모시고 와서 강의를 지켜보겠다는 것을 김용섭 교수는 '나가달라는 은밀한 압박'으로 받아들였다. 김용섭 교수는 '여기 서울대 국사학과는 아직도 총독부 아래에 있구나'라는 생각에 결국 서울대를 떠났다.

　일본인 학자 스에마쓰가 자국의 국익, 식민지 확장과 영구 지배를 위해 발 벗고 뛰는 것을 뭐라할 수는 없다. 다만 학문 연구에 있어 다른 누구보다 사실을 중시하고 가치판단에 엄정해야 할 학자라는 신분으로 역사적 사실을 왜곡 전파하는 데 앞장선 '비학문적 처신'이 비난받아 마땅한 것이다. 우리가 가장 문제 삼아야 하는 것은 자기 나라 역사를 부정하고 제국주의자의 주장에 동조해 그들이 만든 이론을 신봉하면서 해방 후에도 금과옥조로 모시는 한국인 역사학자들의 파렴치한 행태다.

8.

조선의 아낙네,
일제의 심장에 총구를 겨누다

_ '여자 안중근'이라 불린 독립운동가 남자현

1926년 4월 혜화동 28번지 고 선생 댁 마루방 지하
밤새도록 권총을 닦는 한 여자가 있다.
싸늘한 총구를 맨가슴에 대며 자기에게 묻는 질문이 있다.
나는 왜 사람을 죽이러 왔는가?
나는 왜 제국을 죽이러 왔는가?

아들아— 나는 여자가 아니다. 네 어머니가 아니다.
나는 나라 잃은 나라의 남편 잃은 아내이다.
나라 잃었을 때 나도 잃었고 남편 잃었을 때 여자도 잃었다.
내 죽음을 슬퍼하지 말아라.
나는 슬프게 죽지 않았다.

사이토 마코토.

적막 속에서 부엷도록 닦아온 총을

내 입속에 넣으며 나는 듣는다.

나는 조선의 총구다.

일제의 심장을 겨누는 조선의 심장이 뛴다.

너를 죽이마.

내가 죽이마.

_ 이상국, 「암살의 새벽」

잃어버린 나라를 되찾겠다는 일념으로 벌어진 독립운동 전선에는
남녀 구분이 없었다. 모두가 합심해서 조국의 광복을 위해 밤낮으로
애를 썼고, 분투했다. 그러나 신체적 특성상 여성의 몸으로 직접 총
을 들고 일제를 처단하기는 쉽지 않았다. 그러나 61세의 나이에 손에
총을 들고 싸우다 순국한 여성, '한국의 잔 다르크'라 부르기에 부
족함이 없을 강인한 여성 독립운동가가 있다.

그녀의 이름은 남자현(1872~1933).

조선총독 암살을 꾀했으나 미수에 그치고, 전 세계에 우리의 독립
의지를 알리려 손가락을 잘라 혈서를 쓰고, 만주국의 실세를 제거하
려다 체포되어 옥살이를 하는 등 파란만장한 투쟁의 삶을 산 여성
이다. 연약한 아낙의 몸으로 어떻게 그런 의거를 감행할 결심을 하게
되었을까?

경북 영양 출신의 평범한 아낙네였던 남자현의 삶에는 몇 번의 커
다란 분기점이 있었다. 열아홉에 시집을 가서 단란한 가정을 꾸렸고,
1906년에 남편 김영주가 명성 황후 시해 사건에 분격해 의병을 일으

남자현 의사. 며느리와 손주를 볼 나이에 잃어버린 조국을 되찾기 위해 총을 들었다.

켜 일본군과 싸우다 전사할 때까지 그녀의 삶은 시골의 여느 아낙과 다를 바가 없었다. 남편이 죽은 후에도 삼대 독자인 유복자를 기르며 시부모 봉양에 정성을 다해 효부상까지 받았을 정도였다.

그러나 시대는 그녀의 삶을 통째로 뒤흔들었다. 1919년 2월 말, 간단한 봇짐을 들고 경성으로 올라온 남자현은 3.1운동이 터지자 교회 신도들과 함께 뜨겁게 만세 운동을 불렀다. 그리고 그날, 남편이 임종 때 입었던 피 묻은 저고리를 끌어안고 만주로 올라가 독립운동에 투신하기로 결심했다. 그때 나이 마흔일곱이었다.

만주로 넘어간 그녀는 서로군정서에 합류해 독립운동에 가담하는 한편, 동만주 일대에 12곳의 교회를 세우고 10여 곳에 여자교육회를 설립해 여성 계몽과 조선 해방 운동에 성심을 다했다.

아들아, 오늘 왼쪽 무명지 두 마디와 이별하려 한다

1926년 4월 만주의 지린성에서 남자현은 박청산, 이청수, 김문거 등과 함께 3대 조선총독 사이토 마코토의 암살 계획을 세웠다. 신임 총독으로 조선에 부임하던 날 강우규 의사가 폭탄을 던졌으나 목숨을 건진 사이토는 어떤 인물인가? 조선인들에게 식민사관을 심기 위해 광분했던 그는 이른바 '문화통치'를 내세우면서 '교육시책'에서 이렇게 말했다.

> "먼저 조선 사람들이 자신의 역사와 전통을 알지 못하게 만들어라. 민족혼과 민족 문화를 잃게 하고, 조상의 무위, 무능, 악행을 들춰내어 가르쳐라. 그리고는 일본 인물, 일본 문화를 가르치면 동화의 효과가 클 것이다."

한마디로 조선인의 정신을 노예화한다는 시책이다. 남자현은 이 자를 처단해 조선의 독립 의지를 만방에 알리기로 하고 박청산, 이청수와 함께 경성으로 잠입했다. 권총과 폭탄은 동지 김문거로부터 미리 전달받았다. 이들이 거사 시기를 고심하던 무렵인 1926년 4월 26일 조선의 마지막 황제 순종이 승하했다. 세 사람은 사이토 총독을 비롯한 총독부 고관들이 조문을 하기 위해 빈소가 차려진 창덕궁을 찾을 것으로 보고 기회를 노렸다.

4월 27일 남자현이 창덕궁 일대를 답사하던 중 갑자기 호루라기 소리와 함께 구둣발 소리가 요란하게 들렸다. 일본 경찰들이 혜화동 일대에 깔리고 가가호호 수색을 하고 있었다. 세 사람은 서둘러 인근 교회 건물로 숨어들었다.

창덕궁의 정문인 돈화문. 이 일대에서 남자현 일행은 사이토 총독을 저격하기 위해 숨어서 기다렸다.

어찌된 일일까? 알고 보니 남자현 일행 이외에도 사이토 총독의 목숨을 노리는 인물이 있었다. 일본인 가게에서 일하던 송학선이란 청년이 칼을 품고 창덕궁 입구에서 기다리다 조문을 하고 나오는 일본인 3명에게 휘두른 것이다. 그는 추격하던 조선인 순사마저 찌르고 도주하다 일본 경찰과 격투 끝에 붙잡혔다. 이 사건으로 경성이 발칵 뒤집혀 총독 경호도 엄중해지고 대대적인 검거 선풍이 불었다. 이런 분위기에서 거사 실행은 불가능하다고 판단한 세 사람은 후일을 기약하고 만주에서 재회하기로 하고 뿔뿔이 흩어졌다. 흩뿌리는 봄비를 맞으며 남자현은 자신도 모르게 줄줄 흐르는 눈물을 훔쳤다. 만주로 살아 돌아가는 일이 새삼 부끄러웠던 것이다.

1931년 일제가 만주를 침략하자 국제연맹은 국제적 비난 여론에 못 이겨 리튼 조사단을 하얼빈에 파견했다. 남자현은 우리 민족의 독립 의지를 조사단에게 전하기 위해 왼손 무명지 두 마디를 자르고

'대한은 독립을 원한다'고 혈서를 쓴 흰 손수건과 함께 인력거꾼에게 부탁해 리튼 조사단에게 보냈다. 그러나 인력거꾼이 일본 경찰의 검문에 걸리면서 이 계획은 무산되고 말았다.

손가락을 자른 남자현이 아들 김성삼에게 보낸 편지가 지금도 남아 있다.

> "사랑하는 나의 아들아, 오늘 왼쪽 무명지 두 마디와 이별하려고 한다. 어쩌면 내 손을 채웠던 이 작은 것이 나라를 위해 큰일을 할 수도 있겠다 싶구나.
>
> 아들아, 이제 칼을 가지고 왔다. 이것을 잘라 모레 국제연맹 조사단장인 리튼 경에게 전할 것이다. 지금 내게 두려운 것은 아무것도 없다. 나라를 잃고 남편을 잃고, 더 이상 잃을 것이 무엇이 있겠느냐? 양반가의 할머니가 독립운동을 한다니 일견 우습게도 들릴 일이지만, 현실은 그런 모양을 가릴 때가 아니다. 이 늙어가는 육신의 일부라도 흔쾌히 끊어 절규를 내놓아야 할 때도 있는 것이 아니냐? 이제 칼을 들었다."

일제의 만주 침공 2년 후인 1933년 2월 27일 오후 3시 45분. 하얼빈의 도의정양가 거리에 '삐익─!' 바람을 가르는 호루라기 소리가 들렸다. 다급하게 뛰어가는 발소리 뒤로 일본 경찰 10여 명이 따라붙었다. 골목을 돌아서자 반대편에서 5, 6명의 경찰이 나타나 총을 발사했다. 권총을 든 남루한 행색의 인물이 쓰러졌다. 모자를 벗기니 나이 든 여자였다. 쌍꺼풀 없는 강인한 얼굴의 조선 여인 남자현. 그녀의 품에는 비수 하나가 숨겨져 있었고 옷 속에는 피 묻은 군복을 껴 입고 있었다. 오래 전 남편이 의병 운동을 하다 전사할 때 입고 있던 것을 그대로 걸친 것이었다.

"야, 거지 할멈! 남자현, 61세, 당신 맞지?"

그해 1월 초. 남자현은 만주의 일제 최고 실세인 무토 노부요시(武藤信義) 전권대사를 사살하기로 했다. 두 달 후 3월 1일에 신경(오늘날 창춘)에서 열리는 만주국 수립 1주년 행사 때 권총과 폭탄을 이용해 노부요시 일당을 몰살하기로 했다. 남자현이 단호히 말했다.

"이 일은 내가 처리한다. 나는 이제 죽어도 아무런 여한이 없는 나이니 두려움이 없다. 노부요시를 처단한 뒤 내 몸을 하얼빈 허공에 어육으로 날리리라."

그러나 미리 접선한 중국인들로부터 권총과 폭탄이 든 과일 상자를 받으러 갔다가 정보를 탐지한 일본 경찰에게 검거된 것이었다.

"일본놈들이 주는 밥은 먹지 않는다"

남자현은 하얼빈 주재 일본영사관에 설치된 감옥으로 끌려갔다. 거기에서 잔혹한 고문과 추궁에 시달리면서 봄과 여름을 보냈다. 8월 6일부터 그녀는 단식 투쟁에 들어갔다. 밥이 들어오면 냅다 던지면서 "이제 너희들이 주는 밥은 먹지 않는다!"고 외쳤다. 그렇게 곡기를 끊고 11일이 지나자 남자현은 사경을 헤매기 시작했다. 겁에 질린 일본 경찰은 서둘러 병보석으로 석방했다. 아들 김성삼과 손자 김시련이 서둘러 달려왔다. 임종 직전에 남자현은 아들과 손자에게 감춰둔 행낭을 갖고 오라고 한 후 거기서 249원 80전을 꺼냈다.

"이 돈 중에서 200원은 조선이 독립하는 날 정부에 독립 축하금으로 바처라. 그리고 손자 시련을 대학까지 공부시켜서 내 뜻을 알게 하라. 남은 돈 49원 80전의 절반은 손자의 학자금으로 쓰고, 나머지는 친정에 있는 종손을 찾아 공부시켜라."

그녀는 다음날 낮, 풀려난 지 닷새 만에 순국했다. 남자현의 유언은 모두 지켜졌다. 손자 김시련은 하얼빈 농대를 졸업하고 교직에 몸을 담았다. 아들 김성삼은 외갓집에서 어머니의 친정오빠의 손자이자 종손인 남재각을 찾아 만주로 데려와서 사범학교에 보냈다. 해방 이듬해인 1946년 3.1절 기념식에서 이승만과 김구 등 독립투사들이 참석한 가운데 독립 축하금 200원도 전달했다.

순국 닷새 후, 일본의 보도통제가 풀리자 국내 신문들은 일제히 '무토 모살범'이란 제목으로 그녀의 순국을 알렸다. 1933년 8월 27일자 「조선중앙일보」는 이렇게 보도했다.

> "30년 간 만주를 유일한 무대로 조선OO운동에 종사하던 남자현(여사)은 감옥에 구금됐다가 단식 9일 만인(기간이 이틀 줄어 있다:지은이) 지난 17일 보석 출옥했다. 연일 단식을 계속한 결과 22일 상오(하오 12시 반 경)에 당지 조선여관에서 영면하였다."

이 소식이 전해지자 다른 누구보다도 남자현의 고향인 경북 영양 군민들의 아픔과 충격이 컸다. 그녀가 1895년 1차 의병 투쟁에서 남편을 잃고 혼자서 삼대 독자인 유복자를 키우며 시부모를 모시던 일이며, 이로 인해 효부상을 받았던 일이며, 아들이 24살로 장성하고

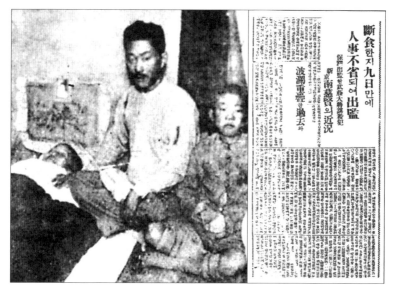

남자현 의사의 임종을 지켜보는 아들과 손자(왼쪽)와 남자현 의사의 순국을 보도한 당시 국내 신문(오른쪽).

3.1운동이 일어나자 모든 것을 떨치고 나라를 되찾겠다며 만주로 떠난 일 등을 풍문으로 들어 알고 있었기 때문이다.

해방 이듬해인 1946년 8월 22일에 남자현 의사를 기리는 추념회가 열렸다. 이어 1962년 3월 1일 윤보선 대통령은 남자현에게 독립유공자 건국공로훈장 복장을 수여했다. 모두 58명이 복장을 받았으며 여자로는 남자현이 유일했다.

남자현 의사의 일생을 추적해 『나는 조선의 총구다』라는 책을 낸 이상국 시인은 '왜 이토록 역사는 남자현을 지워버렸는가'라는 글을 통해 그녀의 삶을 이렇게 평가했다.

"그녀의 삶이 던져주는 강렬한 메시지는 마흔이 된 나이에 문득 '아녀자'의 질곡을 벗어버리고, 죽음을 불사한 투쟁에 뛰어든 것에 있다. 저 흑백사진 속의 남자현이 그토록 뚫어지게 우리를 바라보는 이유는, 시대를 관통하는 진실을 전하려는 그녀의 의욕이 아닐까? 그녀가 죽은 이후에도 얼마나 많은 지식인들과 리더들이 변절하고 말을 바꿨던가……. 그녀는 식민지의 여성으로서 가장 자기초월적인 생을 걸었다."

61살 나이에 손에 총을 들고 순국의 길로 당당히 걸어간 남자현 의사. 전 세계 민족 해방 운동사를 통틀어 그 나이에 총을 든 여성 전사는 이전에도 없었고, 앞으로도 없을 것이다.

독립투사 고택의 마당에
철로를 깔아 맥을 끊어버려라

_ 99칸 임청각 마당이 싹둑 잘려나간 이유

경상북도 안동에 가면 꼭 들러보아야 할 곳이 있다. 보물 182호이기도 한 조선 시대의 목조 건물 임청각(臨淸閣)이 그것이다. 설립 당시에는 99칸이라는 웅장한 규모였지만 마당을 싹둑 자르고 중앙선 철로가 지나가면서 지금은 70칸 정도로 축소되었다.

임청각의 마당이 잘려나가며 볼썽사납게 축소된 데에는 사연이 있다. 이 집에서 독립운동가들이 대거 배출되자 일제는 중앙선 철도를 놓으면서 아예 없애버리려고 했다. 그러나 문중을 중심으로 안동 사람들이 반발하자 집 일부를 허물고 마당으로 철길을 내버렸다. 철길이라면 대개 직선이 원칙인데 일제는 이 고택을 훼손하려고 10여 킬로미터를 더 돌아 3개의 터널을 뚫고 옹벽과 축대를 쌓아 두 번이나 급하게 휘면서 마당으로 철로를 뚫은 것이다. 이 때문에 바로 앞에

임청각 전경. 철로가 집을 싹둑 자르고 지나갔다.

놓인 낙동강과의 연결이 끊어지면서 아름다운 풍광을 잃어버렸다.

임청각에서 태어난 인물들의 면면을 보면 일제가 이를 바득바득 갈 만도 하다. 신돌석 장군 휘하에서 의병 운동을 시작한 이상동, 만주 신흥무관학교 교장을 지낸 이봉희, 만주 서로군정서에서 활약한 이승화, 만주 유하현 경학사에서 활동하다가 1942년 일제의 팽창에 실망해 자결로써 항거한 이준형, 신흥무관학교 자금을 조달하고 비밀 결사인 신흥사에서 활약한 이형국, 서로군정서 특파원을 지낸 이광민, 압록강 연안의 일본 경찰 주재소와 세관을 습격한 이병화가 모두 이 집에서 태어났다.

이들을 이끈 인물은 집안의 종손이자 주인인 석주 이상룡(1858~1932)이다. 이상룡은 고성 이씨의 종손으로 퇴계학의 적통을 계승한 유학자이다. 조선의 국운이 기울자 가야산에서 의병을 일으키기도 하고 애국계몽운동을 펼치기도 했으나 한계를 깨닫고 만주로 망명을

고성 이씨 가계도

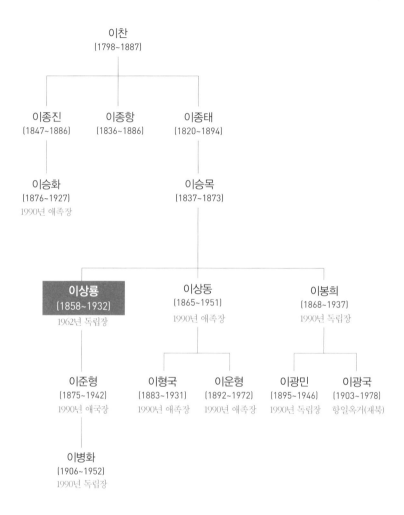

이찬
(1798~1887)

이종진
(1847~1886)

이종항
(1836~1886)

이종태
(1820~1894)

이승화
(1876~1927)
1990년 애족장

이승목
(1837~1873)

이상룡
(1858~1932)
1962년 독립장

이상동
(1865~1951)
1990년 애족장

이봉희
(1868~1937)
1990년 독립장

이준형
(1875~1942)
1990년 애국장

이형국
(1883~1931)
1990년 애족장

이운형
(1892~1972)
1990년 애족장

이광민
(1895~1946)
1990년 독립장

이광국
(1903~1978)
항일옥기(재북)

이병화
(1906~1952)
1990년 독립장

임청각의 주인 이상룡. 조상의 위패를 땅에 묻고 전 재산을 정리해 서간도로 망명했다.

결심한다. 그를 따라 50여 가구가 서간도 망명길에 올라 치열한 독립운동에 뛰어든다. 이 집안에서는 3대에 걸쳐 9명의 독립운동가가 배출되었다.

우당 이회영 일가가 압록강을 건넌 직후인 1911년 1월 5일, 이상룡은 임청각 내 군자정 옆의 연못을 지나 언덕 위 가묘로 향했다. 선조들의 위패에 살아생전 마지막이 된 절을 올렸다. 저녁에 집을 나선 이상룡은 경성에 도착해 양기탁을 만나 독립운동 전략을 논의한 뒤 경의선 열차를 타고 신의주로 떠났다. 1월 25일 신의주역에 가족들이 도착했다. 맏아들 이준형이 맨 앞에 서고 맨 뒤에는 동생 이봉희 부자가 부녀자와 아녀자들을 보호하며 기차에서 내렸다.

이틀 후 이상룡 일가는 발거(썰매 수레)를 타고 압록강을 건넜다.

압록강을 건너면서 한없는 비통함을 담은 시를 읊었다.

> 이미 내 논밭과 집 빼앗아가고
> 다시 내 아내와 자식 해치려 하네.
> 이 머리는 차라리 자를 수 있지만
> 무릎 꿇어 종이 되게 할 수 없도다.

안동현에서 마차 두 대를 타고 1차 집결지인 횡도촌에 도착했다. 횡도촌에는 처남인 김대락 일가가 기다리고 있었다. 전국에서 모인 망명객들은 유하현 삼원보 추가가에 집결해 한인촌을 만들었다. 1911년 4월 추가가의 뒷산인 대고산에 수백여 명의 망명객들이 모여 노천 군중 대회를 열었다. 이 대회에서 이주 동포들의 안착과 농업 생산을 지도하는 기관으로 경학사를 조직했다. 경학사 대표에는 이상룡이 추대되었다.

경학사는 취지서를 통해 "아아~ 사랑할 것은 조선이요, 슬픈 것은 한민족이로구나!"라고 천명하며 무장 투쟁을 통해 독립을 쟁취하겠다는 의지를 다졌다.

신흥무관학교 설립, 서로군정서 지휘, 상하이 임정 국무령

경학사가 중심이 되어 하니허에 신흥무관학교를 세워 독립군을 양성하기 시작했다. 드디어 1919년 3.1운동이 일어나 서간도 일대에 독립 열기가 고조되자 일종의 임시정부인 군정부가 조직됐다. 군정부 총재로 취임한 이상룡은 상하이에서 탄생한 임시정부의 요청에 따라 이름을 '서로군정서'로 바꾸고 상하이 임시정부의 지도를 받아 무장

상하이 임시정부 청사.

독립 투쟁을 벌여 나갔다. 독립운동가의 후손이자 이상룡 선생의 손
자며느리인 허은 여사가 쓴 회고록에는 이런 장면이 나온다.

"매일같이 회의를 했다. 3월 초 이 집으로 이사오고부터 시작
한 서로군정서 회의가 섣달까지 이어졌다. 서로군정서는 서간
도 땅에서 독립정부 역할을 하던 군정부가 나중에 임시정부
쪽과 합치면서 개편된 조직이다. 통신원들이 보따리를 짊어지
고 춥고 덥고 간에 밤낮으로 우리집을 거쳐갔다. 전 만주 정
객들 끼니는 집에서 해드릴 때가 많았고, 가끔 나가서 드실 때
도 있었다. 이때 의복도 단체로 만들어서 조직원들에게 배급했
다. 부녀자들이 총동원되어 흑광목과 솜뭉치를 산더미처럼 사
서 대량 생산을 했다. 나도 옷을 숱하게 만들었다. 그중에서

도 김동삼, 김형식 어른들께 손수 옷을 지어드린 것은 지금도 감개무량하다."

　그러니까 이상룡 선생이 서간도 독립운동의 중심이고, 그 집이 사령부, 그 동네 여자들이 독립군에게 음식과 옷을 대량으로 공급했다는 얘기다. 이런 고생 끝에 해방이 되고 45년이 지나서야 이상룡 선생 가문에서 9명, 허은 여사 가문에서 4명이 무더기로 독립 유공자로 선정되었다. 두 집안 후손들은 "굳이 나누어 셈할 필요가 없다."고 말한다. 혼인으로 맺어진 사돈지간이기 때문이다.

　왕산 허위 선생은 1907년 일제에 의해 대한제국 군대가 해산당하자 그해에 의병을 조직해 경기도와 황해도 일대에서 일본군과 교전을 벌였다. 한성탈환작전(동대문 밖 20리, 오늘날 구리시 교문리에 병력을 집결시켜 한성으로 진공하려 했던 작전)을 벌이다 일본 헌병대에 체포돼 1908년 서대문형무소에서 교수형을 당했다. 서대문형무소 사형수 1호였다. 서울 동대문구에 있는 왕산로는 그의 호를 딴 것이다.

　허위의 후손들은 이상룡 일가를 따라 1912년과 1915년 두 차례에 걸쳐 서간도로 이주해서 독립운동에 뛰어들었다. 그리고 이상룡 가문과 허위 가문은 겹사돈을 맺었다. 서간도로 이주한 직후에 이상룡 선생의 손녀 이후석과 허위 선생의 아들 허국이 혼인을 했다. 1922년에는 이상룡 선생의 손자 이병화와 허위 선생 사촌의 손녀딸 허은이 결혼을 했다.

　허은 여사는 생전에 "항일투사 집안에서 태어나 항일투사 집으로 시집간 것이 다 운명이었던 것 같았다. 시집에 와서 부엌에 들어가 조석을 장만하려니 장이 없었다. 사방을 둘러봐도 땔나무도 없었고,

식량도 없었다. 간장이나 된장이 없기는 친정도 마찬가지였다."고 회고했다.

이상룡 선생은 고향에서 정리한 가산을 독립운동 하는 데 모두 썼다. 허위 가문도 마찬가지였다. 구미 일대 3천 석 규모의 논밭을 처분해 모두 독립운동 군자금으로 활용했다. 해방 후에도 두 가문은 궁핍한 삶을 살아야 했다. 허씨 일가는 1920년대 후반 연해주로 이동했다가 1937년 스탈린에 의해 중앙아시아로 강제 이주당했다. 후손들은 현재 모스크바나 연해주, 중앙아시아 일대에 흩어져서 살고 있다.

한편, 상하이 임시정부는 1925년 여름 이상룡에게 초대 국무령으로 부임해달라고 요청했다. 내각책임제의 국무령이면 지금의 대통령에 해당한다. 그러나 이상룡은 1년도 채 안 되어 국무령을 사임하고 서간도로 돌아왔다. 갈수록 치열해지는 계파 갈등과 내분을 보고 환멸을 느꼈던 것이다.

절망 속에 쓸쓸히 세상을 떠나다

1931년 일제가 만주를 침략하자 일본군의 토벌도 문제였지만 일제의 사주를 받은 마적단과 후퇴하는 중국 군벌 휘하의 군인들의 행패가 극심했다. 중국군 패잔병들은 일본군에 쫓기면서 민가를 뒤지며 돈을 내놓으라고 협박했다. 이 와중에 숱한 독립운동가들과 이주 조선인들이 희생되었다. 패잔병들은 조선인 마을에 몰려와 "너희가 왜 일본을 끌어들여 우리나라를 뺏기게 하느냐?"며 "우리도 너희들을 죽이겠다."고 위협했다.

일본의 만주 침략과 동지들의 희생을 지켜본 이상룡은 억장이 무너

만주 군벌인 장쭤린의 부대. 일본군에게 밀리자 주민들을 상대로 강도 짓을 벌인다. 1931년 일본군이 만주를 점령하자 독립운동은 일대 위기에 처했다.

지는 것 같은 절망감에 빠져 병석에 누웠다. 이상룡이 병중이란 소식을 듣고 안동에서 아우 이상동이 찾아왔다. 귀국을 권하는 동생에게 이상룡은 "나 죽기 전에는 여기를 못 떠난다. 일을 이렇게 벌여놓고 나만 들어갈 수 없다. 나 죽고 나거든 남은 가족들은 고향으로 돌아가게 하겠다." 이어 아들 손자 등 가족들 앞에서 유언을 남겼다.

"국토를 회복하기 전에는 내 해골을 고국에 싣고 돌아서는 안 된다. 우선 이곳에 묻어두고서 기다리도록 하거라."

석주 이상룡은 1932년 6월 15일 지린성 수란(舒蘭)현에서 74세의 나이로 세상을 떠났다. 임종 엿새 후 이상룡의 후손들은 귀국을 서둘렀다. 일행은 70여 명이었다. 망을 보며 조심스럽게 관을 모시고 지린으로 가다 수백 명의 중국 패잔병들을 만나 갖은 수모를 겪었다. 하는 수없이 집으로 돌아와 광복된 조국 땅에 다시 모시기를 기약하며 초상을 치렀다. 다들 관이 땅에 묻히는 것을 보면서 "이 어른이 무슨 영이 있는 모양이야."라고 탄식했다.

후손들은 천신만고 끝에 지린에서 기차를 타고 압록강을 건너 경성을 들른 뒤 삼복더위에 고향 안동으로 돌아왔다. 문중 사람들이 대전과 김천, 예천까지 마중 나왔다. 안동역에는 100여 명의 족친이 기다리고 있었다. 모두 일본 경찰이 알려준 것이다.

3대 9명이 독립유공자로

고향에 돌아온 허은(1907~1997) 여사는 훗날 회고록 『아직도 내 귀엔 서간도 바람소리가』에서 이렇게 회고했다.

> "나라의 운명은 조금도 나아진 것이 없었다. 친정도 시가도 양쪽 집안은 거의 몰락하다시피 되어 있었다. 양가 일찍 솔가하여 만주 벌판에서 오로지 항일 투쟁에만 매달렸으니 그럴 수밖에 없었다."

허은 여사가 이루 말할 수 없는 통한이 뼈에 사무친 것은 양가가 몰락했기 때문이 아니었다. 조선인이 모두 몰락했다면 그것은 결코 통한이 될 수 없었다. 다시 그녀의 회고를 들어보자.

> "그때 친일한 사람들의 후손들은 호의호식하며 좋은 학교에서 최신식 공부도 많이 했더라. 그들은 일본, 미국 등에서 외국 유학도 하는 특권을 많이 누렸으니 훌륭하게 성공할 수밖에.

이상룡 선생의 손자며느리인 허은 여사.
세상을 떠나기 전에 회고록 『아직도 내
귀엔 서간도 바람소리가』를 남겼다.

그러나 우리같이 쫓겨 다니며 입에 풀칠이나 하고 위기를 넘긴
사람들은 자손들의 교육 같은 것은 생각하지도 못했다. 오로
지 어른들의 독립 투쟁, 그것만이 직접 보고 배운 산교육이었
다. 목숨을 항상 내놓고 다녔으니 살아 있는 것만 해도 기적
에 가깝다. 애 어른 할 것 없이 그 허허벌판 황야에 묻힌 사
람들은 또 얼마나 많은데……. 불모지에 잡초처럼 살았지."

이상룡 후손들은 귀국 후에는 일본 형사들한테 들볶였다. 1942년
9월에는 이상룡의 아들 이준형이 유시와 유서를 남기고 자결했다. 일
제가 싱가포르를 점령하는 등 승승장구하고 일본 경찰이 계속 따라
다니며 변절을 요구했기 때문이다.

후손들은 허기진 삶을 살아야 했다. 이상룡 선생의 증손 7남매

중 첫째부터 넷째까지 모두 사망하거나 실종됐다. 다섯째 증손자와 여섯째 증손녀는 초등학교를 졸업한 뒤 고아원에 맡겨져 거기서 학교를 다녀야 했다.

필자가 임청각을 방문했을 때 만난 막내 증손자 이범증 씨는 "중학교 때 학비를 못 내 중퇴하고 농사를 지은 적도 있다."고 말했다. 허은 여사는 "억울한 생각이 들기도 하지만 남 앞에 비굴함 없이 당당하게 살아가는 아이들을 보면 그래도 선대의 긍지가 그들 핏속에 자존심으로 살아 있구나 싶었다."고 말했다. 그래도 이상룡 선생 후손들을 감시하고 괴롭히던 친일 경찰이 국회의원에 출마한다는 얘기를 듣고는 다들 분개했다고 한다.

그러나 세월이 흘러 민주화가 되면서 독립운동가에 대한 대접이 달라졌다. 이상룡 집안에서만 3대에 걸쳐 9명이 독립유공자로 선정됐다. 이상룡 선생을 비롯해 형제 이상동·이봉희, 아들 이준형, 손자 이병화와 조카 이형국, 이운형, 이광민, 당숙인 이승화 선생이 훈장을 받았다. 이상룡 선생의 매부 박경종 선생과 처남 김대락 선생도 1990년 건국훈장 애족장이 추서됐다. 이상룡 선생의 겹사돈인 허씨 집안에서는 왕산 허위 선생과 그의 형제인 허훈·허겸, 아들 허영 선생에게 훈장이 수여됐다.

더 큰 경사가 이상룡 집안을 기다리고 있었다. 우리 정부의 지원과 중국 헤이룽장성 정부의 승인을 얻어 드디어 이상룡 선생의 유해를 봉환하게 된 것이다. 1990년 9월 13일 오후 4시, 김포공항 연도에 1천 명이 넘는 시민들이 묵도를 하며 대환영을 했다. 커다란 태극기에 덮인 이상룡 선생의 유해와 위엄에 찬 영정을 보자 후손들은 모두 그 자리에 무릎을 꿇었다. 동작동 국립묘지에서 12일 간 참배객들의 조문을 받고 25일에 고향 안동으로 유해를 모셔갔다. 경기도와 충청도, 경상북도를 지나가는 연도에는 수많은 인파와 학생들이 태극기를 들고 묵도하며 맞이했다. 각 도계와 안동 시계를 들어설 때는 마중 나온 각급 기관장들의 엄숙한 기념행사가 열렸다. 고택 임청각에서 열린 안치 행사에는 안동 시민들이 구름떼처럼 몰려들었다. 열이레 동안 한 많은 넋을 달래고 대전 국립묘지에 안장되었다가 유해 봉환 6년 후인 1996년에 서울 현충원 임시정부 요인 묘역으로 옮겨졌다.

이상룡 선생의 영혼이 있다면 광복된 나라에서 내 백성들이 반겨주는 모습을 보고 나라 빼앗겼던 설움이 다 풀렸으리라.

10.
경천사지십층석탑, 산산이 해체되어 현해탄을 건너다

_ 고려청자에서 「몽유도원도」까지, 우리 문화재 수난기

청자병을 몇 번이고 쓰다듬으면서 술잔을 거듭하는 브라운 씨도 몹시 즐거운 표정이었다.

"미국에 가서의 모든 일도 잘 부탁합니다."

"네, 염려 마십시오. 떠나실 때 소개장을 써드리지요."

"감사합니다."

"역사는 짧지만, 미국은 지상의 낙토입니다. 양국의 우호와 친선에 도움이 되기를 바랍니다."

"땡큐……."

전광용의 단편소설 「꺼삐딴 리」(1962)에 나오는 한 장면이다. 소설의 주인공 이인국 박사는 미국으로 이민 가기 위해 주한 미 대

그레고리 헨더슨. 이승만과 박정희 시대에 한국 정치에 큰 영향을 미친 인물이지만, 야간에는 부부가 은밀하게 한국의 문화재를 수집해 미국으로 빼돌렸다.

사관 직원을 찾아 이렇게 고려청자 한 병을 들고 와 뇌물로 바친다. 이 대사관 직원은 실존 인물로, 한국에서 두 차례(1948~1950, 1958~1963)에 걸쳐 7년 간 문정관과 정무참사관을 지낸 그레고리 헨더슨이다. 그는 조각가인 아내 마리아 폰 아그누스와 함께 모든 분야를 망라해 중요 문화재를 그러모았다. 하버드대학에 기증한 도자기 150점 말고도 다량의 불화, 불상, 서예, 전적류를 수집했다. 도자기는 1년마다 30여 점을 수집했고, 다른 수집품까지 세어보면 이틀에 하나 꼴로 닥치는 대로 모았다. 마리아 헨더슨은 1988년 「뉴욕타임스」와의 인터뷰에서 이렇게 주장했다.

"우리는 절대 골동품상을 찾아간 적이 없다. 골동품 상인들이 우리에게 보여주려고 물건을 싸들고 왔다. 거기서는 그런 식으로 일이 진행되었다."

헨더슨 컬렉션 백자. 헨더슨 부부는 빼돌린 한국의 문화재를 팔아먹으려
다 여의치 않자 울며 겨자 먹기로 하버드대학에 기증했다.

이들 부부는 1963년 한국을 떠나면서 외교관의 면책특권을 이용
해 어마어마한 문화재를 싸들고 미국으로 떠났다. 그들이 떠나기 1
년 전 제정된 문화재보호법에 따르면, 지정 문화재를 해외로 반출하
려면 정부에 신고해 허가를 받아야 한다. 헨더슨 부부의 이삿짐에 보
물이나 국보급 문화재가 있었다면 이는 불법 반출이다.

하버드대학에 갇힌 우리 문화재

한국 문화재를 무사히 빼돌린 헨더슨 부부는 1969년 오하이오주
립대학 미술관에서 〈한국의 도자기 : 예술의 다양성—헨더슨 부부 컬
렉션〉이란 타이틀을 달고 버젓이 전시회를 열었다. 이는 소장품을 자
랑하려는 의도도 있지만 비싼 값에 팔려는 언론플레이였다. 아니나
다를까, 전시회가 끝나자마자 뉴욕 메트로폴리탄 박물관에 자기들
소장품을 100만 달러에 사라고 요구했다. 거의 100배 장사다. 여기

헨더슨이 밀반출한 우리 문화재 중 일부. 12세기에 만들어진 청자 주병(왼쪽)에 대해 하버드대학은 현존하는 고려청자 중 최고의 색깔일 것이라고 평가했다. 뱀 모양의 장식이 달린 가야토기(가운데). 인상적인 균형미와 강건함. 구조상의 미, 균형잡힌 삼각 세공의 아름다움이 돋보인다. 신라 시대의 뿔잔과 받침대(오른쪽). 이 잔에 대해 하버드대학은 "기마 유목문화와의 연관성을 보여주는 독특한 작품"이라고 설명했다.

에 더해 자신을 박물관 큐레이터로 특채하라는 조건을 덧붙였다. 대학 측이 거절하자 여기저기 물건을 팔려고 돌아다니다 헨더슨은 한국에서 올림픽이 열린 1988년 나무에서 떨어져 죽었다.

헨더슨이 죽자 삼성이 접촉했으나 헨더슨 부인이 부른 가격이 너무 터무니없어 무산됐다고 한다. 문화재 보관과 관리가 힘들어지자 1991년에 헨더슨 부인은 도자기 컬렉션 150점은 하버드대학에 기증하고 나머지는 경매로 헐값에 처분했다.

지난 2009년에 하버드대학 아서 세클러 박물관을 방문해 '헨더슨 컬렉션'을 찾은 '해외 반출문화재 반환을 위한 미국 방문단'은 벌린 입을 다물지 못했다. 국립중앙박물관에 온 것으로 착각할 정도였다. 그날 대학 측은 공간상의 이유를 들어 도자기 12점만 공개했다.

헨더슨 집 거실. 한국에서 빼돌린 국보국 문화재를 집을 치장하기 위해 마구잡이로 도배질했다.

헨더슨 부인의 거실 사진은 몇 번 언론에 공개됐다. 집 전체가 한국의 국보급 문화재로 도배를 하다시피 했다. 그들의 집은 서민 주택보다는 비싼 곳이지만 귀중한 문화재를 전시할 만한 대저택은 아니다. 위 사진에서 보이듯이 좁은 거실의 벽난로 위에 걸려 있는 고려 시대의 탱화를 보면 이 부부가 우리 문화재를 어떻게 다루고 있는지 알 수 있다. 그나마 다행인 것은 한때 서재에 걸려 있었다는 안평대군의 글 「금니법화경」이 아직 경매 처분되지 않고 헨더슨 재단이 보관 중이라는 사실이다.

조선 최고의 명필가라는 안평대군이 쓴 「금니법화경」은 밀반출되지 않고 한국에 남아 있었다면 국보로 지정될 만한 귀중한 문화재다. 현재 국내에 있는 안평대군의 유일한 글씨인 「소원화개첩」은 국보 238호로 지정되어 있다.

그레고리 헨더슨만 이렇게 우리 문화재를 마구잡이로 불법 반출한

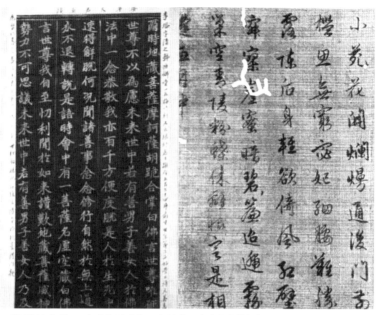

조선 왕실의 최고 명필인 안평대군이 쓴 「금니법화경」(왼쪽). 한국으로 회수하면 국보로 지정될 중요한 문화재다. 실제로 국내에 남아 있는 안평대군의 유일한 글씨인 「소원화개첩」(오른쪽)은 국보 238호다.

건 아니다. 1970년대에 한국에 근무한 스나이더 미국 대사 부부도 한국의 민화를 대량 수집해 미국으로 들고 가버렸다. 이들이 한국을 떠난 무렵 민화 값이 폭등했다는 소문이 무성했다. 1980년대에 주한 미 대사를 지낸 리처드 워커의 관저 창고에는 한국의 유력 인사들이 뇌물로 바친 우리 문화재가 가득하다는 많은 증언이 나오고 있다.

사라진 「몽유도원도」와 규장각 컬렉션

국보나 보물이 아니더라도 모든 문화재는 우리 조상들의 삶의 예지와 숨결이 깃들어 있는 보배이자 인류의 소중한 자산이다. 그러나 우리 문화재는 수많은 외세의 침략을 당하는 가운데 너무나 많은 수난을 당했다. 특히 임진왜란과 일제 강점기, 한국전쟁 기간에 우리 민족의 수난만큼 우리 문화재도 대량으로 약탈당하고 훼손되었다.

멀게는 고려 시대에 몽골 침입으로 황룡사구층목탑이 불에 타서 전소되었다. 가까이는 국보 1호 숭례문이 방화범에 의해 순식간에 화마에 휩싸이는 안타까운 순간이 있었다. 하지만 우리 문화재가 가장 집중적으로, 목적의식적으로 약탈당한 시기는 일제 강점기였다. 가장 대표적인 예가 분묘 도굴이다. 우리 민족은 죽음을 신성시하고 무덤을 소중히 보존하는 전통이 있었다. 그러나 이를 약탈하려는 일본인 무뢰배에 의해 이 전통이 산산조각나버렸다.

조선 말부터 일확천금을 노리는 일본인 무뢰배들이 대거 한반도에 상륙했다. 이들 무리 속에는 부산이나 대구 같은 곳에서 가장 먼저 고물상을 차렸던 인물들이 포함되어 있었다. 처음에는 지상에서 약탈 대상을 찾던 그들은 곧 지하의 고대 분묘에 눈독을 들였다. 이리하여 경주와 개성을 중심으로 세계사에 유례없는 극악무도한 고분 도굴이 자행되었다. 일본인 도굴꾼들은 요즘처럼 어둠을 틈타 침입하는 것이 아니라 백주대낮에 우르르 몰려와 버젓이 문화재를 약탈해 갔다.

불법 도굴이 가장 성행한 곳은 개성이었다. 개성이 고려 왕조 500년의 도읍지이기도 하지만 왕릉을 비롯해 고대 분묘가 집중되어 있었기 때문이다. 도굴꾼들은 이 분묘들에게 달려들어 마구 파헤치고 부장품을 약탈해 갔다. 안중근 의사마저 옥중에서 집필한 자서전에서 "일본의 침략이 마침내 우리 선조의 백골에 이르렀다."고 개탄할 정도였다. 국외소재문화재재단의 통계에 따르면, 지금까지 조사된 대한민

오구라가 약탈해 간 가야금관.

국 영토 밖에 있는 우리 문화재는 15만 6천여 점에 달한다.

그중 국립도쿄박물관에 1,849점, 오사카시립동양도자미술관에 1,501점, 그밖에 오구라 컬렉션(일본인 실업가 오구라 다케노스케가 불법으로 일본으로 밀반출한 우리 문화재)에 1,296점 등 3만 4,152점의 소재가 공식 확인되었다. 한국과 일본 학계에서는 일본의 개인 컬렉터들이 소장하고 있는 한국 문화재를 30만여 점으로 추정하고 있다.

이처럼 약탈된 수많은 문화재 가운데 반드시 찾아와야 할 문화재 두 가지가 있다. 안견의 「몽유도원도」와 규장각 도서가 그것이다.

먼저 「몽유도원도」를 보자. '한국 미술의 금자탑', '우리 회화 사상 최고의 걸작', '조선 전기 최고 화가의 현존하는 유일한 진본 그림'이라는 찬사를 받고 있는 「몽유도원도」는 현재 한국에 없다. 복잡한 과정을 거쳐 일본 덴리대학의 소유가 되어 현재 덴리대학 중앙도서관에 있다. 이 그림은 1933년 일본의 중요 미술품으로 지정된 데 이어 1939년에는 일본의 국보로 지정되었다.

「몽유도원도」는 어느 이른 봄날에 꾼 젊은 왕자의 꿈을 그린 것이다. 1447년 세종의 셋째 아들 안평대군은 꿈에서 박팽년과 함께 복숭아 꽃나무들 사이로 첩첩산중 무릉도원으로 들어가 뒤따라온 신숙주, 최항과 함께 시를 지으며 거닐다가 잠에서 깨어났다. 그는 안견을 불러 꿈의 내용을 화폭에 담게 했다. 세종에서 성종까지 여섯 왕을 모신 왕실 화가이자 화가로서는 최고직인 정6품을 넘어 정4품까지 오른 당대 최고의 천재 화가 안견은 단 사흘 만에 안평대군의 꿈을 화폭에 고스란히 펼쳐놓았다. 「몽유도원도」의 가치를 더욱 높인 것은 안평대군을 비롯한 당대 최고의 선비 21명의 찬문이 더해진 것이다. 여기에 참여한 인물은 조선의 최전성기인 세종 시대에 활동했던 집현전 학사, 정치인, 장군, 음악가, 고승 등 정치와 문화의 핵심에 있는 사회적 명망가들이었다.

이 걸작이 사라진 지 440년이 지난 1893년 일본 최남단 가고시마에서 모습을 드러냈다. 이곳에 사는 시마즈 히사나루(島津久徵)라는 사람이 소장한 그림에 일본 정부의 감사증이 발급된 것이다. 시마즈는 가고시마의 영주로 임진왜란에 출병한 왜장의 후손이었다. 따라서 이 그림은 임진왜란 때 약탈당했을 가능성이 크다. 이 작품이 팔리고 팔려 돌아다니다 1950년대 초 덴리대학으로 넘어간 것이다. 반환 가능성은 거의 없다. 다만 그림을 정밀 복사해 한국에서 소장하는 방법이 현실적일 것이다.

다음으로 유출된 중요 문화재는 이토 히로부미가 대출해 간 규장각 도서다. 1965년 서울대학교 중앙도서관 백린 열람과장이 규장각 도서를 정리하다가 발견한 한 장의 서류를 통해 그 존재가 확인됐다. 이 서류는 1911년 5월 11일자로 일본 궁내부 대신 와타나베가 데라우치 조선총독에게 보낸 서한이다. 그 내용은, 초대 통감인 이토 히로부미가 한일관계 사안을 조사하기 위해 일본으로 가져온 책들이

젊은 왕자의 봄날의 꿈을 묘사한 안견의 걸작 「몽유도원도」. 현재 일본의 국보로 지정되어 있다.

일본 궁내성 도서관에 보관돼 있는데, 일본 왕족과 귀족의 실록 편수에 필요하니 이 책들을 아주 달라는 것이었다. 이토가 빌려간 책은 규장각 도서였다.

2002년 서울대 이상찬 교수는 이토가 대출한 책이 77부 1,028권에 달하며, 그 안에는 최치원의 『계원필경』, 이수광의 『지봉유설』 등 귀중한 저서들이 포함돼 있다고 밝혔다. 이상찬 교수는 1966년 한일 문화재반환협상 때 이들 책 중에서 11종 90책만을 돌려받은 사실도 확인했다.

규장각은 1694년 숙종 때 삼청동 입구에 세운 전각으로 역대 왕들의 글과 도서를 보관하던 곳이다. 1905년 일제 통감부가 설치되면서 규장각 도서는 통감부 수중으로 넘어갔다. 이때 이토가 다량의 도서들을 '대출'이란 이름으로 빼돌린 것으로 추정된다. 이토가 대출해 간 책들은 엄연히 규장각 컬렉션의 하나다. 이러한 도서를 돌려주지 않고 소장하고 있다면 일본의 왕실 도서관은 국제적인 비난을 받아야 마땅하다.

천신만고 끝에 되찾아온 경천사지십층석탑

그런가 하면 석탑을 통째로 해체하여 들고 갔다가 국내외 여론에 밀려 반환한 어처구니없는 사건도 있었다. 사건의 주인공은 국보 86호인 경천사지십층석탑이다.

조선이 일본에게 외교권을 뺏긴 후 2년이 지난 1907년 3월의 어느 날, 한 무리의 일본인들이 총칼을 들고 개성에서 서남쪽으로 약 20킬로미터 떨어진 부소산 기슭에 있는 경천사 절터로 몰려왔다. 당시에는 사찰 건물은 다 사라지고 특이한 형태의 대리석 석탑 하나만 우뚝 서 있었다. 13.5미터의 큰 키에 탑신마다 섬세하게 조각된 불상과 보살상은 잡초에 뒤덮여 있었지만 걸작 중의 걸작이었다.

일본인들은 이 석탑을 마구 해체하고 포장하기 시작했다. 소식을 듣고 달려온 인근 주민들과 군수 일행이 가로막자 '고종 황제가 하사했다'는 거짓말을 내세워 총검으로 위협했다. 날이 어두워지자 달구지 수십 대에 석탑 조각들을 싣고 개성역으로 빼돌린 뒤 일본으로 실어갔다.

어떻게 백주대낮에 이런 날강도짓이 벌어질 수 있었을까?

다나카 미쓰아키는 일본의 궁내대신으로 문화재 약탈자 가운데 최고 악질로 꼽히는 인물이다. 그는 1904년에 발간된 『한국건축조사보고』라는 책에서 본 경천사지십층석탑의 매력에 흠뻑 빠졌다. 높은 탑이지만 위압감보다는 상승과 안정의 느낌을 주면서 균형감이 돋보이는 아름다운 대리석 탑이었다. 그는 자나 깨나 이 탑을 자기 집

정원에 갖다 놓을 궁리를 했다.

1907년 1월 24일에 열린 대한제국 황태자(훗날 순종)의 결혼식에 참석했다가 집어갈 방법을 찾았으나 실패하고 그냥 돌아갔다. 그러다 뒷돈을 주고 무뢰배들을 고용해 명령을 내렸다.

"고종 황제가 결혼식 기념으로 나에게 하사했다. 개성 근처의 절터에 있는 대리석 탑을 도쿄에 있는 우리 집 정원으로 가져와라."

그리하여 이 같은 문화재 약탈과 야반도주라는 범행을 저지른 것이다.

황제의 이름을 팔아 문화재를 훔쳐간 이 사기 행각은 순식간에 한양으로 전해져, 신문을 발행하고 있던 젊은 영국인의 귀에 들어갔다. 바로 35세의 언론인 어니스트 베델(한국명 배설)이었다. 베델은 영국 특파원으로 조선에 왔다가 이 쓰러져 가는 나라를 돕기 위해 「대한매일신보」와 「코리아 데일리뉴스」라는 일간지 2개를 발간하고 있었다. 그는 통감부의 매수와 회유를 뿌리치고 이 전대미문의 문화재 약탈 소식을 신문에 실었다. 1907년 3월 12일자 「대한매일신보」에 실린 기사다.

"개성군과 풍덕군 접경 지역에 있는 경천사탑은 고려 공민왕 때 공주를 위해 옥석(대리석)으로 10층 높이로 세운 수백 년 된 유물이다. 그런데 무슨 허가를 받았는지, 일본인들이 그 탑을 무너뜨려 일본으로 실어간다 하기에 두 군민들이 구름처럼 몰려와 빼앗기지 않겠다고 결사적으로 맹세했다고 한다."

이렇게 군민들은 맨손으로 우리 유물들을 지키려고 했지만 정작

부소산 경천사 터에 있던 경천
사지십층석탑. 일본인 세키노
다다시가 쓴 「한국건축조사보
고」에 실린 사진이다.

이 사정을 알고 있는 중앙 조정은 팔짱 끼고 강 건너 불구경하듯 했
으니 정말 참담한 일이었다. 심지어 다나카가 잠시 조선에 왔을 때
심상훈 궁내대신에게 이 탑이 탐난다고 말하자 조선의 대신이라는
자가 "탑이 나거든 가지고 가시지요."라고 답변했다고 한다.

　베델이 연일 이 사건을 보도하자 통감부가 지원하는 「서울프레스」
와 일본 정부의 대변지인 「저팬 메일」은 "이것은 분명한 거짓말"이라
고 반박해 일대 설전이 벌어졌다.

　한양에서 「코리아 리뷰」라는 월간지를 발행하던 미국인 선교사 호
머 헐버트는 이 소식을 접하자 피가 끓어올랐다. 그는 1905년 을사

늑약이 체결되자 고종 황제의 밀명을 받아 루스벨트 대통령에게 밀서를 전하기 위해 워싱턴에 다녀오기도 했고, 1907년에는 네덜란드 헤이그에서 열리는 만국평화회의에 밀사로 파견되기도 했던 인물이었다. 헐버트는 일본 고베의 영자신문 「저팬 크로니클」과 미국의 영향력 있는 신문인 「뉴욕 포스트」에 이 사실을 알려 대대적으로 보도하도록 했다.

이처럼 국내외의 여론이 들끓자 일본 정부는 더 이상 석탑 약탈을 없는 사실이라고 잡아뗄 수 없었다. 양심적인 일본인들까지 나서서 다나카를 질타하고 석탑을 조선에 반환하라고 요구했다.

여론이 악화되자 당시 통감인 데라우치 마사타케는 "다나카는 실어간 석탑을 조선의 원래 위치로 돌려보내라. 그것은 불법적인 반출이다."라고 요구했다. 데라우치가 양심적인 인물이라 그런 게 아니고 곧 조선을 병탄해야 하는데 반일 감정이 고조될 것을 우려했기 때문이었다. 초대 총독으로 올라서는 데라우치는 조선의 유물 반출을 엄금했다. 이는 조선이 영원히 일본 땅이 될 것으로 예상했기 때문이었다(그도 조선을 떠날 때 석굴암 본존불 반출을 계획했다고 한다).

다나카는 눈 감고 귀 막고 무려 11년을 버텼지만 1918년 국내외 여론의 반발과 계속되는 총독부의 반환 요구에 결국 무릎을 꿇고 탑을 경성으로 보냈다.

우여곡절 끝에 경천사지십층석탑은 다시 현해탄을 건너 고국에 돌아왔지만 심하게 망가진 상태였다. 애써 찾아오고도 해방 때까지 경복궁 근정전 회랑에 방치되었다. 세월이 흐른 뒤 1959년 경복궁 내 전통공예관(오늘날 경복궁 관리사무소) 앞에 세워졌다. 3년 후에는 국보 86호로 지정되었다. 그러나 당시 복구 기술이 낙후해서 조잡스럽

누구보다도 조선을 사랑했던 베델(왼쪽)과 헐버트(오른쪽). 경천사지십층석탑을 돌려받기 위해 용기 있게 정론을 펼쳤다.

게 복원되었다. 일부 훼손된 부분을 시멘트로 칠하고 야외에 세워놓으니 산성비나 풍화 작용에 의해 계속 망가져 갔다. 결국 1995년 국립문화재연구소가 석탑을 해체한 뒤 10년 간 복원 작업을 벌였다. 지금은 국립중앙박물관에 자리 잡았다.

서울 용산에 있는 국립중앙박물관에 들어서면 넓은 홀의 맨 끝에 있는 아름다운 대리석 탑이 한눈에 들어온다. 늘씬하게 솟아 올라간 몸매와 독특한 생김새, 탑에 새겨진 정교한 조각 등을 볼 때마다 그 우아함에 감탄하게 된다.

경천사지십층석탑이 세워진 것은 고려 말인 1348년이었다. 생김새도 특이하지만 '병을 치유해주는 약황탑'으로도 명성이 자자했다고 한다. 멀리서 보면 팔작지붕의 기와집들이 빼곡하게 마을을 이룬 듯 보이는 걸작이다. 이 수려한 탑을 보면서 지나가는 어린이나 학생들이 이 탑을 지키기 위해 맨손으로 총칼과 맞선 군수와 군민들, 이 척

2005년 용산의 국립중앙박물관으로 자리를 옮기기 전 경복궁 뜰 앞에 세워진 경천사 지십층석탑.

박한 나라를 사랑했던 푸른 눈의 외국인들을 기억할까? 누구보다 조선을 사랑했던 베델과 헐버트의 유해는 유언대로 고국에 가지 않고 합정동 서울외국인묘지공원에 묻혀 유유히 흐르는 한강을 바라보고 있다.

독립군 때려 잡는
조선인 부대를 아십니까?

_ 치욕의 간도특설대, 그들의 면면을 밝힌다

"그곳에서 3년 간 근무했다."

대한민국 육군참모총장을 지낸 백선엽이 자신의 이력에서 건조하게 한 줄로 '3년 간 근무했다'고만 밝힌 '그곳'은 어디일까?

20세기 초, 중국 대륙의 만주는 관동군, 만주군(일제의 괴뢰정부 만주국의 군대), 독립군, 장쉐량의 동북군, 장사꾼, 일제의 첩자, 이주해 간 조선인과 일본인들이 섞여 사는 일종의 '개척 시대'의 서부 같은 카오스의 공간이었다. 그 공간을 무대로 관동군과 만주군에게 맞선 동북항일연군(조선인과 중국인 독립군 연합부대)은 격렬한 전투를 벌였다. 그런데 이 와중에 조선인 청년들이 제발로 만주군에 들어가 일본군이 쥐어준 무기를 손에 들고 조선 독립군을 향해 총을 쏘아대는 드라마 같은 장면이 1930~1940년대에 만주 벌판에서 펼쳐졌다.

1931년 만주를 점령한 일본군은 동북항일연군의 게릴라전에 휘말려 고전을 면치 못하고 있었다. 일본군은 중국 본토 침략 때문에 정신이 없었고 만주인을 주축으로 구성된 만주군은 전투 의지도 없고 군기도 엉망이었다. 이에 따라 일제는 조선인으로 구성된 독립적인 특수 부대를 만들었다. 이 특수 부대가 바로 백선엽이 '3년 간 근무했다'고만 밝힌 '그곳', 간도특설대였다.

언론인 김효순이 만주 벌판을 돌아다니며 취재하여 펴낸 『간도특설대』(2014) 내용이 준 충격은 매우 컸다. 정말 이런 일이 있었을까? 김효순이 발로 쓴 책의 내용을 인용해본다.

> 1938년 12월 14일 만주국 기병대가 쓰던 밍웨거우(明月溝)의 병영에서 간도특설대 1기 지원병 입대식이 열렸다. 이때부터 일본군은 1945년 8월 15일 패망 때까지 7기에 걸쳐 매년 약 690명씩 선발했다. 하사관을 포함한 사병은 모두 조선인이었고, 장교는 일본인과 조선인이 섞여 있었다. 이들의 토벌 대상은 연변 일대를 무대로 무장 투쟁을 벌이고 있는 조·중 연합 독립군이었다.

당시 만주에서는 다양한 항일 조직이 군대와 관헌의 추적을 피하면서 집단 주거 마을 시설과 격리된 채 은신하면서 게릴라전을 벌이고 있었다. 간도특설대는 이들을 대상으로 1939년부터 1943년까지 4년 동안 전투를 벌였다. 항일 독립투쟁을 하는 조선 청년들과 일본군의 지휘를 받는 친일 조선인 사이에 총질이 벌어진 것이었다.

만주 벌판을 피로 물들인 광기와 야만

간도특설대의 진압이 얼마나 무자비했던지, 역사학자 필립 조웰은 "일본군의 만주 점령 기간 중에 간도특설대는 잔악한 악명을 얻었으며, 그들이 점령한 광범위한 지역을 황폐화시켰다."고 평가했다. 간도특설대의 악명은 항일 세력 색출을 목적으로 하는 민간인들의 무고한 살상과 강간, 약탈로 잘 나타난다. 대표적인 사례를 들어보자. 차마 입에 담을 수 없을 정도이다. 이 같은 만행은 해방 후 빨치산 토벌이나 민간인 학살에서 그대로 재현된다.

· 1939년 5월 일본수비대와 함께 안도현 서북차에서 야간 토벌을 진행하던 간도특설대가 산림 속에서 불빛을 발견하고 체포를 하고 보니 산나물을 뜯는 부근 마을의 민간인들이었다. 그런데도 이들은 무고한 민간인들을 죽여서 불에 태워버렸다.

· 1939년 7월 1일 간도특설대는 천보산 광산이 항일연군의 습격을 받았다는 급보를 받고 일본군 수비대와 협동 작전을 벌였다. 교전 중 항일연군 전사 한 명이 희생되었는데 특설부대는 항일연군 전사자의 배를 가르고 간을 꺼내어 빈 통조림통에 넣었다. 그런데 그것을 들고 가던 민부가 허기를 달래려고 통조림인 줄 알고 훔쳐서 먹다가 생고기인지라 버렸다고 한다.

· 1941년 겨울 간도특설대의 3개 중대는 대대장의 지휘 아

간도특설대 창립 초기의 지휘부.

래 안도, 돈화, 화전 등 3개 현에 대한 토벌을 벌이다 동북
항일연군 2명을 체포하였다. 하나는 제1중대의 취사반에서
잡일을 하게 하고, 하나는 기포련에서 말을 키우도록 했다.
그러다 취사반에 있던 사람이 도망한 것을 도목구에서 붙
잡아다가 부대를 명월구 공동묘지 앞에 집합시키고, 옥량
중위가 군도로 머리를 베고 시체 옆에서 목을 들고 기념사
진을 찍었다.

· 1941년 1월 특설부대는 안도현 대전자에서 동쪽으로 약
  30리 떨어진 산림에서 동북항일연군 여전사 4명을 체포해
  압송 도중 강간을 시도하려다 실패하자 살해하였다.

· 1942년 8월 특설부대 제1중대는 변의대를 조직하여 차조

구에 가서 정보를 수집하던 중 논밭에서 일하는 농민 두 사람이 양민증이 없다는 구실로 형벌을 감행한 후 체포하였다.

일본군과 만주군, 간도특설대의 연합 작전에 밀려 동북항일연군은 총사령 양징위(楊靖宇)가 사살되고 남은 부대가 소련으로 넘어가면서 1943년을 기해 자취를 감췄다.

이후 간도특설대는 일본군의 지시에 따라 베이징 동북쪽으로 이동해 마오쩌둥의 팔로군과 격렬한 전투를 벌였다. 이들은 1945년 8월 15일 일본의 항복 소식도 모른 채 팔로군 토벌 작업을 계속 벌이다가 어처구니없게도 팔로군으로부터 일제의 패망 소식을 들었다. 소련군에게 쫓기던 간도특설대 대원들은 일본군이 남긴 돈을 나눠 갖고 살아남기 위해 뿔뿔이 흩어져 한반도로 도피했다.

간도특설대 대원, 대한민국 국군 수뇌부로 변신하다

간도특설대에서 복무했던 대원들은 해방 후 과거를 숨기고 신생 대한민국의 국군에 들어갔고 이들 중 상당수가 장관, 군 사령관, 고위 관료로 출세했다. 해병대의 경우 신현준, 김석범에 이어 김대식 등 간도특설대 출신이 사령관을 맡는 진기록을 남겼다. 이들 중 일부는 과거를 지우기 위해 이름을 바꾸기도 했으나 자발적으로 당시의 일을 고해하거나 참회한 인물은 여태껏 단 한 명도 없다.

가장 유명한 인사가 육군참모총장을 지낸 백선엽이다. 그는 간도특설대 복무와 관련해 회고록에서 '그곳에서 3년 간 근무했다'는 사실만 건조하게 기술했을 뿐, 자세한 활동 내용은 일체 밝히지 않았

간도특설대 1기 지원병 228명의 입소식을 알리는 총독부 기관지 「매일신보」 1938년 12월 4일자 보도.

다. 그는 아직까지도 참회의 글이나 말도 한마디도 내놓은 적이 없다. 심지어 일본에서 일본어판으로 발간한 『대 게릴라전—미국은 왜 졌는가』(1993)에서는 구차한 변명을 늘어놓았다.

"우리들이 쫓아다닌 게릴라 가운데 조선인이 많이 섞여 있었다. 주의·주장에 차이가 있다고 해도, 한국인이 독립을 요구하며 싸우고 있는 한국인을 토벌한 것이기 때문에 오랑캐로 오랑캐를 제압하려는 일본의 책략에 그대로 끼인 모양이 된다. 그러나 우리가 진지하게 토벌했기 때문에 한국의 독립이 늦어진 것도 아닐 것이고, 우리들이 역으로 게릴라가 되어 싸웠으

교통부장관 시절 백선엽(앞줄 한가운데)이 1969년 9월 일본을 방문해
옛 만주군 상관들과 함께 기념사진을 찍었다.

면 독립이 빨라졌으리라는 것도 있을 수 없다. 그래도 동포에
게 총을 겨눈 것은 사실이고 비판받아도 할 수 없다. 그러나
게릴라전이 전개된 지역의 참상을 알게 되면 문제가 그렇게 단
순하지 않다는 것이 이해될 것이다."

　그냥 '젊은 날 철이 없어 우리 민족에게 죽을 죄를 졌다'고 사죄하
면 될 것을 해괴한 논리로 포장하고 있다.
　『친일인명사전』은 일본군에 복무해도 소좌 이상만 등재했지만, 간
도특설대는 '독립군 말살'이라는 악랄한 임무 때문에 장교는 물론 사
병까지 전원의 이름을 올렸다.
　더 황당한 것은 이들이 대한민국 군대의 상층부를 장악하고 역사
의 심판조차 받지 않은 채 고관대작의 신분으로 잘 먹고 잘 살다가
자연사하거나 지금까지도 편안하게 살고 있다는 사실이다. 이들 가

운데 일부는 자신들의 과거를 왜곡하고 합리화하기도 했다. 대표적인 인물이 간도특설대 조선인 선임관 출신의 김석범이다. 그는 1987년에 발간된 『만주국군지』라는 책자의 서문을 통해 자신들을 이렇게 미화했다.

> "우리들 만주군 출신은 일제 탄압 하에서 조국 땅을 떠나 유서 깊은 만주에서 독립 정신과 민족의식을 함양하며 무예를 연마한 혈맹의 동지들이다. 우리는 타향인 만주에서 철석 같은 정신과 신념 밑에서 철석 같은 훈련을 거듭하여 8.15 해방을 맞았다. 건국건준 40여 년이 된 오늘날 50여 명의 장성들과 다수의 영관급 고급 장교가 배출되어 조국의 독립과 자유 수호에 공헌했다. 우리들은 대통령, 국회의장, 국무총리, 국방장관, 군 참모총장, 해병대 사령관, 군 사령관, 군단장, 사단장, 연대장, 고급 참모 등 정부와 군의 요직을 역임했고, 그 공훈은 건국 건준사에서 빛나고 있다."

정말이지 혀를 찰 노릇이다. 일제가 세운 괴뢰국가인 만주국 군대에 들어가 침략자 일본군에 맞서 싸우던 조선 독립군과 팔로군에게 총질을 해대던 인물들이 갑자기 독립군으로 둔갑을 했으니 말이다.

그런데 위의 글에는 흥미로운 부분이 하나 있다. 몇 줄 되지도 않는 문단에 왜 '철석'이란 단어가 두 번씩이나 등장할까? 간도특설대는 1938년 관동군 간도특무기관장 오코시 노부오 중좌의 주도로 창설되어 주로 동만주 지역에서 동북항일연군과 전투를 벌였다. 그러다 동북항일연군의 주력이 소련으로 넘어가자 1943년 말 러허성(열하성)

으로 이동해 팔로군을 중심으로 한 항일 부대 토벌에 투입됐다. 나중에는 '철석부대' 산하로 편입돼 독립 보병부대로 활동했다. 만주군의 정예 부대인 '철석부대'라는 명칭은 철석신념, 철석기율, 철석훈련이란 만주국 국훈에서 따온 것이다. 젊은 날 김석범의 머리에 '철석'이란 단어가 얼마나 철저하게 주입됐는지 72살의 나이에 쓴 글에 무심코 사용한 것이다.

「위키백과」에 실린 김석범의 인생 궤적을 인용해본다.

일본육사를 1940년 졸업하고 만주군 장교로 임관했다. 만주군으로 복무하는 동안 악랄하게 항일 운동을 탄압했다는 설이 있다. 만주군 상위로 복무하던 중 태평양전쟁이 종전되어 미 군정 지역으로 내려왔다. 1946년 대한민국 해군 중위로 임관하여 해군통제부 참모장과 방위사령관 등을 지냈다. 김석범은 박정희와 정일권, 백선엽, 이한림, 신현준, 원용덕, 김창룡 등이 형성한 국군 내의 대표적인 만주군 인맥이었다. 한국전쟁 발발 후 손원일의 권유에 따라 해병대로 전과했고, 해병 제1연대장, 해병대 부사령관을 거친 뒤 1953년부터 신현준의 뒤를 이어 약 4년 동안 대한민국 해병대 제2대 사령관을 맡았다. 1953년 육군대학, 1958년 국방대학원을 졸업했고, 김정렬 국방부장관 특별보좌관을 거쳐 1960년에 해병대 중장으로 예편했다. 이후 재향군인회를 창설하여 부회장에 올랐고, 1960년 대에 한국기계 사장과 성우회 부회장을 역임했다. 묘지는 대전의 국립현충원에 있다. 2008년 민족문제연구소에서 『친일인명사전』에 수록하기 위해 정리한 「친일인명사전 수록 예정자」 명

단 중 군 부문에 선정되었다. 친일반민족행위진상규명위원회가
발표한 친일반민족행위 704인 명단에도 포함되었다.

이런 인물이 군의 요직을 두루 거치고 죽어서도 국립현충원에 묻혔
으니 대한민국 군대가 얼마나 혼탁한 길을 걸었는지 짐작할 수 있다.
간도특설대의 특이한 점은 일제가 패망해 해산할 때까지 부대 체
제가 흐트러지지 않았다는 것이다. 태평양전쟁 말에 소련이 만주를
침공하면서 일제의 패망이 눈앞에 보이자 만주군 부대에서는 일본인
장교를 살해하는 등 반란이 속출했다. 하지만 간도특설대는 부대 해
단식을 갖고 자기들이 모시던 일본인 장교들과 석별의 정을 나누었
다. 마지막까지 대일본제국과 일본인 상관에게 개처럼 충성을 바치고
의리를 지켰다는 얘기다.
선양(심양)으로 이동한 후 이들은 뿔뿔이 흩어졌다. 대부분 만주
나 북한에서 친일 경력 때문에 처단당할 것을 예감하고 남한으로 도
피했다. 그리고는 군대에 들어가 서로 밀어주고 끌어주면서 상층부로
진입했다. 상당수 간도특설대원들은 잽싸게 이름을 바꿔 과거를 세
탁했다. 일제의 충복에서 친미파로, 반공투사로, 이승만 독재의 하수
인으로 변신했으니 바퀴벌레처럼 질긴 그 원초적 생존 능력만은 감탄
스럽다.

12

"광복군,
준비 완료되었습니다!"

_ 임시정부, 국내 진공을 계획했으나 일본의 무조건 항복으로 무산되다

일본의 패망이 얼마 남지 않은 1945년 1월 31일.

충칭의 대한민국 임시정부 청사 앞에서 젊은이들의 우렁찬 합창 소리가 들렸다. 광복군 교관 진경성의 인솔로 조선 청년 47명이 드디어 임시정부 청사에 도착한 것이다. 이들은 일본에서 대학을 다니다 강제 징집된 뒤 중국에 주둔한 일본군 병영에서 목숨을 걸고 탈출한 지식인 청년들이었다. 청년들은 장제스의 국부군이나 마오쩌둥의 팔로군의 도움을 받아 안후이성 광복군 3지대에 도착해 3개월의 훈련을 받고 머나먼 길을 걸어 충칭까지 온 것이었다.

6일 후 임시정부의 회의실과 식당으로 쓰는 1층 사무실에서 청년들을 위한 환영회가 열렸다. 김구 주석의 환영사가 끝나자 애국청년을 대표하여 장준하가 답사를 했다.

중국 서남부의 깊숙한 내륙에 있는 충칭시에 복원된 충칭 임시정부 청사.

"오늘 오후 임시정부 건물 위에서 펄럭이는 태극기를 우러러보면서 흥분되는 가슴을 진정시킬 수 없었고, 흐르는 눈물을 참을 수 없었습니다. 이를 위해 6천 리 길의 장정에 오른 것입니다. 진정한 조국의 '상징'과 지휘관, 저희들이 헌신할 수 있는 곳을 마침내 찾았습니다. 조국과 민족을 위해 여러 선배님들의 노고를 만 분의 일이라도 갚을 수 있다면, 무슨 일이라도, 어느 곳이라도 절대 따지지 않고 지시에 따라 이행할 것입니다. 왜적이 황당무계하게 한국인이 모두 일본인이 되기를 바란다고 거짓 선전하고 있으나, 확실한 것은 우리 40명이 넘는 청년들은 광명정대한 조선인이라는 사실입니다."

김구 주석과 이 자리에 모인 교민들 300여 명은 답사를 들으며 계속 흐느껴 울었다. 결국은 모두들 참지 못하고 목 놓아 울었다. 환영회 자리는 울음바다가 되었다.

김구 주석이 1940년 9월 17일 충칭에서 열린 한국광복군 창설 기념식 직후 열린 오찬장에서 축사를 하고 있다.

김구 주석이 이끄는 대한민국 임시정부는 1940년 9월 15일 광복군 창설을 공포했다. 시작은 30여 명의 자그마한 군대였다. 그러나 김원봉이 이끄는 한인 무장부대와 일본군에서 탈출한 김준엽과 장준하 등 한인 청년들이 합류하면서 점차 세력을 불려나갔다.

광복군에 편입한 청년들은 비밀리에 한반도 침투 작전 준비에 들어갔다. 이를 위해 3월 15일 광복군 사령부와 주중국 미군은 한미 군사협정을 체결했다. OSS(미국 전략사무국)는 1차로 광복군 2지대와 3지대 소속 대원들을 상대로 석 달 동안 도강술, 게릴라 전법, 낙하 연습, 특수 은폐와 엄폐법 등 강도 높은 훈련을 시켰다. 대원들이 무사히 훈련 과정을 마치자 8월 7일 김구 주석과 지청천 광복군 총사령관이 찾아와 대원들을 격려했다.

김구 주석 등은 미군과 협의해 대원들이 잠수함이나 낙하산으로 한반도에 침투해 정보 송신과 유격대 조직 구성, 일본군 시설 파괴 등을 수행하기로 했다. 이틀 후인 8월 9일 50명의 광복군에게 특별

대기령이 떨어졌다. 모두 두근거리는 가슴을 애써 진정시키며 진격 명령이 떨어지기만을 기다렸다.

일본의 무조건 항복, 진공 작전은 물거품이 되고

그러나 다음 날 오후에 청천벽력 같은 한 통의 전보가 OSS 중국 지부에 날아왔다. 대원들의 출발을 중지한다는 것이었다. 일본이 포츠담 선언을 수락해 무조건 항복한다는 내용이었다. 김구 주석에게는 희소식이 아니라 하늘이 무너지는 충격이었다.

"이번 전쟁에서 아무 일도 하지 못했으니 장차 국제사회에서 제대로 발언권을 행사할 수 있을까?"

환호하는 미군들 틈에서 광복군들은 깊은 실망감을 감추지 못했다. 임시정부는 다시 미군과 상의해 시안을 출발해 서울로 가는 중국전구 미군사령부 사절단에 광복군 4명(이범석 장군, 장준하, 김준엽, 노능서)이 동승하기로 했다. 이들 사절단은 미군 본대가 상륙하기 전에 연합군 포로를 인수하고, 미군 진주를 위한 기초조사를 실시하고, 국민자위군을 조직하는 임무를 부여받았다.

22명이 탄 C-46 수송기는 8월 18일 새벽에 시안비행장을 이륙해 오후 3시에 여의도비행장에 착륙했다. 사절단이 비행기에서 내려보니 격납고 앞에 일본군 1개 중대 병력이 일본도를 뽑아들고 정렬해 있고 격납고 뒤에는 무장한 일본군과 기관포가 버티고 서 있었다. 고즈키 요시오 조선군 사령관 일행이 걸어왔다.

"이곳엔 왜 왔소?"

버드 중령은 말없이 한글과 일본어로 된 전단지를 건넸다. 고즈키는 아직 도쿄에서 지침을 받지 못했다며 "일본은 현재 정전 상태일

1945년 8월 산둥성 유현에서 OSS 훈련을 받을 당시의 광복군 세 사람(왼쪽부터 노능서, 김준엽, 장준하).

뿐이오. 당신들은 돌아가 기다렸다가 휴전조약이 체결된 뒤에 다시 오시오."

실랑이 끝에 결국 시안으로 돌아갈 때 필요한 휘발유가 평양에서 도착하는 대로 떠나기로 했다. 미군 수송기는 여의도비행장을 출발해 산둥성 유현(오늘날 웨이팡시) 비행장을 거쳐 다시 시안으로 돌아왔다. 이렇게 해서 미군이 상륙하기 전에 국내에 기반을 마련하려고 했던 충칭 임시정부의 노력은 모두 수포로 돌아갔다.

일본이 패망했는데도 한반도에 상륙한 미군은 충칭 임시정부에 대해 나 몰라라 하며 냉대했다. 장제스 정부를 통해 여러 차례 사정한 끝에 11월 23일 미군 수송기편으로 귀국하는 일정이 겨우 확정됐다. 미국에 있던 이승만은 이미 10월 16일에 맥아더 장군이 주선한 비행기를 타고 도쿄를 경유해 귀국한 상태였다. 임시정부 요인들보다 1개

충칭에 파견 나온 미래의 중화인민공화국 초대 국무총리 저우언라이.

월 이상 빠른 귀국이었다. 맥아더는 미 육군 남조선주둔군 사령관으로 임명된 하지 중장을 도쿄로 불러 이승만과 함께 3자 회담을 가졌으니 그 의도를 미루어 짐작할 만하다.

미 군정의 냉대, 쓸쓸한 귀국

귀국 일정이 확정되자 김구 주석은 그동안 도움을 준 중국의 각계 인사들에게 작별 인사를 다녔다. 11월 2일에는 마오쩌둥 정부의 특사로 충칭에 체류 중이던 저우언라이(周恩來)가 임시정부 국무위원 전원을 초청해 연회를 베풀었다. 저우언라이가 머물고 있는 홍암취(紅巖嘴)에 도착하니 산자락에는 온통 농장밖에 보이지 않았다. 식탁에는 대부분 소박한 음식들이 올라와 있었지만, 회과육과 삶은 족발, 닭백숙, 생선조림도 있었다. 저우언라이가 웃으며 말했다.

"백범 선생, 여기 있는 채소와 생선, 고기는 전부 우리가 농장에서 직접 재배하고 키운 것입니다."

광복군 제2지대 대원들이 만든 광복군 영문 약자 KIA.

"그렇게 업무가 바쁘신 데도 농사도 짓고 가축도 기르시나요?"

"우리 공산당원들은 전부 일반 백성들과 다름없는 보통 사람들입니다. 어렸을 때 농사를 짓던 사람들이지요."

김구 주석은 홍암취를 떠나면서 상념에 잠겼다. 이곳의 소박한 생활이 도시 지역에 자리 잡은 장제스의 당·정·군의 호화스런 생활과 비교가 되었다. 마오쩌둥의 중국 공산당과 접촉이 없었던 김구에게는 이색적인 경험이었다. 서민 출신인 김구로서는 장제스가 패할 수 있다는 가능성을 떠올린 것 같다. 실제로 1949년 장제스가 중국 대륙을 잃었다는 소식을 들었을 때 김구 주석은 당황하거나 실망한 기색이 없었다고 한다.

충칭을 떠나 상하이에 도착한 임시정부 요인들은 홍커우 공원에서 6천~7천 명에 달하는 교포들의 뜨거운 환영을 받았다. 김구 주석이 단상에 오르자 교포들이 만세를 부르고 또 불렀다. 그치지 않던 만세 소리는 감격으로 연결되면서 울음 소리로 바뀌었다. 김구 주석의 연설도 목이 메는 바람에 몇 번이고 끊어졌다. 그동안 겪었던 갖가지 고생과 모진 괴로움이 이날의 감격 속에서 울음으로 터진 것이다.

김구 주석 등 환국 1진 15명은 1945년 11월 23일 상하이비행장에서 미군 수송기 편으로 귀국길에 올랐다. 수송기는 저녁 무렵 여의도 비행장에 도착했다. 미 군정이 김구 주석의 귀국 사실을 의도적으로 숨겨 환영객 하나 없는 쓸쓸한 귀국이었다. 늦가을의 찬바람을 맞으며 수송기에서 내린 독립투사들은 미군 장갑차에 나눠 타고 서울 중심가를 향해 출발했다. 장준하는 장갑차를 보고 놀라는 시민들에게 태극기를 흔들었으나 미군 병사에게 제지당했다.

독립군, 합동 무장 진공의 꿈을 꾸다

1931년 일제가 만주를 장악한 이후 중국 대륙에서는 크게 세 갈래의 항일 무장 투쟁이 진행되거나 준비 중이었다. 동북항일연군, 조선의용대, 그리고 광복군이 그것이다.

맨 먼저 가장 격렬하게 일본군과 전투를 벌인 부대는 '동북항일연군'이었다. 1935년 만주 지역에서 제각기 흩어져 싸우던 항일 무장 세력들은 소련이 주도한 국제공산당(코민테른)의 결정과 중국공산당의 지시에 따라 대규모 부대로 통합되었는데 이것이 동북항일연군이었다. 조선인과 중국인이 연합한 형태의 이 부대는 곳곳에서 일제에 타격을 가했다. 훗날 북한을 장악하는 김일성도 여기서 병사로 출발해 보천보 전투(1937) 등에서 명성을 떨치면서 점차 두각을 나타냈다.

그러나 동북항일연군은 일제의 대규모 토벌에 쫓겨 유격대원 상당수가 사살되거나 투항하고 살아남은 대원들은 소련-만주 국경을 넘어 소련 영내로 피신했다. 김일성도 일본군 토벌대의 추격을 피해 1940년 10월 23일 소련령으로 넘어갔다. 이렇게 소련으로 넘어간 동북항일연군은 '88특별저격여단'이란 이름으로 소련 적군에 편입되었다. 해방이 되자 이들은 소련의 보호 아래 소련 군함 〈푸가초프호〉를 타고 1945년 9월 22일 평양에 도착했다. 〈푸가초프호〉에는 김일성을 비롯해 안길, 김책, 최현, 박성철, 김일, 오진우 등 훗날 북한 정권의 주역이 될 쟁쟁한 인물들이 대거 타고 있었으며 50여 명의 유격대원들도 함께였다. 이들은 소련 군정의 비호 아래 북한 전역을 빠르게 장악했다.

동북항일연군 다음으로 창설된 독립군 부대는 중일전쟁 발발 직후인 1938년 10월에 깃발을 올린 조선의용대였다. 이 부대는 '항일전쟁 참전'과 '일본 군벌 타도'를 기치로 내걸었다. 조선의용대는 장제스의 국부군에 배속해 일본군과 전투를 벌였다. 1941년 봄에는 이름을 조선의용군 화북지대로 이름을 바꾸고 전투를 벌여 나가면서 1941년 7월부터 이듬해 8월까지 한·중·일 세 나라 문자로 작성한 230여 종의 전단 12만여 장과 만화 3만여 장을 일본군 점령 지역에 뿌렸으며 1,400여 개의 구호를 담벼락에 썼다. 전사한 일본군 품 안에는 영락없이 조선의용군이 뿌린 전단이 있었다.

일본이 패망하자 조선의용군 2천여 명은 무정 장군의 지휘 아래 압록강을 건너려 했으나 소련군의 제지로 무장해제당하고 입국이 무산되었다. 김일성에게 도전할 수 있는 강력한 무장 세력을 미리 무력화해 불씨를 제거한 것이다. 다시 중국으로 돌아온 조선의용군은 팔로군 린뱌오(林彪) 장군의 동북야전군에 편입돼 국공내전에 참가했다. 한국전쟁에서는 인민군 주력부대로 참전했으나 휴전 후 김일성과

일본군 점령 지역에 침투해 폐허가 된 사찰의 담장에 항일 표어를 쓰는 조선의용군 화북지대 선전대원.

의 권력 투쟁에서 패배한 뒤 흔적도 없이 사라졌다.

마지막 세 번째가 김구 주석이 이끄는 충칭 임시정부가 1940년에 창설한 광복군이다.

가끔은 부질없는 꿈을 꾼다. 일제가 저렇게 쉽게 패망하지 않고 악착같이 버티는 사이에 임시정부의 광복군이 잠수함과 낙하산을 이용해 성난 파도처럼 국내로 진격해 들어오고, 조선의용군은 압록강을, 88여단은 두만강을 넘어 일제를 무너뜨리고 우리 힘으로 해방을 쟁취하는 꿈 말이다.

II.

흙 다시 만져보자,
바닷물도 춤을 춘다

해방과 대한민국 정부 수립

"왜 유순했던 조선인들이
포악해졌을까?"

_ 반성 없는 일본, 패전 직후에 고관대작들은 재산 빼돌리기에 '혈안'

"우리는 비록 전쟁에 패했지만, 조선이 승리한 것은 아니다. 장담하건대 조선인이 제정신을 차리고 옛 영광을 되찾으려면 100년이 더 걸릴 것이다. 우리 일본은 조선인에게 총과 대포보다 더 무서운 식민교육을 심어놨다. 조선인들은 서로 이간질하며 노예적 삶을 살 것이다. 그리고 나 아베 노부유키는 다시 돌아온다."

이 섬뜩한 말을 남기고 간 아베 노부유키는 누구인가? 그는 1944년 7월부터 패전 때까지 9대 조선총독을 지낸 인물로, 재임 기간 중에 전쟁을 지원하기 위해 조선의 물자와 인력을 쥐어짰다. 친일을 거부한 조선인들을 탄압하고 여자정신대근로령을 공포해

마지막 조선총독 아베 노부유키. 떠나는 날까지 조선을 유린하고 큰 후유증을 남겼다.

12~40세의 미혼 여성들을 끌고 가 군수공장에서 강제노역시키거나 전선에 보내 군 위안부로 착취한 인물이다.

그는 조선의 인력과 물자를 마지막까지 쥐어짜는 것도 모자라 미군의 상륙에 대비해 불령 조선인을 '예비 검속'이란 이름으로 경찰서와 헌병대로 잡아가 집단 학살을 꾀했다. 다행히 원폭 투하와 소련군 참전으로 무산됐지만 자칫했으면 해방 후 건국의 초석이 될 귀중한 인력을 모두 잃을 뻔했다.

아베는 일본 패망 직후 미군이 총독부에서 국기 게양식을 하자 할복을 시도했으나 피부만 살짝 벗겨지는 쇼를 연출했다. 사람들의 부축을 받고 항복문서에 조인한 후 일본에 돌아가 전범으로 체포됐지만 무죄로 풀려났다. 그는 맥아더 사령부의 전범 심문에서 일본의 식민 정책이 한국을 이롭게 했다고 주장했다. 한국인은 스스로 다스릴 능력이 없는 '어리석은 국민'이라는 게 그 근거였다. 또 한국이 독립 정부를 구성하면 당파 싸움 때문에 곧 붕괴할 것으로 예상했다. 남

일왕의 항복 방송을 듣고 좌절하는 일본인들.

북 공동정부 수립도 애초에 불가능한 일이라고 강변했다.

해방이 되자 한반도는 남과 북으로 갈렸고, 끝내 골육상잔의 전쟁을 치렀다. 아베 노부유키는 한국전쟁 휴전 직후인 1953년 9월 7일 사망했는데, 죽기 전까지 한반도에서 벌어진 일들을 보면서 자기 생각이 조금도 틀리지 않았다고 생각했을 것이다.

그의 부인도 한심한 여자였다. 1945년 8월 15일, 일왕의 항복 방송이 나온 그날 부산지방교통국장 다나베 다몬에게 희한한 지시가 떨어졌다. 당장 일본 본토로 갈 배를 확보하라는 상부의 명령이었다. 알고 보니 아베 조선총독 부인 일행이 탈 배가 시급히 필요하다는 것이었다. 이틀 후 '사모님' 일행과 짐을 실은 배가 부산 앞바다를 출발했다. 그러나 배는 얼마 못 가서 목도 앞바다에서 멈춰선 후 점차 기울기 시작했다. 배도 낡았지만 조선에서 약탈한 귀중품을 너무

패전과 함께 만주와 한반도에서는 일본인들의 대탈주가 시작됐다.

많이 실어서 가라앉기 시작한 것이었다. 결국 짐을 절반 정도 버리고 간신히 부산항으로 돌아와 쉬쉬하면서 경성으로 몰래 잠입했다.

이처럼 당시 부와 권력, 최고급 정보를 갖고 있는 일본 상류층은 온갖 수단을 동원해 살림살이까지 죄다 일본으로 가져가려고 광분했었다. 아랫것들의 생사 따위는 안중에도 없었다.

대일본제국의 지도자들, 가족만 데리고 일제히 도주하다

일본의 대표적인 우익 잡지 「주간분슌(週刊文春)」은 2013년 11월 '한국의 급소를 찌른다'라는 특집 기사에서 아베 신조 총리가 "중국

부산으로 가는 일본인들의 귀환열차. 부산항에서 다시 귀환선을 타야 일본으로 갈 수 있다.

은 어처구니없는 나라지만 아직 이성적인 외교 게임이 가능한 반면 한국은 그냥 어리석은 국가"라고 말했다고 보도했다.

아베 총리가 '한국에 어떤 유감을 갖고 있다'거나 '무슨 문제가 있다'는 식이 아니라 '어리석은 국가'라고 강조한 사실을 주목해야 한다. 임진왜란을 일으킨 도요토미 히데요시도, 19세기 말에 정한론을 주장했던 후쿠자와 유키치도 똑같은 얘기를 했다. 그렇다면 과연 일본은 '어리석은 국가'가 아니라 '현명한 국가'인가? 일본 역사상 가장 어려웠던 시기였던 1945년 8월 15일을 전후한 패망의 시기를 더듬어 보자.

8월 6일 히로시마에 원자폭탄이 떨어지고 사흘 후 소련군이 만주에 대대적인 공격을 시도했다. 그러자 이곳을 지키고 있던 군경 상층부를 비롯한 고위 관료와 대기업 간부들이 제일 먼저 탈주에 나섰다. 가장 발 빠르게 움직인 것은 소련군이 침공해 들어온 만주와 북조선의 일본군 수뇌부였다. 이들은 재빨리 열차를 동원해 고위 관료와 군 관계자 가족들을 서둘러 피신시켰다. 만주 현지에 이민 와서 농사를 짓거나 사업을 벌이고 있는 100만 명이나 되는 일본인에게는 어떤 대피 명령도 내리지 않았다. 때문에 상당수의 일본인들이 소련으로 끌려가 강제노동에 시달리거나 피난 가다 굶어 죽고 수많은 고아들이 발생했다.

비슷한 일이 한반도에서도 일어났다. 소련군이 함포 사격에 이어 함경북도 나남에 상륙을 시도하자 함북 지방을 관할하던 일본 군부가 서둘러 열차를 수배해 군인 가족들만 태우고 경성으로 출발시킨 것이었다. 한편으로는 대대적으로 소집영장을 발부해 일본 민간인들과 조선인들을 군부대로 집합시켰다. 이들을 소련군 침공의 희생양으로 삼으려고 한 것이다.

역사학자 이연식의 『조선을 떠나며』(2012)를 보면 당시 비료 공장에 다니던 사바타 겐조의 회고담이 나온다.

> "영문도 모른 채 수많은 사람들이 소집영장을 받고 회령의 군부대로 모여들었다. 그곳에서 관리자들은 우리에게 무기 대신에 삽 한 자루씩을 쥐어주고는 소련군에 대항해 싸우라고 했다."

교사 후지와라 지즈코의 회고담도 보자.

> "1945년 8월 중순의 부산항. '나만 살겠다'는 원초적 본능만

일본의 항구에 도착한 후 수용소에 짐을 푼 일본인들.

남은 조선의 일본인에게 천황의 백성이라는 애국심은 눈곱만치
도 찾아보기 힘들었다. 이들은 그저 어떻게 하면 가족들이 일
본으로 안전하게 돌아갈 수 있을지, 또 조선 땅에서 일군 재
산을 어떤 방법으로 한 푼도 빠짐없이 가져갈 수 있을지만을
생각하고 있었다.¨

남은 일본인들은 소련으로 끌려가거나 재산을 송두리째 빼앗긴 채
걸어서 거지꼴로 북조선을 거쳐 남쪽으로 내려왔다. 이들은 대부분
부녀자와 아이들이었다. 남편은 군대에 끌려가 소식이 두절됐기에 여
자들이 짐을 이고지고 어린 아이 손을 잡고 반겨주는 이 없는 귀향
길에 오른 것이다. 일본에 도착한 여자들은 제일 먼저 이재민 병원에
수용되어 성병 치료와 강제 낙태 수술을 받았다. 일본 정부는 이들

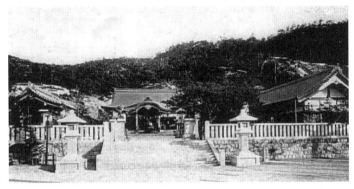
경성신사. 일제 강점기에 경성의 남산에 세워졌던 신사다.

이 당했을 고초를 너무나도 잘 알고 있었다.

일왕 사진과 신사의 위패를 불태워라

일왕의 항복 방송을 들은 조선에 사는 일본인들 역시 엄청난 충격에 빠졌다. 이들 앞에는 모든 특권 박탈과 함께 본토 귀환과 정착이라는 고달픈 여정이 기다리고 있었다.

일본이 항복하자 전국적으로 경찰서와 주재소, 행정관서가 습격을 받았다. 특히 '왜적 우상의 복마전'인 신사가 집중적인 공격 대상이 되었다. 다급해진 총독부는 전국 관공서에 걸어둔 일왕 사진과 신사의 위패를 불태우라는 명령을 내렸다. 자기들이 가장 신성시하는 대상과 성소를 '불경한' 조선인들이 파괴하는 것을 두 눈 뜨고 보기 싫었던 것이다.

조선인들이 떼를 지어 몰려다니자 일본인들은 공포에 휩싸였다. 조선인들을 집단으로 보는 건 난생처음이었고, 자기들에게 무슨 죄가 있는지 전혀 몰랐기 때문이었다. 모두들 의아해했다. 그리고 물었다.

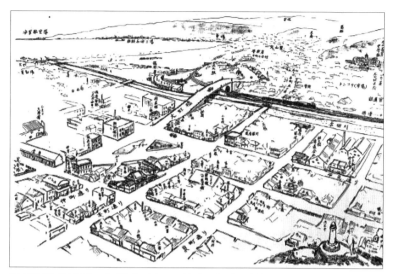
원산의 일본인촌의 모습. 철길 너머로 조선인들의 거주지가 보인다.

"왜 유순했던 조선인들이 이렇게 포악한 행동을 할까?"

조선에 들어온 일본인들은 원래 살던 조선인들을 변두리로 몰아내고 도시 중심가에 일본인촌을 만들었다. 그 안에는 철도역과 학교, 병원, 관공서, 백화점 등 없는 게 없었다. 원산시를 그린 위 그림을 보자. 철길을 경계로 남쪽의 '원산부'와 북쪽의 '원산리'로 나뉘어 있다. 원산부에는 모든 편의시설과 건물이 갖춰진 반면, 조선인이 사는 원산리에는 산자락을 끼고 들어선 초가지붕만 보인다. 서로 마주칠 일이 없었던 것이다.

해방이 되자 처지가 역전됐다. 직장과 집에서 쫓겨난 일본인들은 집단수용소에서 거지꼴로 살면서 소련군 집의 식모나 목욕탕 때밀이, 행상으로 전락했다. 천신만고 끝에 일본으로 돌아간 그들은 거기서도 차별 대우를 받자 조선에 대해 이를 갈게 된다. 조선에 대한 침략

북조선에 주둔한 소련군. 달랑 총만 들고 와서 모든 것을 현지 조달했다.

과 수탈의 기억은 모조리 잊어버리고 패전 후 자신들이 당한 고통만
곱씹은 것이다.

소련군과 미군, 달라도 너무 달랐다

소련군의 행색을 처음 본 일본인들은 눈앞이 캄캄해졌다. 당시 한
일본인의 목격담이다.

"마차를 앞세운 긴 행렬이 이어졌다. 이들은 만돌린처럼 생긴
장총을 어깨에 걸어 축 늘어뜨린 것이 마치 '유목민' 같았다.
후미에는 산양이나 닭까지 매달고 왔다. 마차 위에는 부뚜막
까지 설치되어 있었다. 개고기는 역시 누렁이가 최고라며, 길에
나다니는 개만 보이면 어김없이 총을 쏘아 잡으며 행군을 계
속했다."

경성신사 앞에 서 있는 미군과 지프. 이 신사 일대는 오늘날 남산공원으로 탈바꿈했다.

　소련군은 무기와 탄약을 제외하고 모두 현지 조달했다. 그들은 북조선에 들어오자마자 모든 일본인을 억류했다. 한편으로는 폭행과 약탈을 하고, 한편으로는 공장 설비와 부품을 뜯어가고, 일본군과 기술자들은 죄다 시베리아로 끌고 갔다. 당연히 첫 타깃은 남편 없이 혼자 사는 일본인 부녀자였다. 이때부터 일본인들의 집단 대탈주가 시작된다.

　미군은 전혀 달랐다. 춘천에 주둔한 500~600명 규모의 미군을 본 일본인들은 크게 놀랐다. 모두 최신식 무기를 갖고 있을 뿐만 아니라 시골에 주둔하면서도 침구와 식량, 심지어 본국에서 보낸 생수까지 휴대하고 있었다. 다들 한숨을 쉬었다.

　"이런 나라를 상대로 4년 간 전쟁을 벌였다니……."

　일본이 패망하자 그 꼭두각시 나라인 만주국 부대에서 반란이 일

만주군 육군 장군들. 이들은 모두 체포돼 처형되거나 수감된다.

어났다. 일본인 장교들은 살해되거나 무장해제된 후 연금당했다. 어느 부대나 장교는 일본인이었고 하사관 이하는 중국인이었다. 이들 중국인 장병들이 작당해서 일본인 장교를 곳곳에서 사살했다.

해방의 혼란통에 흩어지는 귀중한 문화재들

갑자기 일본이 패망하자 망연자실한 건 조선의 문화재를 약탈했던 일본인들이었다. 어떤 자들은 금붙이 패물과 약탈한 문화재를 어떻게든 일본으로 가져가려고 광분했다. 그러나 미 군정청이 갖고 나갈 수 있는 짐을 두 손에 들 수 있는 짐과 현금 1천 엔으로 제한하자 절망에 빠졌다. 그래서 총독 부인이 비밀리에 배를 구했던 것이고, 대구의 오구라 다케노스케 같은 악명 높은 수집가들은 알짜만 묶어 밀항선을 타고 도주했다. 나머지 문화재는 친한 한국인에게 헐값으로 팔려나갔다.

조선철도 전무였던 시미즈는 자신이 갖고 있던 백자 항아리를 숨거서 갖고 나가려다 여의치 않자 한국인 친구에게 맡겼다. 이 백자는 골동가를 흘러 다니다 정치인 장택상의 컬렉션에 들어갔다. 그러다 우연히 이 보물을 본 김활란 이화여대 총장이 사들여 이화여대 박물관으로 들어갔다.

군산의 대지주였던 미야자키가 갖고 있던 연적의 행방은 찾을 길이 없다. 미야자키가 일본으로 갈 때 모 골동품 주인에게 넘어갔다가 여러 사람 손을 거쳐 흘러 다니다가 소식이 끊겼다.

이들 문화재 말고도 수많은 보물들이 한국인에 의해 일본으로 넘어가거나, 미군 소장품으로 들어간 뒤 태평양을 건너고 말았다. 이렇게 패전과 함께 110만 명이나 되는 일본인 군인과 민간인들이 고국으로 돌아갔다. 그러나 이들은 정작 고국에서 "식민지 사람들을 착취해 호사를 누린 대륙 침략의 첨병"이란 비난의 뭇매를 맞으며 살았다. 그들은 아직도 자신들이 '식민자' 또는 '지배자'가 아니라 '패전의 피해자'란 뒤틀린 피해의식에서 벗어나지 못하고 있다. 결국 일본 제국의 '사생아' 집단으로 전락한 셈이다.

『조선을 떠나며』에서 조선의 일본인을 분석한 이연식은 "일본인들이 패전 후 느낀 공포는 그곳이 엄연히 조선인의 땅이란 사실을 간과했기 때문에 증폭된 것"이라고 설명하면서 "패전 후 맞이한 재앙이 일본의 조선 지배에서 비롯된 것인데도 대다수 귀환자들은 패전이란 직접적인 계기에만 매몰됐다."고 분석했다.

한편 일본의 패망 후 조선 전역에서 특이한 현상이 벌어졌다. 비록 짧은 기간이긴 했지만 시중에 전례 없이 물자가 풍족해졌다는 점이다. 일왕의 항복 방송이 나온 다음 날 남대문시장에는 거짓말처럼 쌀, 설탕, 구두 등이 산더미처럼 쌓였다. 전쟁 수행 중에는 조선인들만 쥐어짜고 일본인들 재산에는 손을 대지 않았으니 패망과 함께 그것이 한꺼번에 시중에 풀린 것이다.

도대체 그 많은 물건들이 왜 대량으로 시장에 나왔을까? 일본인들이 하루빨리 살림을 처분하고 일본으로 귀환하기 위해 서둘렀기 때문이었다. 일본인들은 모든 세간을 헐값에 팔아치우고 당장 배를 타고 항구로 달려가려고 바삐 움직였다. 그런 일본인들의 심리를 꿰뚫어본 상당수 조선인 고물상들은 일본인 마을을 돌아다니며 물건들을 헐값에 사들였다. 그 바람에 대전 같은 곳에서는 쓸 만한 물건을 사려는 조선인들이 구름처럼 몰려들어 전에 없던 시장이 하루아침에 생겨나기도 했다.

해방 공간에서 이른바 대일본제국의 고관대작에서 하류층 국민들까지, 그들의 머릿속에는 조선의 지배에 대한 반성이나 조국에 대한 애국심 따위는 찾아볼 수 없었다. 오로지 내 생명과 재산을 지켜야 한다는 원초적인 강박만 들어 있었다. 이것이 아베 총리가 말한 '어리석은 국가'와 무엇이 다를까?

2.
그 남자가
평양으로 간 까닭은?

_ 해방 후 친일파가 득세한 세상, 광복군 부사령관은 평양을 선택하다

중국에서 27년 간 무장 투쟁을 벌인 광복군 부사령관 김원봉은 해방 후 석 달이 조금 지난 1945년 12월 1일 꿈에도 그리던 조국에 돌아왔다. 그러나 김원봉은 그로부터 3년도 채 지나지 않은 1948년 남북에서 정부가 수립되기 전 마지막 회담인 평양의 '남북한 제정당 사회단체 대표자 연석회의'에 참석한 뒤 북한에 남았다. 공산주의자가 아닌 김원봉이 북한을 선택한 건 친일 경찰 노덕술의 폭력이 결정적이었다. 그는 생전에 이렇게 회고했다.

"경찰서에 붙잡혀가 대표적인 악질 친일파 노덕술한테 뺨을 맞고 욕설을 들었다. 내가 조국 해방을 위해 중국에서 일본 놈들과 싸울 때도 이런 수모를 당하지 않았는데, 해방된 조국에

1947년 7월 17일 남산공원에서 열린 미소공동위원회 환영 시민대회에서 연설하는 김원봉.

서 친일파 경찰 손에 수갑을 차고 모욕을 당했으니…… 의열단 활동을 같이했던 유석현 집에 가서 꼬박 사흘 간 울었다."

좌익 계열인 민족주의 민족전선에 가담한 김원봉은 전국적인 파업 투쟁의 배후 조종자라는 혐의로 연행되었다. 그리고 그토록 참담한 모욕을 당한 것이었다.

대표적인 친일 경찰 노덕술은 누구인가?

해방 후 1주일 동안 전국에서 경찰관에 대한 군중들의 폭행 사건이 177건 발생했다. 이 가운데 111건이 조선인 경찰에 대한 보복이었다. 침략 당사자인 일본 경찰보다 조선인 경찰을 더 미워한 것은 그들이 일본인보다 더 악랄하게 굴었기 때문이다. 그중에서 가장 악명을 떨친 인물이 김원봉의 뺨을 때리며 모욕을 가한 악질 친일 경찰 출신 노덕술이었다.

노덕술은 일제하에서 경찰로 일하면서 체포된 학생, 사회주의 운동가, 신간회 간부 등 나이, 성별, 좌우를 가리지 않고 숱한 독립운동가들을 체포해 무자비한 고문을 가했다. 그 결과 많은 독립운동가들이 고문을 받다가 또는 그 후유증으로 목숨을 잃었다.

노덕술은 김원봉이 의열단을 창설하면서 만든 '칠가살'(七可殺, 죽여도 되는 친일파 일곱 종류) 명부에도 이름이 올라가 있다. 그런 노덕술이 항일 운동의 신화적 존재인 김원봉을 붙잡아 취조하고 있다는 사실이 알려지자 '독립투사에 대한 모독'이라는 여론이 들끓었다. 결국 미 군정은 여론을 의식해 김원봉을 석방했다.

그러나 이 사건으로 김원봉은 큰 충격을 받았다. 평생 조국 독립을 위해 싸운 자신이 해방된 조국에서 친일 주구에게 고초를 받아야 하는 모순된 현실에 절망했다. 노덕술 같은 인간이 미 군정청 수도경찰청 수사과장으로 변신해 평생을 의열단원과 광복군과 함께 총을 들고 일제와 싸운 의열단장의 뺨을 갈겼으니 얻어맞은 단장의 심정이 어땠을까? 그래서 김원봉은 평양행을 결심한 것이다.

북한 정부 수립에 참가한 김원봉은 국가검열상을 거쳐 1954년 노동상, 1957년 최고인민회의 상임위 부위원장을 지내며 안착하는 듯했다. 그러나 한국전쟁에 반대하고 스위스와 같은 중립국 통일 방안을 주장하면서 김일성 눈 밖에 났다. 결국 '장제스의 스파이'라는 어이없는 죄명으로 숙청돼 묘소 하나 남아 있지 않을 정도로 역사에서 지워졌다.

독립운동가와 친일 군경, 해방 후에도 계속되는 '잘못된 만남'

김원봉보다 더 기막힌 사연은 많다. 여성 독립운동가 정정화 (1900~1991)는 상하이 임시정부의 지시를 받고 독립운동 자금을 모으려고 국내에 들어왔다가 일본 경찰에 붙잡혀 옥고를 치렀다. 한국전쟁 때는 피난 가지 않고 서울에 남았다가 부역죄 혐의로 종로경찰서에 끌려가 조사를 받으면서 구타를 당했는데, 자기를 때리는 경찰관이 일제 때 자기를 구속했던 바로 그 사람이었다.

일제 말인 1943년 합천독서회 사건으로 구속돼 1년여 동안 감옥에 있었던 이구영(1920~2006)은 한국전쟁 때 월북했다가 1958년 7월 남파 공작을 위해 남으로 내려왔다. 그러나 접선에 실패하고 두 달 만에 부산에서 체포되었다. 그런데 이때 그를 체포한 형사 역시 일제 시대에 그를 고문했던 형사였다.

저명한 언론인이자 문인인 송지영 씨의 사연도 기구하다. 그는 상하이 임시정부와 연결된 혐의로 1944년 2년 선고를 받고 나가사키 형무소에 있다가 해방 후 출소했다. 그는 국내의 대표적인 논객으로 활동하다 5.16쿠데타 직후 「민족일보」 사건과 관련돼 혁명재판소에서 사형 선고를 받았다. 이때 그를 살리기 위해 국제 엠네스티는 물론 문인과 언론인 104명이 관대한 처분을 호소하는 진정서를 박정희 국가재건최고회의 의장과 박창암 혁명검찰부장에게 제출했다.

세상이 다 알다시피 박정희는 일본 육사를 나와 만주군 장교를 지냈으며 다카키 마사오로 창씨개명까지 했던 인물이고, 박창암은 우리 독립군을 잡기 위해 만든 악명 높은 간도특설대 출신의 친일파다. 서명을 해주던 문인과 언론인들 모두 혀를 찼다.

"독립운동가가 친일파들한테 살려달라고 구걸하는 세상이 됐구나!"

임시정부의 살림꾼이었던 여성 독립운
동가 정정화.

왜 이런 비극이 벌어진 걸까? 어느 나라건 외세로부터 해방되면 국
가 건설과 함께 두 가지 일에 착수한다. 국내외에서 독립운동을 하
다 숨을 거둔 애국자들의 시신을 수습해 국립묘지에 안장하고 식민
지 시절 동포를 핍박한 매국노를 처단하는 일이다. 우리는 이 두 가
지 과제 수행에 실패했다. 미 군정과 이승만 정권이 친일파를 청산하
기는커녕 이들을 중용했기 때문이었다. 면사무소에 근무하던 말단
행정관료야 그렇다쳐도 검찰, 경찰, 군대, 교육기관은 그래서는 안 되
는 일이었다.

해방이 되고 정권을 인수한 미 군정이 새로 임명한 서울 시내 10개
경찰서의 경찰서장 모두 일제하의 경찰 관료 출신이었다(종로서장 이
성실, 중부서장 손석도, 동대문서장 김정제, 성동서장 이희상, 성북서장 김일
석, 서대문서장 최운하, 마포서장 박주식, 용산서장 김정채, 영등포서장 윤명
운, 창덕궁서장 변종현이 그들이다). 후속 인사로 서울시를 제외한 경기

도 내 총 21개 경찰서장으로 취임한 절반 정도가 친일 경찰 출신이었다. 대한민국 국군도 마찬가지였다. 상층부 대부분을 일본군과 만주군에 복무했던 친일파들이 장악했다.

독립운동가 이회영 선생의 손자인 이종찬 전 국가정보원장이 육군사관학교에 지원했을 때의 일이다. 면접관 중 하나가 일본군 오장 출신인 이용 준장이었다. 이 자가 이종찬 수험생의 추천인을 보더니 대번에 눈살을 찌푸렸다.

프랑스의 나치 협력자 숙청

1944년 8월 프랑스가 나치 독일에서 해방되었을 때 드골의 임시정부가 제일 먼저 착수한 것은 나치 협력자 처단이었다. 드골은 "애국시민에게는 상을 주고 배반자에게는 벌을 줘야만 국민들을 단결시킬 수 있다."고 역설했다.

드골은 1차로 레지스탕스를 검거하거나 고문하고 사형대에 올린 친나치 경찰과 민병대원을 검거해 재판정에 세울 계획이었으나 재판소가 설치되었을 때는 이미 대상자들이 저 세상으로 떠난 후였다. 연합군이 해방시킨 지역마다 레지스탕스 대원들과 공산당원들이 지역의 친나치 경찰관과 민병대원들을 재판 없이 모두 처형했기 때문이다. 지역 주민들은 독일군과 정을 통한 프랑스 여인들을 끌어내 강제로 삭발을 시켰다. 이렇게 해서 1만 명의 부역자가 약식으로 처형당했다. 강제로 삭발당한 여성 부역자도 2만 명에 달했다.

드골 정부가 설치한 재판소에서 주로 사형 선고를 내린 대상은 독일에게 협력한 비시 정부의 수뇌부와 지식인들이었다. 비시 정부의 국가수반이었던 페탱은 사형 선고를 받았다가 종신형으로 감형돼 감옥에서 병들어 죽었다. 라발 총리는 최고재판소에서 사형 선고를 받아 처형되었다.

언론인과 작가들에 대한 단죄는 특히 가혹했다. 이들은 글과 책, 기사를 통해 프랑스 정신을 타락시켰다는 이유로 다른 부역자들보다 중형을 받았다. 그러나 경제인들은 '먹고 살기 위해서'라는 이유로 관대한 처분을 받았다. 재판을 통해 3만 8천여 명이 징역이나 금고형을 받았으며, 6,700여 명이 사형 선고를 받았고 이 가운데 1,500명이 처형되었다. 단 한 명도 사형대에 세우지 못한 대한민국의 친일 부역자 처단과 극명하게 대조되는 대목이다.

"김관오 장군과 민영구 제독을 어떻게 아나?"

두 장군은 중국에서 독립운동을 했던 분들이다.

"집안에 세교가 있다고 들었습니다만……."

"그럼 너도 독립운동 한 집안이란 말이냐?"

이종찬 수험생은 "떨어졌구나." 하는 생각이 절로 들었다. 이종찬 집안이 민영구 제독을 통해 이종찬(동명이인임:지은이) 육군대학 총장에게 항의해 겨우 육사에 들어갈 수 있었다. 조선 최고의 명문가인 이회영 선생의 후손이니까 그나마 입학이 가능했지, 다른 독립운동가 후손들은 아예 육사에 지원할 엄두도 못 냈다. 이 정도로 이승만 정권 하에서 독립운동가 출신은 온갖 불이익을 당해야 했다.

이 사이에 국내외에서 독립운동을 하던 투사들은 하나둘 세상을 떠나고, 전 재산을 조국 해방에 바친 후손들은 가난과 친일 경찰의 탄압 속에서 신음하고 있었던 것이 이승만 정권하 대한민국의 실상이었다.

나치 독일로부터 나라를 되찾은 프랑스의 드골 장군은 적에게 협력한 군인, 경찰에 이어 문인과 학자, 언론인 1만여 명을 체포해 대부분 교수대로 보냈다. 너무 가혹하지 않느냐는 일부 주장에 대해 그는 이렇게 말했다.

"위대한 프랑스의 미래를 위해 우리 민족의 정신을 타락시킨 매국노를 처단했을 뿐이다."

3.
서북청년회,
그 죄를 어찌할까?

_ 야만의 극치를 달린 서북청년회의 온갖 비행과 만행

해방 뒤 38선 이북은 일제 잔재 청산이 있었다
행정에 필요한 일제 하급 공무원은 우선 활용했으나
악질 친일파로 숙청당한 사람들 많고 많았다
숙청을 피해 38선을 넘은 사람들 많았다
1946년부터 38선은 생사의 경계였다
넘어와 북의 공산당에 이를 갈았다
남의 현실에 환멸이었다
혼란 굶주림 무직 올 데 갈 데 없었다
안 되겠다 뭉쳐보자
평남청년회 평북청년회 함북청년회 함남청년회 황해청년회들
통합

1946년 11월 30일 서북청년회가 결성되었다

오직 이승만 박사에게 충성을 바쳤다

나는 선우기성이 아니라 이승만 박사의 손가락이다

오늘도 이승만의 주먹 두 개를 쥔다

서북청년회 지도자 선우기성

조국의 완전 자주독립 쟁취 균등사회 건설 세계 평화의 건설

서북청년회 3대 강령 오죽이나 이상적이냐

자주와 평등 평화가 오죽이나 이상적이냐

철저한 반공 노선 회원 6천 명

첫 투쟁은 좌익 단체 습격

백색 테러가 시작되었다 유혈낭자

군정청 경무부장 조병옥의 지원을 받았다

미군 첩보 보조원으로

38선도 넘나들었다

김일성 별장도 습격했다

선우기성 점점 살벌해졌다

인간보다 비인간이 더 치열했다

38선 이남이 떨어댔다

모든 도시들 모든 촌락들

선우기성의 밤뿐 아니라

뭇 사람들 겁먹은 눈에 다 드러나는

선우기성의 대낮이 벌벌 떨어댔다.

고은 시인이 쓴 시 「선우기성」이다. 한국전쟁 중에 일가친척들이 대

부분 학살당하고 자신은 겨우 목숨을 보전한 고은 시인에게 서북청년회가 공포의 존재였을 것이다. 선우기성(鮮于基聖)이란 사람은 평북 정주 출신으로 서북청년회 창설자이자 중앙집행위원장을 지낸 인물로 백색 테러의 지휘자였다.

서북청년회는 해방 후 북한에서 공산당에게 탄압을 받았거나 재산을 뺏기고 남한으로 내려온 이북 5도 출신 청년들이 만든 준군사 조직이자 반공 단체다. 회원은 주로 친일파나 지주, 기독교인, 민족주의자로 구성돼 있었다. 고향에서 쫓겨나거나 도망쳐 나온 이들은 공산주의자라면 생리적으로 거부감을 갖고 치를 떨었다. 남하한 후 출신지에 따라 각각 평안청년회, 함북청년회, 황해청년회 등을 구성한 뒤 좌익을 처부수는 일이라면 물불을 가리지 않고 몰려갔다.

그들은 늘 극도로 흥분해 있었다. 좌익이 날뛰는 남한의 현실이 늘 불안했다. 남한마저 공산당이 장악할지도 모른다는 두려움을 갖고 있었다. 결국 이들은 하나의 단체로 뭉쳤다. 1946년 11월 30일 서울YMCA 강당에서 선우기성을 중앙집행위원장으로 한 서북청년회(서청)를 창단하며 세상에 모습을 드러냈다. 이런 서북청년회에게 은밀하게 접근한 이들이 미 군정과 집권을 노리던 이승만, 그리고 반공을 내세우며 친일 경찰을 비호하던 조병옥 경무부장과 장택상 수도경찰청장이었다.

미 군정과 경찰, 그리고 이승만의 보호와 자금 지원을 받게 된 서북청년회는 거칠 것이 없었다. 이들이 주로 한 일은 경찰이 할 수 없는 거친 폭력이었다. 독립운동가 김병길 선생은 서청의 만행을 이렇게 회고했다.

서북청년회의 창설자이자 중앙집행위원장을 역임한 선우기성.

"서북청년회의 만행은 말로 표현할 수 없는 극악무도한 것들이었다. 아무 집이나 들어가서 개나 돼지를 마구 잡아먹었고 항의하면 장독대 항아리며 집안 집기들을 마구 부쉈다. 어떤 때는 성냥을 확 그어서 초가지붕에 대고 불을 붙여 가옥을 다 불태우기도 했다. 시골 초가라는 게 지붕이 낮아서 손을 뻗으면 닿는 경우가 많았다. 이유도 없었다. 몽둥이를 질질 끌고 몰려다니다가 그냥 아무나 패고 부수고 불을 질렀다. 몽둥이가 없으면 패놓은 장작으로도 마구 사람을 팼다. 장작으로 패면 각이 지고 뾰족한 옹이와 가지가 있어 살을 푹푹 파고들었다.

서북청년회원들은 사람을 팰 때 옥상으로 끌고 가서 패면 아무도 모른다고 자랑을 하기도 했다. 당시 옥상이 있는 집은 가장 높은 집이었을 것이고 거기서 패면 소리가 하늘로만 올라가게 되고 하늘에는 소리를 반사해줄 것이 없기 때문에 지나가는 사람도 전혀 소리를 듣지 못한다는 것 같았다. 조금이라도 반정부, 반미 시위에 가담한 사람이 있는 집안은 서북청년회 만행의 표적이 되었다.

오빠가 독립운동을 했다는 이유만으로 그 집의 여동생들은 서북청년회들이 날마다 찾아가서 성폭력을 동반한 온갖 악행을 다 가했다. 어떤 때는 할아버지, 할머니부터 며느리와 자식들을 다 잡아다가 옷을 모두 홀라당 벗겨놓고 할아버지에게 며느리 등을 타고 넘으라는 고문도 가했다. 말을 듣지 않으면 초주검을 만들었다.

그런 고문을 당한 집안은 대부분 법도를 중시하는 양반 가문이었다. 양반 가문이 아니더라도 우리 민족의 도덕관념이 얼마나 높은가? 그런 고문을 당한 집안에서는 목을 매고 자살하는 사람도 많이 나왔다. 그래서 서북청년회의 만행을 피해 산으로 들어가 빨치산에 가담하는 이들도 많았다."

서북청년회의 만행으로 제주 4.3사건 불이 붙다

1948년 3월 1일 경찰의 발포로 제주도에서 총파업이 발생하자 새로 제주도 지사로 부임한 유해진이 서북청년회원 7명을 경호원으로 데리고 왔다. 이어 4월 3일 빨치산들이 무장봉기하자 서청회원 500명이, 여순 사건 직후인 11월과 12월에 최소한 1천 명 이상의 회원이 경찰이나 경비대원 신분으로 진압 작전에 투입됐다. 이들의 무자비한 진압 작전이 사태를 악화시켰다.

서북청년회는 제주도민과 좌익을 구별하지 않고 살인과 폭행, 약

1946년 5월 서북청년회의 전신인 평안청년회가 남로당 기관지 「해방일보」 사옥을 점거하기 위해 출동하고 있다.

탈을 저질렀다. 이들의 물불을 가리지 않는 폭력 때문에 좌익 쪽을 택한 제주도민도 적지 않았다. 더구나 서청회원들은 정기적인 봉급을 받지 못했기 때문에 늘 빈손이었다. 때문에 공권력을 빙자해 뇌물 수수, 공갈, 사기 행각도 서슴지 않았다.

서북청년회는 당시 제주도의 유일한 신문인 「제주신보」까지 장악할 정도로 무소불위의 힘을 행사했다. 이들은 마을을 점령하면 인간의 탈을 쓰고 차마 할 수 없는 짓을 수도 없이 저질렀다. 주민들을 모아놓고 서로 뺨 때리기를 시키기도 했다. 할아버지와 손자 간에도 뺨 때리기를 강요했다. 주정공장 창고 부근에는 부녀자와 처녀들의 비명 소리가 끊이지 않고 들렸다. 여자들을 겁탈하고 나서는 고구마를 쑤셔대며 시시덕거리기도 했다. 장모와 사위를 대중이 모인 가운데 관계를 갖도록 강요하고 총살시켰다. 청년들을 마구잡이로 잡아들여 고문과 구타를 공공연히 자행했다. 테러에는 도끼와 방망이는

제주도민을 몰살한 서북청년회원들.

물론 총기와 폭탄도 사용했다. 제주도에서 서청은 '인간이 어디까지 잔혹해질 수 있는가'의 끝을 보여줬다.

서북청년회원 안두희와 김성주의 비참한 말로

백범 김구 암살범 안두희도 서북청년회원이었다. 월남한 안두희가 처음 만난 것은 작은 부락에서 월남민을 심문하던 서북청년회였다. 안두희는 서북청년회에 가입해서 김구 암살을 계획하던 이승만의 측근들을 알게 된다. 결국 안두희는 애국시민 박기서에게 맞아 죽었지만 그의 배후 인물이었던 서북청년회 부단장 김성주의 최후는 더 비참했다.

김성주는 이승만을 추종하다가 돌아선 인물이다. 그는 백범 김구 암살범 안두희의 재판이 열리자 서북청년회를 이끌고 안두희가 애국충정의 의사라고 외치며 그의 석방을 요구하는 전단을 살포하기도 했다. 그러던 김성주가 김구 암살 사건의 배후 조종자들을 비난하

4.19혁명 이후에야 진상이 드러난 김성주 사건.

고 다닌다는 정보가 이승만 귀에 들어갔다. 노발대발한 이승만의 지시를 받은 김창룡 특무대장이 보고서를 올렸다. 그 보고서에는 김성주가 이승만의 정적인 진보당의 조봉암에게 김구 암살의 배후를 공개해 차기 대통령 선거에 이용한다는 내용이 들어 있었다. 이승만은 "이런 자는 그냥 살려둘 수 없다."며 처단을 지시했다. 김성주는 헌병사령부에 연행돼 엉뚱하게 국가 반란, 대통령 암살 음모 등의 혐의로 재판을 받았다. 그러나 증거 부족으로 혐의가 인정되지 않자 원용덕 헌병사령관이 자기 집 지하실로 끌고가 죽여버렸다. 악당들과 악당의 한판 승부인 셈이다.

서북청년회는 이후 지청천 광복군 총사령관이 만든 대동청년단에 가입했다가 내분이 발생하는 과정에서 흐지부지 사라져버렸다.

　법과 공권력이 해결할 수 없는 과제를 광기의 폭력으로 수행한 서북청년회. 나치의 돌격대, 이탈리아의 마피아 조직처럼 세상이 혼란스러워지면 언제든 나타날 수 있는 독버섯 같은 존재다. 21세기의 대한민국도 예외는 아니다.

4.

피는
피를 부른다

_ 여순 사건, 죽고 죽이는 악순환의 길을 열다

1948년 10월 20일 여수를 점령한 반란군 14연대 주력부대 1천여 명은 기차와 트럭을 타고 순천으로 향했다. 반란군은 순천역에서 대기하고 있던 경찰과 치열한 총격전을 벌인 끝에 마침내 시내로 진입했다. 이때 순천 시내에 주둔하고 있던 14연대 2개 중대가 반란군에 합류했다.

경찰과의 교전 때문에 다소 흥분한 반란군은 체포된 경찰들을 무자비하게 죽이기 시작했다. 이 지역의 토착 남로당원들도 가세해 우익 인사들을 검거해 무차별 학살을 자행하기 시작했다. 순천경찰서장은 두 눈이 뽑히고 온 몸이 꽁꽁 묶인 채 차 꽁무니에 묶여 끌려 다닌 끝에 화형당했다. 체포된 경찰관 일부는 산 채로 모래구덩이에 묻힌 뒤 생매장되었다. 경찰관 70명은 경찰서 앞마당에서 분노한 군중

II. 흙 다시 만져보자, 바닷물도 춤을 춘다   175

들에 의해 타살되었다.

인구 5만 명의 평화롭던 소도시 순천은 사방에 널린 시체들과 피 비린내가 진동하는 처참한 몰골로 바뀌었다. 학살이 벌어지는 동안 반란군 400명은 순천에 남고 나머지는 사방으로 쳐들어갔다. 1천여 명이 북쪽의 구례, 곡성, 남원으로 올라갔다. 일부는 서쪽의 광주로 뻗어나가면서 중간에 있는 벌교, 보성, 화순을 공격했다. 수백 명이 동쪽의 경상도 방면으로 진출하기 위해 광양과 하동 방면으로 진출 했다.

반란군은 점령지마다 인민위원회를 세우고 경찰과 우익 인사들을 처형했다. 반란군이 들이닥치면 남로당원과 지역 주민들이 합세해 관 공서를 접수하고, 악질 친일 경찰과 악명 높은 대지주 등 우익 인사 를 체포해 처단했다. 구례와 곡성에서는 반군이 오기도 전에 먼저 경 찰서를 점령해 친일 경찰들을 죽였다. 그러나 숫자는 그리 많지 않았 다. 순천에서의 학살 소식을 들은 경찰과 우익 인사들이 대부분 미리 도망갔기 때문이다.

반란 초기 1주일 동안에 반란군 측에 의해 죽은 인원은 1,600여 명 이상으로 추정된다. 이 가운데 1,200명 정도가 순천에서 학살당 한 것으로 확인되었다. 평화롭던 작은 도시에서 어떻게 해서 이런 참 극이 벌어졌을까? 여수에서도 학살극이 벌어졌지만, 150여 명으로 추 정된다. 교전이나 즉결처분으로 죽은 경찰관이 74명, 인민재판으로 처형된 민간인은 수십 명으로 집계되었다. 진압군이 몰려오던 23일 밤에는 경찰서 유치장에 가두었던 200명을 그대로 석방했다.

항구가 있어 경제적으로 풍요로웠던 여수는 전통적으로 우익이 강 했고 좌익 활동도 활발하지 않았다. 그러나 순천을 비롯한 전라남

여순 사건으로 학살당한 민간인들의 시신. 반란이 일어나자 좌익과 우익 모두 잔인한 학살극을 벌였다.

도 곡창지대는 달랐다. 지주—소작 관계가 뿌리 깊게 남아 있어 좌익이 세력을 키운 데다 해방이 됐는데도 친일 경찰이 설치고 다니니 울분이 뿌리 깊게 깔려 있었다. 좌우익이 극단적으로 대립해 서로 보복 살상을 벌이다 군사 반란이 터지자 일거에 대규모 학살극이 벌어진 것이다. 분단국가 수립 후 친일파 청산도 안 되고 북한에서 시행한 토지개혁마저 지지부진하자 한반도 남단은 불만 붙이면 바로 끓어버리는 용광로로 변하고 있었다.

그런데 어떻게 전라남도의 남동쪽에서 이런 참극이 벌어졌을까?

반란의 시작, "14연대는 제주도로 가서 폭동을 진압하라"

1948년 10월 중순 여수 시내에서 10리 떨어진 신월동 바닷가에 자리 잡은 국방경비대 14연대는 술렁거리고 있었다. 2천여 명의 부대원 상당수는 좌익 활동을 하다가 체포를 면하기 위해 입대한 젊은이들이었다. 이들은 10월 15일 육군 총사령부로부터 '14연대는 제주도로 출동해 빨치산들을 뿌리 뽑으라'는 명령이 떨어졌다는 소식을 듣고 동요하고 있었다.

제주도에 도착하면 동지를 죽이는 것이고, 반란군에 가담하면 좁은 섬에 갇혀 죽음을 면하기 어렵기 때문이다. 남로당에 가입한 하사관들이 주축이 된 병사위원회는 파병을 거부하고 영내 반란을 일으키기로 결정했다. 하지만 그것은 자신들의 상급기관인 남로당 전남도당의 허락을 받지 않은 자체적인 결정이었다.

10월 19일 밤 10시 10분 경, 14연대 병영에 돌연 비상나팔이 울려 퍼졌다. 이미 40여 명의 반란 사병들이 무기고와 상황실 등 연대본부를 장악한 상태였다. 사병들 대부분이 영문도 모른 채 연병장으로 집합하기 시작했다. 연대장은 부두에 있었고, 환송식에 참가했다 만취한 장교들은 여기저기 흩어져 자거나 술집에서 술을 마시고 있었다.

지창수 상사가 단상에 올라가 선동하자 여기저기서 고함 소리가 터져 나왔다.

"미제와 이승만 매국도당을 타도하자!"

"악질 친일 반동들을 처단하자!"

"여수로 순천으로 부산으로 서울로 밀고 나가자!"

이때 누군가 외쳤다.

"지금 경찰들이 쳐들어오고 있다!"

반란군은 개방된 무기고로 몰려가 무기를 받고 먼저 20명의 장교들을 보는 대로 사살했다. 제주 출동을 앞두고 새로 지급한 M1 소총으로 무장한 반란군은 자정 무렵 여수 시내로 들이닥쳤다.

반란군은 여수시 입구에 있는 봉산파출소를 습격한 뒤 여수경찰서로 몰려갔다. 격렬한 총격전 끝에 새벽 3시 30분쯤에 여수경찰서를 점령했다. 새벽 5시가 되자 여수 시가지는 완전히 반란군 수중에 떨어졌다. 남로당 여수시당이 긴급회의를 열어 반란에 동참하기로 결

학살당한 가족의 시신을 보고 오열하는 유가족.

정하자 반란군은 남로당원과 학생들 600여 명에게 무기를 지급했다.
이에 따라 병사들의 반란인 여수 병란은 여수와 순천 일대의 민간인
들이 가세한 여수 민란으로 성격이 바뀌었다.

　반란의 아침이 밝아오자 여수인민위원회가 설치되었다. 고위 관리
와 지역 유지, 친일 경찰, 한민당과 우익 청년단원들이 속속 체포됐

진압군에게 체포된 14연대 반란군. 모두 처형된다.

다. 악명 높았던 친일 경찰관 몇 명은 시장통에서 군중에게 집단 폭행을 당해 살해되었다. 그래도 인구 8만 명의 도시 여수는 사흘 동안 질서가 유지되었다. 시장 거리에 몇 구의 경찰관 시체가 뒹구는 것 외에는 대체로 차분하고 조용한 분위기였다.

진압군의 반격, 그리고 잔인한 보복

여수와 순천에서 군사 반란이 발생하자 이승만 정부는 7개 연대를 동원해 진압에 나섰다. 그러나 반란군 주축은 남로당 중앙의 지시에

여순 사건 당시 불타는 여수 시가지.

따라 지리산과 마주하고 있는 백운산으로 스며들었다. 반란군이 철
수한 여수와 순천에 쳐들어간 국군의 보복은 방화와 함포 사격부터
시작됐다. 여수 시가지를 온통 불바다로 만들고 들어간 진압군은 저
항이 거의 없자 당황했다. 반란군 주역들이 이미 빠져 나간 여수에는
소수 반군과 청년, 학생 일부만 남아 간간이 저항하는 정도였다.

그러나 진압군은 인민공화국이 수립됐던 여수와 순천 시민 전체를
적으로 간주하고 무자비한 보복 학살극을 벌이기 시작했다. 진압군
은 상륙하자마자 집집마다 샅샅이 뒤져 숨어 있는 시민이나 부역 혐
의자들을 그 자리에서 사살했다. 주민들은 모두 국민학교(오늘날 초
등학교)와 진남관, 공설운동장 등 공공기관에 모이게 했다.

집결한 주민들은 살아남은 경찰이나 우익 인사, 또는 그 가족들에

반란군을 쫓아 순천에서 화순 방면으로 출동하는 진압군. 납작한 초가집 사잇길로 빼곡히 군인들을 태운 트럭들이 줄지어 가고 있다.

의해 삶과 죽음이 엇갈렸다. 그들이 입구에서 손가락질하거나 꿇어앉혀진 주민들 옆으로 지나가면서 '저 사람' 하면 운동장 뒤로 끌려가 총살당했다. 처형이 진행되는 동안 여수 시내는 곳곳에서 피어오르는 시체 태우는 연기와 악취로 창문을 열 수 없었다.

좌익이 집단 학살극을 벌인 순천에서의 보복은 더 체계적이었다. 진압군은 북국민학교 등에 수천 명씩 시민들을 모아놓고 심사를 벌였다. 20대~40대 남성들은 팬티 바람으로 벌벌 떨며 심사관들 앞에 섰다. 부역자로 확인되면 피투성이가 되도록 폭행당한 후 총살대로 끌려갔다. 그 광경을 아내와 자식들이 지켜보며 오열했다. 적발된 부역자들은 5명씩 철사에 묶여 운동장 구석에 파놓은 구덩이 앞에 세워진 후 사살당했다. 수천 명이 모인 넓은 운동장에 들리는 소리라

진압군에 의해 여수서국민학교 교정으로 끌려 나온 시민들. 가운데 선을 경계로 한쪽
은 다 처형되고 다른 쪽은 살아남았다.

고는 총소리와 국군의 욕설, '퍽퍽' 하는 구타 소리, 그리고 뼈 부러
지는 소리밖에 없었다.

2년 후 한국전쟁이 발발하자 인민군이 점령한 지역에서 다시 보복
극이 벌어지고 인민군이 철수하자 이번에는 군경의 보복이 시작된다.
이 끝없는 비극은 순천을 점령한 반란군과 좌익의 민간인 학살에서
시작된 것이었다.

여순 사건이 일어난 지 한 달 후 공산주의에 대한 찬양은 물론 좌
익을 신고하지 않은 사람들까지 처벌할 수 있는 국가보안법이 통과
되었다. 한동안 소강 상태를 보이던 제주도의 빨치산 소탕 작전도 성
격이 바뀌었다. 이승만 정권은 빨치산을 찾아 죽이던 정책을 버리고
제주도민 전체를 적으로 간주했다. 300~500명에 불과한 빨치산의

1948년 10월 숙군 작업이 벌어지기 직전 박정희 소령의 모습(맨 왼쪽). 여순 사건 진압을 위해 광주 토벌 사령부로 내려간 박정희가 송호성 사령관 (담배 문 이)과 이야기하고 있다.

근거지를 없앤다는 명분으로 해안에서 6킬로미터 이상 떨어진 중산간 지대 가옥 3만여 동을 모조리 불태우며 주민들을 학살하기 시작했다. 몇 백 명의 적을 죽이겠다며 무고한 민간인 2~3만 명을 몰살하고 마을을 불살랐다. 제주도 전체가 거대한 연기와 사람 타는 냄새로 뒤덮여갔다.

여순 사건의 불똥은 대한민국 국군으로도 튀었다. 이승만 정부와 군 수뇌부는 군대 내부에 스며든 좌익 세력을 뿌리 뽑지 않으면 신생 대한민국이 순항할 수 없다는 것을 깨달았다. 숙군 수사를 벌인 결과 전군 8만 명 가운데 5% 정도가 처벌을 받았다. 이 수사가 얼마나 철저하고 무자비하게 진행되었는지 곧이어 터진 한국전쟁 당시 인민군에 호응한 국군 부대는 단 하나도 없었다.

한 가지 재미있는 사실은 14연대 반란을 진압하기 위해 광주로 파견된 토벌군 사령부에 남로당에 가입한 박정희 소령이 포함돼 있다는 것이다. 박정희는 숙군 수사가 시작됐을 때 자신이 체포될 수 있다는 것을 알면서도 달아나거나 자수하지 않았다. 결국 육군본부로 발령받아 서울로 올라온 직후인 1948년 11월 11일 숙군 수사팀에게 체포되었다. 그러나 박정희는 혹독한 고문을 받은 끝에 자신이 아는 군대 내 남로당 조직을 술술 불었다. 심지어는 수사팀과 동행해 자신이 지목한 좌익 용의자를 잡으러 돌아다니기도 했다.

이런 협조와 만주군 인맥의 도움을 받아 박정희는 석방되고 비공식 문관 자격으로 군에 복직할 수 있었다. 그에 대한 사상적 의심은 한국전쟁을 통해 완전히 사라졌다. 박정희는 한강 인도교가 폭파되자 자진해서 한강을 건너 육군본부로 복귀했다. 그제서야 군 상층부는 박정희가 공산주의와의 끈을 확실하게 끊었다는 인식을 갖게 되었다. 그리고 11년 후 박정희는 쿠데타군을 이끌고 다시 한강 인도교를 넘어 정권을 장악했다. 극과 극은 통하는 것일까? 한때 극좌 세력에 가담했던 박정희는 국시를 '반공'으로 내세우고 이승만 못지 않은 극우로 치달리게 된다.

5.

한낮의
반민특위 습격 사건

_ 역사가 무너진 현장, 이승만은 어떻게 반민특위를 박살냈는가?

1949년 6월 6일 아침 남대문로에 있는 반민특위 사무실. 윤기병 중부경찰서장이 지휘하는 경찰관 40명이 일제히 사무실로 난입했다. 건물 주변은 기마경찰들이 에워싸고 있었다. 윤기병은 장탄한 권총을 휘두르면서 소리 질렀다.

"여기 있는 놈들 모조리 끌고 가라!"

총을 든 경찰관들은 닥치는 대로 특위 직원들을 붙잡아 두들겨 패면서 스리쿼터(삼륜차)에 실었다. 여기저기서 주먹과 발길질이 날아오면서 욕설을 해댔다.

"여기 있는 놈들 대부분이 빨갱이들이야. 여긴 빨갱이 소굴이라구!"

모두 35명이 끌려가고 통신기기와 호신용 무기, 모든 서류를 압수해 갔다. 소식을 듣고 달려온 김상덕 반민특위 위원장이 호통을 쳤다.

김상덕 반민특위 위원장. 한국전쟁 때 납북
되어 소식이 끊어졌다.

"이놈들아! 하늘이 무섭지 않느냐? 국법을 수행 중인 국가 요원들
에게 이러고도 너희들이 무사할 것 같으냐?"

윤기병이 이죽거렸다.

"최운하 과장과 조응선 주임을 진작 내주셨으면 이렇게까지 했겠
습니까? 지금이라도 내놓으시면 조용히 물러나겠습니다."

며칠 전 반민특위가 체포한 악질 친일 경찰 최운하와 조응선을 풀
어달라는 얘기다.

경찰은 거칠 것이 없었다. 황급히 달려온 권승렬 검찰총장 겸 특별
검찰관은 권총까지 뺏기고 밀려났다. 중부경찰서로 붙잡혀 간 특위
직원들 35명은 가혹한 고문을 받았다. 이 중 22명이 심하게 두들겨
맞아 입원 치료를 받아야 할 정도였다. 악질 친일파를 처단하기 위해
법에 의해 설치된 반민특위가 왜 이 꼴이 되었을까?

반민특위 발족, 악질 친일파들 속속 체포되다

제헌의회가 구성되자 국회는 이승만 정부의 반발을 무시하고 반민법(반민족행위처벌법)을 제정했다. 이 법은 반민족행위자의 범주와 처벌 규정, 특위의 구성과 활동, 특별재판부 구성을 담고 있었다. 이 법에 따라 구성된 반민특위(반민족행위특별조사위원회)는 1948년 10월 12일 저명한 독립운동가이자 국회의원인 김상덕을 위원장으로 선출했다. 김상덕은 와세다대학을 다니다 2.8독립선언을 주도해 1년 간 옥고를 치른 후 중국으로 망명해 일제 타도의 선봉에 섰던 독립투사였다.

국민의 성원을 업고 의욕적으로 출발한 반민특위가 가장 먼저 잡아들인 친일파는 화신재벌 총수 박흥식이었다. 그는 조선비행기 공장을 세워 일제의 침략 전쟁에 기여한 인물로, 외국으로 도망치려다 체포되었다. 이어 만주에서 일본 헌병의 앞잡이로 무려 250여 명의 독립투사를 붙잡아 17명을 처형한 악질 친일파 이종형을 잡아들였다. 그는 마포형무소에 수감된 후에도 "내가 감옥에 들어온 건 빨갱이를 잡는 데 앞장서서 사방에 적을 만든 탓"이라고 고래고래 악을 쓰기도 했다.

이어 3.1운동 당시 33인의 한 사람이었다가 변절한 최린, 친일 변호사 이승우, 평안북도 특고과장을 지내면서 많은 독립투사를 잡아들인 악질 경찰 이성근, 고종 황제의 당질로 매국 활동을 한 이기용을 구속했다. 이기용은 자택 응접실에 일왕 히로히토의 사진을 걸어놓고 일본 왕실로부터 받은 훈장 30여 개를 진열해놓아 조사관들을 놀라게 했다.

반민특위에 의해 쇠고랑을 찬 친일파들이 법정에서 보인 태도는 각양각색이었다. 1949년 3월 28일 가장 먼저 재판을 받은 친일 갑부

박흥식은 공소 사실을 부인하며 "총독부에서 비행기를 헌납하라고 독촉이 성화같아 부득이 헌납할 수밖에 없었다."며 사업상의 이유를 들먹였다.

3.1운동 당시 민속대표 33인 중 하나였던 71세의 최린은 "민족의 이름으로 이 최린을 광화문 네거리에서 처단해주십시오."라며 눈물을 흘리며 참회했다. 3.1운동 때 독립선언서를 썼던 최남선도 자기의 죄과를 뉘우치는 내용의 자술서를 쓰고 법정에서는 "민족의 일원으로서 반민족의 지목을 받음은 후세에 씻기 어려운 대치욕"이라고 참회해 법정을 숙연하게 만들었다. 만주국 명예총영사를 지내 친일파로 지목된 김연수 역시 재판 내내 자신의 과오를 참회하는 자세를 보여 무죄를 선고받았다.

반면에 부인과 변명으로 일관한 파렴치한 악질 친일파들도 적지 않았다. 강우규 의사를 체포해 사형대로 보낸 일제 고등계 경찰 출신의 김태석은 처음부터 끝까지 범죄 사실을 부인해 방청객들의 분노를 샀다. 그가 하도 뻔뻔스럽게 공소 사실을 부인하자 재판부가 정신감정까지 의뢰했을 정도였다.

관동군 밀정 출신인 이종형은 법정에서 "기소 사실의 근본부터 반대한다."며 "나를 모함하는 자들은 내가 풀려나는 날 토벌하겠다."고 거품을 물고 떠들었다.

이승만과 경찰 수뇌부의 반격, "친일파 처단, 잔치는 끝났다"

반민특위는 1949년 1월 25일 드디어 악질 중의 악질 친일 경찰 노덕술을 체포하는 데 성공했다. 그는 전국 도처에서 독립운동가를 무차별적으로 체포해 여러 명을 고문해서 죽인 친일 경찰의 상징이었다.

노덕술은 수배 중에도 번호판을 단 경찰 지프에 경호원까지 태우고 서울 시내를 활보하고 다녔다. 노덕술이 체포되자 이승만은 노기충천하여 김상덕 등 특위 위원들을 경무대로 불러 그를 석방하라고 강요했다. 특위 위원들은 단호히 거부했다.

국내에 지지 기반이 약한 이승만은 어떻게 해서든지 친일파를 보호해 장기집권의 무기로 써먹을 생각을 하고 있었다. 반민특위와 정부 사이에 '전운'이 감돌기 시작했다. 일제 경찰 출신들이 발 빠르게 움직였다. 먼저 반민특위 요인들을 암살하려는 음모가 진행됐다.

서울시경 수사과장 최난수와 사찰과 차석 홍택희는 테러리스트 백민태를 불러 국회의원 3명을 납치해 38도선상의 어느 지점으로 끌고 오면 그 다음은 경찰이 알아서 처리하겠다는 지령을 내렸다. 그러나 겁을 먹은 백민태가 검찰에 자수하면서 이 음모는 무산됐다. 친일 경찰들은 급기야 법을 깡그리 무시하고 "실력으로 반민특위 특경대를 해산시키자."며 준비에 들어갔다.

습격 전날 밤 시경국장 김태선에게 계획을 전해들은 내무차관 장경근은 "앞으로 발생할 모든 사태의 책임은 내가 진다. 웃어른께서도 말씀이 계셨다."며 이승만의 사전 양해가 있음을 암시했다. 이렇게 해서 친일 경찰들이 1949년 6월 6일 백주대낮에 국가 기관인 반민특위를 습격한 것이다.

물리력을 빼앗긴 김상덕 위원장과 특위 위원들은 사퇴서를 제출하고 자리를 떠났다. 이런 와중에 반민특위를 국회에서 지지해주던 김약수 부회장 등 소장파 의원들이 '공산당의 프락치'라는 혐의로 대거 구속되었다(202쪽 참조). 반민특위 습격 불과 20일 뒤인 6월 26일에는 반민특위의 정신적 기둥인 백범 김구마저 암살당하면서 친일파 처단

1948년 10월 전남 광주에서 시민들이 반민특위 전남조사부에 설치한 투서함에 투서하는 모습이다.

은 물 건너가버리고 대한민국은 '친일파의 천국'으로 전락했다.

한국전쟁이 터지자 김상덕은 북한 내무서원들에 의해 이북으로 끌려갔다. 그 뒤의 소식은 아무도 모른다. 다만 2006년에 북한을 방문한 독립운동가 유족들에 의해 평양 룡궁동에 있는 재북인사 묘역에 묻혀 있다는 사실만 확인되었다.

한반도 남쪽이 친일파들의 수중에 떨어지자 독립운동가들의 존재는 까마득히 지워졌다. 이것이 독립을 되찾은 대한민국의 실상이었다.

채 1년도 안 되는 짧은 활동 기간 동안 반민특위는 682건의 친일 행위를 조사해 408건의 영장을 발부하고 559건을 검찰에 송치했으며 221건을 기소했다. 이 중 12명이 실형을 선고받았으나 5명은 집행유예, 나머지 7명은 형집행정지 등으로 1950년 봄까지 모두 풀려났다. 일제 강점기 35년에 대한 심판치고는 초라하기 짝이 없는 성과였다.

여기서 의문이 생긴다. 이승만은 평생 독립운동을 했다는데 나라를 팔아먹고 적에게 빌붙어 호의호식한 친일파에게 왜 이토록 관대했을까? 친일파들은 해방이 되자 재빨리 반공주의자로 자처하면서 사회 각계에 뿌리를 내리고 이승만 주변을 어슬렁거리고 있었다. 이승만이 정통 독립투사인 김구와 김규식 등을 따돌리고 권좌에 오를 수 있었던 것은 미국의 도움도 컸지만 이들 친일 세력의 자금 지원과 정보 제공의 힘이 컸다. 이승만의 정치 활동과 집권 과정에서 소요된 막대한 자금은 이들 친일파의 금고에서 나온 것이었다.

그러므로 반민특위에 대한 이승만의 증오심은 상식 수준을 넘어섰다. 특위가 해체되고 반민법의 시효가 끝나 사문화된 뒤에도 그 흔적마저 지우려고 총력을 기울였다. 전쟁 중인데도 1951년 2월 8일 국무회의에서 반민특위 관련 '임시조치법' 폐지안을 재차 논의했다. 친일파 숙청에 대한 조그만 흔적도 남기지 않겠다는 것이다.

국무회의 결정에 따라 엿새 뒤인 2월 14일에 반민족행위 재판기관 임시조치법이 폐지됐다. 이에 따라 "폐지된 법률에 의해 공소 계속 중의 사건은 본법 시행일에 공소 취소된 것으로 본다. 폐지된 법률에 의한 판결은 본법 시행일로부터 그 효력을 상실한다."는 결과를 낳았다. 반민특위가 해체되고 법적 근거마저 사라짐에 따라 친일 반민족행위자들은 모두 자유인이 되었을 뿐 아니라 각종 권력 기관의 '완장'까지 차게 되었다. 이때부터 친일파 출신들이 노골적으로 독립지사들을 적대시하고 탄압하는 시대가 열렸다.

역사학자 이덕일은 『우리 안의 식민사관』(2014)이란 책에서 이렇게 분석했다.

"필자는 독립운동가의 후손으로 한국 사회에서 꽤 높은 지위까지 오른 몇 명 사람들의 사례를 알고 있다. 그중 장관도 하고 광복회 회장도 한 사람들이 있었는데, 그들을 만나면서 놀

1946년 겨울 서울 우이동 화계사를 방문한 임시정부 요인들. 앞줄 오른쪽 끝이 김상덕 반민특위 위원장, 그 왼쪽이 김구 선생이다. 백범의 서거로 친일파 처단은 완전히 물 건너간다.

란 것이 대부분 선조에 대해 무지하다는 점이었다. 보통 사람들도 자기 선조에 대해 알려고 노력하는 법인데 이들은 조상에 대해 아는 것보다 모르는 것이 더 많은 경우를 심심찮게 보았다. 그래서 필자가 내린 결론은 '일부러 알려고 하지 않았다'는 것이다. 독립운동 한 선조에 대해 아는 것 자체가 출세에 보탬이 되지 못했던 현실의 반영일 것이다. 그래서 차라리 알지 않는 길을 택한 것이다. 일종의 자기보호 본능이었다."

친일 경찰의 대명사인 노덕술(앞줄 맨 왼쪽 안경쓴 인물)과 최난수
(앞줄 맨 오른쪽). 한국전쟁 당시 노덕술이 헌병사령부에 근무하던
모습이다.

　　이렇게 이승만의 지원을 받아 다시 사회의 주류가 된 친일파들은
이승만의 충복이 되어 그 비호 아래 애국지사 암살, 이권 개입, 부정
선거, 전쟁 중 민간인 학살, 사법살인, 4.19혁명 당시 학생 살상 등
천인공노할 범죄를 저질렀다. 4.19혁명의 신호탄이 된 1960년 3.15 마
산 시위 당시 고등학생 김주열 군의 눈에 최루탄을 쏜 자도 친일 경
찰 출신이었다.

6.
전혜린의 아버지,
백범 김구 암살을 지휘하다

_ 평생 양지만 쫓아다닌 친일파 전봉덕의 인생행로

대한민국 정부가 수립된 후 1년도 안 된 1949년 6월 26일 낮 12시 45분.

"탕, 탕, 탕, 탕!"

초여름의 밝은 햇살이 쏟아지고 있는 경교장(오늘날 강북삼성병원) 2층에 있는 백범 김구 선생의 집무실에서 총성이 잇따라 울렸다. 아래층 응접실에 있던 비서 선우진, 이풍식, 이국태 등과 경비경찰 2명이 뛰어 올라갔을 때 백범은 이미 운명한 후였다. 총을 쏜 포병 소위 안두희는 도망치지 않고 스스로 권총을 내던졌다.

비서진이 안두희를 구타하다 신고를 받고 달려온 서대문경찰서 경비주임에게 신병을 넘기려는 순간, 갑자기 어디선가 군인들이 나타났다. 이들은 범인이 현역 군인이란 이유로 비서진과 경찰관을 밀치고 서둘러 안두희를 스리쿼터에 태웠다. 김구 암살범 안두희를 탈취한 헌병 대위 김병삼은 필동 헌병사령부로 쏜살같이 달렸다. 득의만만한 표정의 김병삼은 스리쿼터에서 내리면서 부하들에게 명령했다.

"우선 안 소위를 의무실로 모셔라."

김병삼은 곧장 사령부에서 대기하고 있던 전봉덕 부사령관에게 무사히 빼돌렸다고 보고했다. 장흥 헌병사령관은 이날이 마침 일요일이라 파주로 성묘를 가느라 자리를 비우고 있었다. 전봉덕은 만면에 미소를 띠며 의무실로 들어갔다. 침대에 누워 있던 안두희는 벌떡 일어나 거수 경례를 했다.

"안 소위, 큰일을 차질 없이 잘 수행했어. 여기서 조용히 쉬고 있으면 일이 저절로 잘 풀릴 거야."

전봉덕은 경무대로 달려가 신성모 국방장관과 신태영 육군 참모차장과 함께 이승만 대통령에게 사건 전말을 보고했다. 이승만이 지시했다.

"장흥 헌병사령관이 중국군 출신으로 백범과 친하다지? 그를 딴 곳에 보내고 당장 전봉덕 부사령관을 승진시켜 수사를 맡기시오."

전봉덕은 즉시 백범 김구 암살 사건에 대한 첫 공식 수사 결과를 발표했다.

"범인은 현장에서 바로 체포되어 헌병사령부에 수감됐다. 그러나 현장에서 상당히 폭행을 당했기 때문에 의식이 회복되기를 기다려 그 배후를 엄중 조사할 작정이나 현장에서 판명한 것은 1인 단독 행위인 듯하다."

수사도 시작하기 전에 결론을 발표한 셈이다. 이렇게 해서 안두희는 권력의 비호 아래 한국전쟁의 혼란 속에 자유의 몸으로 돌아간

백범 서거 소식을 듣고 경교장 앞뜰에 몰려와
애도하는 시민들. 암살범의 총알이 유리창을 뚫
고 나간 흔적이 선명하다.

다. 어떻게 이런 해괴한 일이 벌어졌을까? 상하이 임시정부에서 국무위원을 지낸 조소앙 선생의 증언을 들어보자.

> "나는 백범 암살 사건이 있기 얼마 전에 시국담을 나누기 위해 경무대로 이승만을 방문했다. 그 자리에서 나와 이승만은 김구에 대해 이런 대화를 나눴다. '백범이 공산당과 내통을 하고 있다는 정보가 들립네다. 참 믿을 수 없는 얘기지만……' '그럴 리가 있겠습니까? 백범의 민족사상은 예나 지금이나 변함없지요' '아닙네다. 백범이 남북협상이다 뭐다 하고 평양에 다녀온 후로부터 생각이 좀 달라지고, 그분 주변에 빨갱이가 잠입했다고 합네다' '저도 남북협상하려고 평양에 갔다 왔지만 그럴 계제가 못 됩니다. 누가 백범을 모략하는 소리겠지요' '내가 듣기로는 심상치 않습네다. 아무래도 젊은 사람들이 무슨 일을 할 것 같으니 백범이 몸가짐을 신중히 해야 할 것입네다'"

이 발언을 보면 이승만은 김구 암살에 대해 사전 정보를 갖고 있다는 것을 알게 된다. 김구 선생이 누구보다 철저한 반공주의자라는 것을 잘 알고 있는 이승만이 백범을 '빨갱이'로 몰아가는 것은 어떤 의도가 있다는 것을 짐작케 한다. 여러 정황과 증언을 볼 때 김구 암살은 이승만의 핵심 측근들이 합동으로 이승만의 암시 또는 그의 의중을 헤아려서 벌인 범행이었다. 그 맨 앞에서 백범 암살 사건을 진두지휘한 인물들이 바로 헌병사령부의 전봉덕 부사령관과 김병삼 헌병 대위였다.

당시 경교장에서는 사건 직후 서대문경찰서 외에는 어디도 미처 연락할 겨를이 없는 황망한 상황이었다. 그런데 어떻게 해서 군복 청년들과 정복 헌병들은 쏜살같이 나타나 안두희를 싣고 바람처럼 사라졌을까? 헌병사령부의 당직사관이었던 오석만 중위와 사령관실에 근무하던 장석인 소위의 증언이다.

> "헌병사령부 순찰과장 김병삼 대위가 암살 사건이 일어나기 1시간 전인 오전 11시 30분 경 사령부에 비상을 걸었다. 사령부 본관 뒤에서는 지프차와 스리쿼터에 헌병 15~16명이 승차 대기하고 있었다. 또 12시 40분 경 김병삼 대위가 장석인 소위에게 전화하여 백범 암살 사건을 사령관에게 보고해줄 것을 요청했다. 전봉덕 부사령관은 보고 전에 이미 사령부에 나와 있었다."

평생 권력에 빌붙은 전봉덕과 김병삼

전봉덕과 김병삼은 어떤 인물인가? 먼저 전봉덕의 공식 경력을 살펴보자. 인명사전을 찾아보면, 경성제대 법문학부 졸업·일본 고등문관시험 사법과와 행정과 합격·헌병 사령관·국무총리 비서실장·서울변호사회 회장·대한변호사협회 회장·법사학회 회장·헌법개정시안 작성소위원회 위원장이라는 경력만 기록돼 있다. 일제 강점기에 총독부 근무, 평안북도 경찰부 보안과장, 경기도 경찰부 수송 보안과장, 김구 암살 당시 헌병사령부 부사령관이었다는 경력은 쏙 빠져 있다. 1981년에 발간한 고희기념 논문집을 살펴봐도 해방 후 경력만 자세히 적혀 있을 뿐 일제 때 친일 경찰 경력은 쏙 빼놓았다. 그는 1980년대 초반 미국으로 이민을 가면서 세간의 관심 밖으로 사라졌다.

친일파 전봉덕. 한평생 대일본제국과 역대 독재정권에 빌붙어 권세를 누렸다(왼쪽). 백범 암살 사건 당시 헌병 순찰과장으로 안두희를 탈취한 행동대장이었던 김병삼 대위(오른쪽).

그러던 전봉덕이 갑자기 언론의 주목을 받은 것은 지난 1992년 4월 10일에 귀국했다가 닷새 만인 15일에 돌연 미국으로 출국한 사건 때문이었다. 그가 서둘러 도망간 것은 당시 백범 암살 사건에 대한 새로운 사실이 폭로되고 있어 이를 피하기 위한 것으로 알려졌다.

독립운동가의 후손인 이종찬 전 국가정보원장은 "5공화국이 들어선 1980년대 초반 집권당인 민정당의 국회의원이었던 내가 중심이 되어 백범 암살사건 진상규명위원회를 만들어 조사에 들어가니까 전봉덕이 어떻게 이 소식을 듣고는 미국으로 바람처럼 사라졌더군요."

그렇게 도망친 전봉덕은 죽는 날까지 두 번 다시 한국 땅을 밟지 않았다.

김병삼도 마찬가지다. 공식적인 경력을 보면 국방부 장관 보좌관, 육군 헌병학교 교장, 육군 헌병감, 원호처장, 체신부 장관, 「호남매일신문」 사장 등만 기록돼 있고 헌병 사령부 경력은 빠져 있다. 재미있는 건 1967년에 치러진 제7대 국회의원 선거에서 목포에 출마했던 사실도 빠져 있다는 것이다. 당시 박정희는 김대중 후보를 떨어뜨리기 위해 이 지역구에 육군 소장 출신이자 체신부 장관을 지낸 김병삼을 출마시키고 목포에 직접 내려와 지원 유세를 했었다. 이 선거가 워낙 격전이어서 전 국민의 관심을 모았고 여기서 승리한 김대중은 정계의 샛별로 떠올랐다. 김병삼은 1988년 세상을 떠났지만 백범 암살의 진상은 끝끝내 밝히지 않고 무덤까지 안고 갔다.

암살 배후의 한 사람으로 안두희를 군에서 보호해온 신성모 전 국방장관은 구국청년당 발기인인 고정훈의 폭탄 같은 성명을 듣고 충격을 받아 사망했다. 1960년 5월 24일에 고정훈은 "김구 암살 당시 외무장관이었던 임병직과 국방장관 신성모가 공모해서 포병 사령관 장은산을 시켜 안두희를 하수인으로 골라 김구를 살해했다."고 폭로했다. 신성모는 이 소식을 듣고 뇌일혈을 일으켜 병원에 입원했다가 이승만이 하와이로 망명을 떠난 지 불과 몇 시간 후인 5월 29일에 불귀의 객이 되고 말았다.

자신을 지켜줄 보호막이 사라진 데 대한 충격사였을까, 아니면 단지 우연의 일치였을까? 어느 쪽이든 백범 암살의 진실을 밝힐 수 있는 중요한 증인이 사라진 점은 대단히 안타깝다.

전봉덕, 경찰을 떠나 군대로 피신하다

일제가 패망하기 직전인 1945년 8월 8일 경기도 경찰부. 오카 경기도 경찰부장은 정례회의에서 부하들에게 중대한 사실을 밝혔다.

"우리 대일본제국의 항복은 시간문제다. 조선은 불행해질 것이다."

전봉덕 수송보안과장은 눈앞이 노래졌다.

'일본이 떠나면 우리 친일 경찰들의 운명은 어떻게 되나?'

해방이 되자 친일 경찰들은 일제히 도망가거나 숨어 지냈다. 그러나 미군이 주둔하고 일본인 경찰 수뇌부 대신 일제 때의 친일 경찰들로 빈 자리를 메꾸자 전봉덕은 경기도 경찰부 보안과장으로 눌러 앉았다.

그런 전봉덕에게 떠나간 일본 대신 미국과 미국이 비호하는 이승만이라는 새 주인이 나타났다. 그러나 1948년 9월 7일 반민족행위처벌법이 통과돼 수사망이 좁혀오자 전봉덕은 재빨리 군대로 도망갔

국회 프락치 사건

반민특위와 이들의 활동을 방해하던 이승만 정부의 대립이 심화되던 와중에 검경은 1949년 5월 '국회 프락치 사건'이란 이름으로 국회의원 이문원(익산 을), 최태규(정선), 이구수(고성), 황윤호(진양)을 전격 구속한다. 6월에는 '제2차 국회 프락치 사건'이라 하여 노일환, 서용길 등 반민특위 위원과 독립운동가 출신인 국회부의장 김약수를 비롯한 국회의원 13명이 구속된다.

구속된 의원들은 반민특위에서 활동하거나 평화통일방안 7원칙 등을 제시하던 진보적인 소장파 의원들이 대부분이었다. 5월 23일 임시국회에서 구속된 의원 석방결의안을 놓고 이틀 간의 격론 끝에 88 대 95로 부결된다. 그리고 서울 시내에서는 관제 데모가 기승을 부렸다.

이 사건은 반민특위가 친일파로 지목했던 전봉덕 헌병 사령관, 김정채 헌병 사령부 수사정보과장, 오제도 서울지검 검사, 김태선 서울시경 국장, 최운하 서울시경 사찰과장 등이 중심이 되어 수사한다. 이 사건으로 반민특위 활동이 위축되었으며 6월 6일 경찰이 반민특위를 습격하고 26일 백범 김구 선생이 암살되면서 반민특위는 붕괴되고 만다.

이러한 상황에서 11월 17일 첫 공판이 열린 이후 3개월 간 심리가 계속되었고 재판에 회부된 의원 13명에게 최고 10년에서 최하 3년까지의 실형이 선고된다. 그러나 2심 계류 중 한국전쟁이 터지고 관련 의원들은 서대문형무소에 수감되어 있다가 전쟁 중에 출옥했고 서용길 의원을 제외한 모든 의원들이 월북하거나 납북되었다.

일본군 장교 출신인 채병덕 육군 총참모장. 그의 비호 아래 전봉덕은 헌병사령관으로 승진한다.

다. 그는 육군사관학교 제1기 고급장교반을 졸업한 뒤 육군 소령으로 임명되었다. 채병덕 총참모장의 추천으로 헌병사령부 부사령관으로 부임한 전봉덕은 이른바 '국회 프락치 사건'을 다루면서 이승만 대통령의 눈에 들고, 이어서 발생한 백범 김구 암살 사건 수사를 지휘하면서 세간의 주목을 받게 되었다.

그러던 그가 갑자기 예편을 자청한 후 국무총리 비서실장으로 들어간다. 이어 과거를 세탁하자는 의도여서인지 변호사니 대학 강의니 책 저술이니 자문위원이니 여러 일을 하면서 행정이나 학계 쪽으로 발길을 돌렸다. 이때부터 박정희~전두환 정권 내내 끊임없이 적응하면서 자신의 지위를 유지해나갔다.

전봉덕의 맏딸 전혜린, 석연치 않은 이유로 자살하다

1965년 사춘기 소녀들의 우상이었던 전혜린이 갑자기 자살로 인생을 마감해 세상을 놀라게 했다. 만 31살이었다. 그녀의 아버지가 그 유명한 전봉덕이란 사실이 알려지면서 세상은 다시 한 번 놀랐다.

전봉덕은 맏딸을 자기와 같은 존재로 키우려 했기 때문에 서울대 법대에 진학시켰다. 그러나 그녀는 법대를 중퇴하고 돌연 독일 문학

독일 현대 문학을 한국에 소개했던 수필가 전혜린. 탁월한 문재를 겸비했던 당대 최고의 엘리트였으나 아버지의 친일 행각에 대한 반성의 글은 커녕 한 점의 죄의식도 없었다.

을 공부하기 위해 독일로 유학을 떠났다. 다음과 같은 글에서 아버지 전봉덕의 존재가 느껴진다.

"일반적으로 장녀가 그렇듯이 나도 매우 부모에 의존하고 있고 부모를 무서워하면서 밀착하고 있는 편이었다. 또한 흔히 딸이 그렇듯 아버지를 숭배하고 있었고 두려워하고 있었다. 아버지 마음에 들고 싶다는 욕망이 의식 밑에도, 또 의식 표면에도 언제나 있었다. 아버지로부터 칭찬받고 싶다는 마음이 실현될 때마다 나는 이 세상의 무엇보다도 행복했었다. 이 욕망은 아직도 내 의식 밑의 심층에 남아 있다."

그녀를 알고 있는 많은 이들은 한 세기에 한번 나올까 말까 하는 천재라는 데 동의한다. 우울증 외에는 정확한 이유가 알려져 있지 않은 데다 사후 1년 만에 발간된 유고집 『그리고 아무 말도 하지 않았다』때문에 그녀는 신화로 남았다. 독일 문학 번역자가 드물던 때라

백범 김구 선생 곁에서 4년여를 그림자처럼
수행한 '영원한 비서' 선우진.

헤르만 헤세를 비롯해 하인리히 뵐, 에리히 케스트너, 루이제 린저 같
은 쟁쟁한 현대 독일 작가들의 작품을 번역한 공로도 높이 평가받는
다. 그러나 그녀의 글에서는 일제와 독재 정권에 빌붙었던 아버지의
추악한 과거에 대한 반성 같은 역사의식이라곤 단 한 줄도 찾아볼
수 없다.

백범의 영원한 비서, 통한 속에 떠나다

2009년 5월 17일 전봉덕과 관련이 깊은 또 한 명의 인물이 세상을
떠났다. 백범 김구의 비서를 지낸 선우진 선생이 타계한 것이다. 그는
1949년 6월 26일 백범이 서거할 때까지 만 4년여 동안 백범을 그림자
처럼 곁에서 모셨다. 백범을 수행해 평양을 다녀오기도 했고 백범의
일거수 일투족을 살펴왔다. 그가 남긴 회고록『백범 선생과 함께 한

나날들』(2009)의 한 대목을 읽어보자.

> "이미 안두희가 입에서 피를 토하며 마룻바닥에 쓰러져 있었
> 다. 이풍식 씨가 의자로 때려눕힌 것이다. 나도 격분해 의자를
> 들어 안두희를 다시 후려갈겼다. 그때 갑자기 군 작업복을 입
> 은 괴청년 3~4명이 나타나 나를 제지했다. 그리고 재빨리 안
> 두희를 일으켜 데리고 나가려고 했다. 마침 이때 서대문경찰서
> 경비주임이 달려왔고, 안두희를 경찰서로 연행하려고 했다. 그
> 러자 괴청년 서너 명이 더 나타나 경비주임을 막았다. 경찰이
> 어떻게 군인을 연행할 수 있느냐고 윽박지르고 안두희를 데리
> 고 나가 문 밖에 있던 스리쿼터에 싣고는 서둘러 사라지고 말
> 았다······. 나는 백범 선생의 수행비서로서 선생을 제대로 지
> 키지 못했다는, 말할 수 없는 죄책감과 부끄러움을 평생 잊지
> 못하고 있다. 그날을 결코 잊을 수 없다."

경교장 밖에서 총소리가 들려오기만 기다리고 있던 군인들이 바로
전봉덕이 보낸 헌병 사령부 소속 행동대원들이었다.

안두희가 타살되고 전봉덕마저 국내로 들어오지 못하고 미국서
사망했으니 진상은 더더욱 묻힐 수밖에 없다. 친일 경찰 출신의 전봉
덕은 2002년 공개된 친일파 708인 명단과 2008년 발표된 민족문제
연구소의 『친일인명사전』 명단에 모두 올라가 있다.

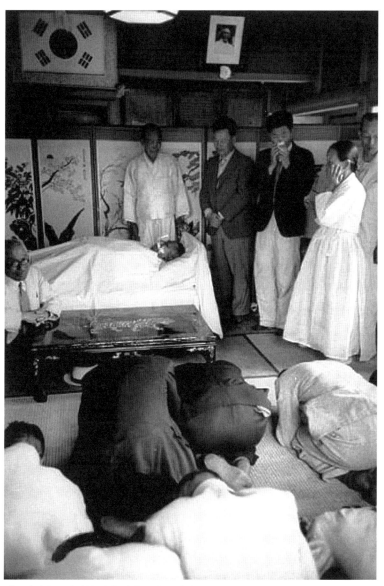

안두희에게 암살당한 백범 선생 시신 앞에서 오열하며 조문하는 시민들.

1.
정의의
이름으로

_ 김구 암살범 안두희, 애국시민 박기서에게 맞아 죽다

법은 정의를 실현하기 위해 존재한다. 하지만 법이 제 역할을 하지 못했을 경우, 우리는 어떻게 해야 할까? 요즘은 개인적으로 억울한 일을 당해 사적 복수를 하는 스릴러 영화나 소설이 많은 사람들에게 공감을 얻기도 한다. 우리 현대사에도 단지 개인적인 복수심이 아니라 '정의의 이름으로' 역사의 죄인을 처단한 의인들이 많았다.

그중에서도 백범 김구 암살범 안두희의 경우 무려 4명의 의인들이 릴레이하듯 그의 행적을 추적해 결국 처단했다.

시민 박기서, 정의의 이름으로 안두희를 때려죽이다

1996년 10월 23일 오전 11시 30분 경. 인천의 한 아파트에 몽둥이를 든 중년 남성이 들이닥쳤다. 몽둥이에는 '정의봉(正義棒)'이라는 글

자가 새겨져 있었다. 그는 경기도 부천에서 택시기사로 일하는 박기서라는 평범한 가장으로, 평소 "백범 김구 선생 암살범이 천수를 다하는 것을 지켜볼 수 없다."는 신념을 갖고 있었다. 안두희를 처단하기로 결심한 후 부천시장의 그릇 가게에서 홍두깨 비슷한 몽둥이(길이 40센티미터)를 4천 원 주고 사서 안두희 집으로 달려간 것이다.

박기서 씨는 누워 있는 안두희에게 장난감 권총을 겨누며 "시키는 대로 하지 않으면 권총이 불을 뿜는다."고 고함을 쳤다. 이어 준비해 간 나일론 끈으로 두 손을 뒤로 묶고 '정의봉'으로 사정없이 구타했다. 숨이 차면 냉장고에서 찬물을 꺼내 마시면서 계속 두들겨 팼다. 이윽고 안두희는 욕된 인생을 마감했다.

박기서 씨는 안두희가 숨진 것을 확인하고 곧바로 택시를 타고 신곡본동 성당으로 가서 고해성사를 한 후 경찰에 자수했다. 고해성사를 들은 이준희 신부는 이렇게 회고했다.

"박기서 씨는 김구 선생을 죽인 안두희는 당연히 처벌받아야 하는데 역사가 그 일을 하지 않으니 자신이 사명감을 갖고 죽였다고 고백했습니다. 그러면서 안두희의 장례와 그 영혼에 대해 걱정하면서 성당에서 안두희 장례를 치르는 데 도움을 줄 수 없느냐고 물었습니다."

박기서 씨가 구속 기소되자 사회 각계 인사들이 '백범 암살범 안두희 처단 박기서 의사 석방대책위원회'를 구성해 9,200명의 명의로 인천지방법원에 탄원서를 제출했다. 박기서 씨는 3년형을 선고받고 감옥살이를 하다가 김대중 대통령의 3.1절 특사로 1년 4개월 만에 풀려났다. 그런데, 어떻게 해서 백주대낮에 평범한 시민이 법 대신 사람을 죽인 것일까?

백범 암살범, 권력의 특별 보호를 받다

경교장을 뒤흔든 총성과 함께 백범이 쓰러진 지 불과 몇 분 뒤, 기다렸다는 듯이 경교장에 헌병대 소속 김병삼 대위 등 현역 헌병들이 들이닥쳤다. 마치 사건이 발생할 것을 미리 알고 인근에서 대기한 것으로 보였다. 이들은 완력으로 비서진과 경찰관을 밀치고 타고 온 스리쿼터에 안두희를 태우고 헌병사령부로 데려갔다. 헌병사령부에는 전봉덕 부사령관이 대기하고 있었다. 전봉덕은 범인이 입을 열기도 전에 "의식을 되찾는 대로 그 배후를 엄중 조사하겠으나 단독 범행인 것 같다."고 공식 발표했다. 이어 이승만 대통령이나 채병덕 육군 총참모장 등도 '단독 범행', '군과 무관', '한독당 내분' 등을 들먹이며 화살을 돌리는 데 급급했다.

다음 날 안두희가 특무대로 이송되자 기다리고 있던 김창룡 특무대장은 커피를 제공하고 경어를 쓰는 등 극진히 대접했다. 여기서 안두희는 김창룡이 숙직실을 호텔 수준으로 개조한 '특별감방'에서 VIP처럼 안락하게 지냈다. 군법회의를 기다리는 동안 임시정부 계열인 장흥 헌병사령관은 경질되고 그 자리에 친일 경찰 출신으로 이승만의 총애를 받던 전봉덕이 임명됐다.

안두희는 1949년 8월 7일 무기징역을 선고받고 서울 이태원 육군 형무소에 수감됐다. 여기서도 특별대우를 받으며 특별감방에서 유유자적하게 수형 생활을 했다. 그러다 그해 11월에 15년형으로, 다음 해 3월에 10년형으로 감형됐다. 유례를 찾아볼 수 없는 특혜였다.

백범 김구 선생의 초상화. 살아서는 패했으나 역사의 승리자로 우뚝 섰다(사진 백범 김구기념관 제공).

1950년 6월 25일 한국전쟁이 터지고 대통령이 제일 먼저 도망치는 혼란의 와중에 안두희 역시 누군가의 도움으로 피난길에 올랐다. 감옥을 나온 그는 채병덕이나 김창룡의 도움으로 육군 특무대 문관이라는 완장까지 찼다. 다시 군대로 들어간 그는 1년도 안 되어 중위,

정의봉을 들어 보이고 있는 박 기서 씨. 박씨는 이 봉으로 안 두희를 처단했다.

대위로 초고속 승진을 했다. 이어 1951년 2월 15일에는 신성모 국방 장관의 지시로 잔형을 면제받았다. 이에 따라 안두희는 범행 1년 7개 월 만에 자유의 몸이 되었다. 정말 대단한 '빽'을 가진 셈이다.

안두희, 그러나 봄날은 가고

그러나 부산 임시국회에서 무소속 김이환 의원이 안두희가 풀려나 군에서 고속 승진한 사실을 폭로하자 군은 서둘러 안두희를 소령으 로 진급시킨 후 예편시켰다. 사회로 나온 안두희는 사업에 손을 댔

일제 때부터 필동에 있던 헌병사령부. 현재는 남산 한옥마을로 변했다.
안두희는 여기서 편안하게 있다가 특무대로 넘어가 칙사 대접을 받는다.

다. 군 상층부의 비호 속에 강원도 양구에서 군부대에 두부, 콩나물,
된장, 소고기, 돼지고기, 김치 등을 납품하며 돈방석에 앉았다. 하지
만 승승장구하는 그에게 폭풍우가 몰려오고 있었다.

이승만의 폭정이 드디어 4.19혁명을 불러일으킨 것이다. 이승만 정
권이 무너지자 그해 6월 백범 김구 선생 11주기 추도식이 효창원 공
원에서 열렸다. 암살당한 후 11년 만에 처음 열린 공식 추도식이었다.
이 자리에서 '백범선생 살해 진상규명투쟁위원회'가 발족해 활동에
들어갔다.

중요한 제보가 잇따라 나왔다. 사회혁신당 대표였던 고정훈 씨는
"김구 암살은 이승만의 지령으로 측근 임병직 전 외무장관과 신성모
전 국방장관이 모의한 것"이라고 밝혔다. 고정훈은 해방 후 미 24사
단 정보처 장교와 육군본부 정보국 차장을 지낸 정보통이다.

제헌의회에서 국회의원을 지낸 이상돈은 미국 보스턴에서 김구 암
살 당시 주한 미 대사관 부영사를 지낸 그레고리 헨더슨으로부터 중
요한 애기를 들었다.

"핸더슨이 내게 왜 이승만이 서둘러 하와이로 망명했는지 아느냐고 물었다. 자기가 알기로는 김구 암살 사건의 책임을 회피하기 위해 도망친 것이라고 말했다."

이승만이 쫓겨나자 잠적한 안두희에 대한 추적 작업도 시작됐다. 먼저 광복군 3지대 간부 출신인 김용희가 종로 2가에서 안두희를 발견하고 쫓고 쫓기는 추격전을 벌인 끝에 붙잡아 검찰에 넘겼다. 그러나 일사부재리 원칙과 공소시효 10년이 지났다는 이유로 처벌할 수 없었다.

두 번째로 김제 출신의 열혈청년 곽태영이 나섰다. 그는 1965년 12월 22일 강원도 양구군 중리에서 안두희를 찾아내 잭나이프로 목을 찌르고 돌로 머리를 쳐 중상을 입혔다.

세 번째 응징자는 권중희였다. 그는 1992년 4월 12일 인천의 아파트에 숨어 사는 안두희를 찾아내 정의봉으로 두들겨 패며 '배후'를 밝히라고 요구했다. 권중희 씨는 5개월 후 이번에는 안두희를 경기도 가평의 한 농가에 감금시켜 놓고 「동아일보」 기자와 함께 캐물었다. 이때 안두희는 중대한 고백을 했다.

"백범 암살 6일 전인 6월 20일에 경무대(오늘날 청와대) 집무실로 불려가 이 대통령으로부터 '신성모 국방부 장관한테 얘기 많이 들었다. 높은 사람들이 시키는 대로 잘하라'는 격려를 받았다."

네 번째 응징자가 안두희를 저세상으로 보낸 박기서 씨다. 김용희가 잠적한 안두희를 찾아내고, 곽태영이 일차로 처단하려다 실패하고, 권중희는 자백을 받으려고 두들겨 패고, 박기서는 죽음을 앞둔 안두희에게 역사의 심판을 내렸다.

가장 유력한 설은 '이승만이 시키고 군부가 실행'

오랜 기간 백범 김구 암살 사건을 추적한 김삼웅 전 독립기념관장은 『안두희, 그 죄를 어찌할까』(2014)라는 저서에서 이렇게 결론을 내렸다.

> "추적자들과 연구가들에 의해 드러나기 시작한 암살 배후는 김창룡과 신성모를 비롯한 군부 세력, 해방 후 친일파 척결을 주장해 온 김구에게 위협을 느낀 친일 세력, 그리고 단독정부 추진 세력이었음이 확인되고 있다. 여기에 이승만의 단독정부 수립을 반대하면서 북한과의 대화를 바라는 김구의 정치 노선을 비판해 온 미 정보기관의 개입 여부가 관심사로 떠올랐다. 당시의 여러 정황을 종합할 때 이승만의 명시적이거나 묵시적인 '승인' 또는 '암시'가 있었던 것이 분명하다."

백범 김구 선생을 암살한 안두희가 천수를 누리고 죽지 않도록 타살한 것은 민족정기를 세운다는 점에서는 장한 일이었다. 그러나 암살 사건의 진상이 안두희의 시신과 함께 땅에 묻혀버린 것은 안타까운 일이 아닐 수 없다. 거리를 활개치고 다니던 안두희를 붙잡아 두들겨 패면서 진술을 들은 것은 의로운 시민 권중희였다. 그러나 안두희의 진술은 자꾸 바뀌는가 하면 앞뒤도 맞지 않는, 종잡을 수 없는

마카오 신사복 차림으로 멋을 부린 중년
의 안두희.

애기였다. 안두희는 살해당하기 전에 당시 김창룡 육군본부 방첩대장
이 김구 암살을 지시했다고 밝혔다.

그는 장택상, 김태선, 노덕술, 최운하 등이 관련됐고 미국 CIA와의
관련도 주장했다가 며칠 후 이를 번복하고 다시 시인하는 등 국민을
우롱하는 언사를 거듭했다. 경무대에서 이승만 대통령을 만났다는
애기도 나중에 부인했다. 안두희는 죽기 전까지 많은 부분을 숨기고
있었던 것은 틀림없는 사실 같다.

그의 자백을 종합해보면, 암살을 총괄 지휘한 인물은 해방 직후
각종 암살 사건이나 정치적 사건에 관여했던 '의혹의 모략꾼'인 정치
브로커 김지웅이었다.

김지웅은 사건 당시 서북청년회원이었던 안두희와 홍종만에게 자
금을 제공했을 뿐 아니라, 사건 후 안두희를 면회 와서 돈봉투를 두

고 가기도 했다. 안두희는 김지웅이 이승만 주변에서 눈부시게 부상하는 것을 보고 배후가 있으며, 그것은 권력 최고위층이라고 확신했다. 그가 아는 건 거기까지였다.

안두희는 암살 사건의 배후에 김지웅 이상의 선이 있다고 짐작하고 있었지만, 그 상부의 동향에 대해서는 알 수 없는 위치였다. 그는 암살의 배후 인물로 국방장관 신성모, 외무장관 임병직, 서울시장 김태선, 수도경찰청장 장택상, 경무부장 조병옥 등을 거론했다. 이들 인물들은 안두희가 월남해 활동할 때 알게 된 사람들을 그저 망라한 정도이다.

방선주·정병준 교수가 2001년 미국 국립문서기록관리청에서 발굴한 「김구 암살 배경 정보」(1949. 6. 29 작성, 1949. 7. 1 보고)라는 자료가 흥미를 끈다. 뉴욕 주 제1군사령부 정보참모부 운영과장인 조지 실리(George E. Cilley) 소령이 작성한 문건이다. 실리는 안두희와 미군 방첩대, 우익 테러 조직인 백의사의 관계에 대해 이렇게 썼다.

"이 조직(백의사) 내부에는 혁명단이라고 불리는 '특공대'가 존재한다. 특공대는 모두 5개 소조로 구성되어 있고, 각 소조는 4명으로 구성되어 있다. 각 소조의 구성원들은 민주 한국과 한국 민족주의의 갱생을 방해하는 자를 암살하라는 명령이 내려오면 애국자로서 죽겠다는 피의 맹세를 한 사람들이다. 안두희는 청년으로 이 비밀 조직의 구성원이자 제1소조의 일원이다. 나는 안두희가 정보원이었을 때부터 알고 지냈으며, 후에 그는 한국 주재 CIC(미군 방첩대) 요원이 되었다. 그 역시 백의사 대장인 염동진이 명령을 내리면 암살을 거행하겠다는 피

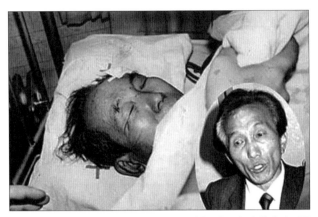

정의봉에 두들겨 맞은 암살범 안두희. 원 안은 권중희 씨다(사진 권중희 제공).

의 맹세를 했다. 확인하거나 부인하는 어떤 보고서도 작성되지 않았지만, 2명의 저명한 한국 정치인 장덕수와 여운형 암살범들도 이 비밀 조직의 구성원으로 알려져 있다."

안두희는 1992년 4월 13일자 「동아일보」 보도를 통해 미국과의 관련을 구체적으로 언급했지만, 다음 날 「문화방송」과의 인터뷰에서는 권중희의 강압에 의한 증언이라고 전면 부인했다. 「동아일보」 보도의 개요는 이렇다.

"안두희는 경무부장 조병옥과 수도경찰청장 장택상의 소개로 미 전략사무국(OSS)의 한국 책임자 모 중령 등을 소개받았고, OSS 한국 담당 장교와 안두희의 서북청년회는 긴밀하게 정보를 교환했다. 미군 장교는 백범을 제거해야 할 '블랙 타이거(Black Tiger)'라고 부르며 백범 암살의 필요성을 암시했다."

2009년 백범 서거 60주년을 맞아 한 무리의 어린이들이 선생님을 따라 백범 묘소를 찾아 절을 올리고 있다(사진 친일파 전문가 정운현 제공).

OSS가 1945년 10월 초 이미 해체됐기 때문에 안두희의 증언은 신빙성이 약하다. 다만 그가 미국 정보원들과 교분이 있었으므로 그들이 백범을 싫어한다는 것을 알게 되었고, 그것이 백범 암살의 한 동기가 되었을 수는 있다. 미국의 개입 여부는 혹시나 보관되어 있을지 모를 CIA나 CIC(Counter Intelligence Corps, 8.15 광복 직후 남한에서 활동한 미 24군단 소속 첩보부대) 관계 자료 등이 공개된 후에나 밝혀질 것이다.

이승만은 대통령 자리에 올라갔고 김구는 암살되었다. 현실에서 이승만은 승리자고 김구는 패배자다. 하지만 두 사람에 대한 역사의 평가는 정반대다. 현실의 승자 이승만은 국민이 권좌에서 끌어내린 독재자가 되었고 패자 김구는 민족의 분단을 막기 위해 자기를 희생한 순교자이며 민족의 영웅이 되었다. 이것이 역사의 반전이다.

III.

이승만은 어떻게
한국 현대사를 짓밟았나

한국전쟁 발발에서 휴전까지

비극의 도시 얄타,
분단과 내전을 잉태하다

_ 해방 전후 숨가쁘게 돌아간 동아시아 정세

동북아시아의 비극은 얄타 회담에서 비롯되었다. 일본이 항복을 미루고 미적거리는 사이 주도면밀하게 움직인 것은 소련의 스탈린이었다. 1945년 2월 소련 흑해 연안의 휴양 도시 얄타에서 열린 미·영·소 3국 수뇌회담에서 중국의 운명을 결정짓는 밀약이 체결되었다. 루스벨트 미국 대통령이 소련의 대일본전쟁 참전을 대가로 다음과 같은 전리품을 소련에게 넘겨준 것이다.

1. 외몽골의 현상(독립) 유지……: 소련이 장악하고 있는 외몽골을 종전 후에도 그대로 소련의 영향권 안에 둔다.
2. 다롄을 국제항으로 하고, 소련은 특별한 권익을 보장받는다.

3. 소련은 뤼순항의 조차권을 회복하고, 해군 기지로 활용한다.
4. 중동철로와 남만주철도는 중·소 공동기구가 경영한다.

한마디로 1905년 러일전쟁 패배로 러시아 제국이 포기했던 만주의 이권을 그대로 돌려받는 내용이다. 루스벨트 대통령은 일본 본토를 침공할 때 미군이 막대한 피해를 입을 것으로 예상하고 소련을 끌어들이기 위해 남의 나라 땅을 넘겨준 것이다. 이 밀약은 엄청난 후폭풍을 불러일으켰다.

1945년 8월 7일 오후 4시 30분 모스크바의 크렘린 궁.

일본의 히로시마에 신형폭탄 원폭이 투하됐다는 소식을 들은 스탈린은 일본에 대한 공격 명령에 서명했다. 그는 부하들에게 힘주어 말했다.

"전쟁의 열매는 힘으로 따지 않으면 확실히 맛볼 수 없다."

이틀이 지난 8월 9일 새벽 0시.

소련과 만주 국경에 진주해 있던 소련군이 일제히 국경을 넘어 만주로 쏟아져 들어왔다. 이 작전에는 소련군 157만 명과 화포·박격포 2만 6,137문, 전차와 자주포 5,566량, 군용기 3,721대를 동원했다. 소련군은 만주에 그치지 않고 이틀 후에는 한반도 북단 동해안의 경흥과 함흥까지 밀고 내려왔다. 사할린 남부에서도 소련 육군과 해군, 해병대가 국경선을 넘어 일본군을 공격했다.

소련군의 기습에 놀란 것은 공격당한 일본만이 아니었다. 원폭을 투하한 뒤 일본의 항복 소식이 들려오기만을 기다리던 미국도 당황

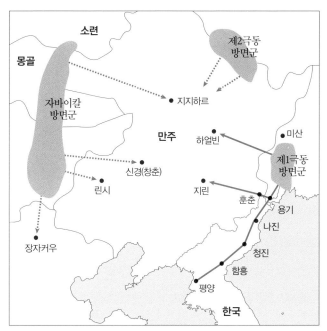

소련 극동군의 공격 루트.

했고, 만주를 포함한 중국 전체를 통일하려던 장제스도 충격을 받았다. 다만 연안에서 일본군이 철수하면 장제스 정부와 일전을 벌이려던 마오쩌둥과 소련군에 편입되어 한반도 진입을 준비하던 김일성의 88여단만 회심의 미소를 지었다.

소련군은 만주를 북중국에서 고립시키고 한반도로 향하는 통로를 만들어 나갔다. 8월 15일 일왕이 항복 선언을 했으나 소련군과 관동군의 전투는 계속되었다. 만주의 동부 국경에 있던 후토우 요새에서 민간인을 포함한 1,900명이 옥쇄로 모두 죽은 8월 26일에야 만주에서의 전투가 종식되었다. 만주를 점령한 소련군은 맨 먼저 관동군 수뇌부와 푸이 황제를 비롯한 일본의 괴뢰국인 만주국의 황족과 각료

강을 건너 만주로 진격하고 있는
소련군 T-34 탱크.

들을 연행해 전범재판에 넘겼다. 이어 '전리품'이 된 공장 등 산업 시
설을 뜯어내 기차에 싣고 소련으로 가져갔다. 포로로 잡힌 관동군
60만 명은 노동력으로 써먹기 위해 시베리아로 끌고 갔다. 이 와중에
군기가 풀린 소련군은 도처에서 약탈과 폭행, 강간을 일삼았다.

소련군의 군정이 실시되자 중국 공산당은 그 기회를 틈타 세력을
확대해 나갔다. 스탈린이 낮게 평가했던 마오쩌둥의 홍군이 소련군의
점령이라는 특이한 정치 공간을 이용해 저변을 넓혀 나간 것이다.

일본이 패망한 후 만주에는 조선인이 110만 명이나 남아 있었다.
일본군이 떠나자 만주 각 지역에서 중국인에 의한 조선인 박해 사건
이 잇따랐다. 특히 조선인 비율이 낮은 마을이 괴뢰 만주국의 패잔병
이나 마적들의 집중 공격 대상이 되었다.

상황이 악화되자 조선인들은 생존을 위해 주거지를 버리고 하얼빈,
무단강, 자무쓰, 옌지, 지린 등 좌익 계열의 독립군인 조선의용군이
장악하고 있는 도시로 몰려들었다. 이들은 자연스럽게 '반국민당, 친
공산당'으로 기울어 중공군에 대거 입대한다.

이런 혼란의 와중에 영국까지 홍콩을 포기할 수 없다고 버티고 나
섰다. 일본군이 점령한 홍콩을 장제스의 국부군이 접수하겠다고 영

만주의 심장부 하얼빈시로 쏟아져 들어오는 소련군.

국에 통보하자, '접수'가 '회수'가 될 것을 우려한 영국이 일본이 항복하자마자 자신들이 접수하겠다고 나선 것이었다. 결국 8월 30일 홍콩에 상륙한 영국군은 9월 16일 홍콩총독 다나카 히사카즈와 항복문서에 정식으로 조인하고 홍콩을 '회수'했다.

당황한 미국, 한반도의 38도선 분할을 결정하다

1945년 8월 11일 새벽, 미국 전쟁부 작전국 전략정책단 정책과 사무실에서 전략정책단 단장 링컨 준장(Abe Lincoln)과 단원인 본스틸 대령, 러스크 대령은 벽에 걸린 한반도 지도를 보면서 토론을 벌였다. 소련이 파죽지세로 만주와 한반도로 쳐들어오자 어떻게 하든 어느 지점에서 멈추도록 막아야 했기 때문이다. 만주는 소련군의 참전 대가로 넘겨주기로 했지만, 진공 상태로 남아 있는 한반도까지 통째로 바칠 수는 없었다. 미국이 독점할 생각이었던 일본 옆에 공산 국가가 탄생할 경우 방위에 문제가 생기기 때문이었다.

마음 같아서는 한반도 전체를 장악하고 싶었지만 미군은 한반도에서 무려 1,600킬로미터나 떨어진 오키나와에 주둔해 있었다. 링컨 준장이 받은 명령은 '연합국의 항복 접수 지역(세력권) 분할에 관한 문서를 기안하라'는 지시와 '가능한 한 한반도 북쪽'을 경계선으로 정하라는 것이었다. 그는 이런 기준을 갖고 지도를 관찰했다.

1. 소련이 받아들일 만한 선.
2. 포로수용소와 수도 서울을 충분히 포함할 정도로 북쪽.
3. 일본군 자체의 관할권 분할과 같은 군사적 분계선.

세 사람은 쉽사리 38도선으로 정했다. 이 방안은 상부의 결재를 받아 최종 확정했다. 8월 15일에 일본이 항복하자 미국은 38도선을 경계로 남에서는 미군이, 북에서는 소련군이 항복을 받는다는 '일반 명령 제1호'를 스탈린에게 통보했다.

초조하게 기다리던 미국에게 스탈린의 답장이 신속하게 날아왔다. 그는 "실질적 내용에 대해 아무 것도 반대하지 않는다."면서 그 대신 일본의 홋카이도 북부를 넘겨주고 일본 점령에 참여할 수 있게 해달라고 요구했다. 38도선을 바다로 연결해 사할린과 쿠릴 열도는 물론 일본의 38도선 북쪽을 거저 먹겠다는 의도였다. 말하자면 일본 열도의 분할 통치 제의였다. 이에 대해 트루먼 대통령은 홋카이도를 포함한 일본의 4개 섬은 이미 맥아더 장군의 항복 지역으로 할당되었다며 거절했다. 트루먼이 스탈린의 요구를 들어주었다면 일본이 분단국가가 되었을지도 모른다. 그러나 트루먼이 이를 거부함으로써 일본 열도 대신 한반도가 분할되고, 이후 냉전의 최전선에서 동족 간에 총부리를 겨누게 된다. 미국 입장에서는 한반도보다 일본 열도가 더 중요했던 것이다.

미소 간의 정략에 의해 그어진
38도선을 미군이 지키고 있다.

질질 끈 일본의 항복 결정, 수많은 인명 피해를 초래하다

1945년 7월 27일 일본 정부는 단파방송을 통해 일본의 무조건 항복을 요구하는 포츠담 선언을 알게 되었다. 당시 일본은 해·공군이 궤멸되고 대도시는 물론 중소도시까지 연일 B-29 폭격기의 융단폭격을 당하고 있었다. 이 시점에서 일본이 포츠담 선언을 받아들였다면 소련군의 침공과 원폭 투하 등을 피하고 전쟁 당사자인 미국과 영국 등 연합국을 상대로 협상을 벌일 수 있었다. 물론 한반도의 남북 분단이란 참극도 막을 수 있었다.

그러나 불행히도 스즈키 간타로 총리는 공식 기자회견에서 "포츠담 선언을 묵살한다."고 발표했다. 미국은 기다렸다는 듯이 곧바로 8월 6일에 히로시마에, 8월 9일에 나가사키에 원자폭탄을 투하했다. 히로시마 시민 34만 명 가운데 7만 명이 죽고 13만 명이 부상했으며 도시의 60%가 파괴되었다. 나가사키에서는 4만 명이 죽고 5만 명이 다쳤다.

나가사키가 잿더미로 변하기 2시간 전 모스크바.

몰로토프 소련 외무장관이 1941년에 체결한 일·소 불가침조약 파

나가사키 원폭 투하 현장. 이 폭발로 9만 명이 죽거나 다쳤다.

기와 선전포고를 담은 문서를 사토 일본 대사에게 전달했다. 곧바로 소련군 탱크와 보병, 폭격기 편대가 만주로 진격했다. 기이하게 소련을 통해 연합군과의 평화 교섭을 시도하던 강경파만 뒤통수를 맞은 셈이었다. 일본의 지도층에게는 원자폭탄보다 소련의 참전이 더 큰 충격이었다.

당시 신형 폭탄이었던 원폭의 정체나 위력을 아는 사람은 드물었다. 반면 공산주의 국가인 소련의 위협은 보다 현실적이었다. 연일 만나면 '항복하자, 아니다 계속 전쟁하자'고 싸우던 최고전쟁지도회의는 마침내 쇼와 일왕에게 결단을 요청하기로 했다.

8월 9일 밤 11시 50분, 지하참호에서 어전회의가 열렸다. 도고 외상이 포츠담 선언 수락을 주장하자 아나미 육군대신이 본토 결전을 내세우는 등 또다시 강온파 내분이 시작됐다. 쇼와 일왕은 "견디기 어려운 것을 견뎌내지 않으면 안 된다."며 포츠담 선언 수락에 찬성했다. 참석자들 사이에서 오열이 새어 나왔다. 도고 외상은 중립국인 스위스와 스웨덴을 통해 항복 의사를 미국 등 연합국에 전했다.

8월 15일 낮 12시, 일왕의 항복 선언이 라디오에서 흘러나왔다. 당시 650만 명 정도의 일본인들이 유럽의 전쟁터보다 더 넓은 지역에 흩어져 살고 있었다. 이 중 350만 명 정도가 군인들이었다. 일본 정부는 암호를 통해 대사관 등 해외 기관에 밀령을 내렸다.

"일본 거류민은 가능한 한 현지에 정착하는 방안을 모색하라."

일본 정부는 이들의 보호 대신 포기를 선택한 것이다.

조선총독부, 여운형에게 정권을 이양했다가 서둘러 취소하다

일왕의 항복 선언이 눈앞에 다가오자, 조선총독부 2인자인 정무총감 엔도 류사쿠(遠藤柳作)는 70만 명이 넘는 일본인을 어떻게 지킬 것인가를 고민했다. 부하들의 조언을 받아 항복 선언 4시간 전인 8월 15일 아침 8시에 조선인들의 신망이 두터운 여운형을 총독부로 초대했다. 엔도는 조선총독부 행정기구를 여운형을 중심으로 한 자치 조직에 넘겨 혼란을 최소화하기로 했다고 통보했다. 이 제안을 받아들인 여운형은 곧바로 조선건국준비위원회(건준)를 결성해 정권 인수와 치안 유지에 나섰다. 해방이 되었다는 사실이 조선 민중에게 알려진 것은 8.15 다음 날인 16일이었다.

8월 16일 오전 10시 총독부가 서대문형무소 등 전국에 있는 형무소에서 1만여 명의 정치범과 사상범을 석방하자 이들을 중심으로 만세 소리가 전국을 뒤흔들었다. 건국준비위원회가 착착 지방 조직을 결성하고 있는 사이에 조선총독부의 기류가 미묘하게 변하고 있었다.

일왕 쇼와. 그의 이용가치를 간파한 미국 때문에 교수형을 면할 수 있었다.

일본 정부로부터 38도선 이북은 소련군이 일본군의 무장 해제를 맡고 이남은 미군이 담당한다는 소식이 날아왔다. 미군이 진주한다는 소식을 들은 총독부는 건국준비위원회를 버리기로 결정했다. 9월 8일 미군이 상륙할 때 여운형은 환영 메시지를 들고 인천을 찾았으나 면회는 거절됐다.

그리고 38도선 남쪽에 맥아더의 포고문이 발표됐다. 거기에는 "연합군에 적의 있는 행위를 한 자는 재판을 통해 사형 또는 그 법정이 결정하는 기타의 처벌을 받는다."는 위협적인 문구가 적혀 있었다.

반면 38도선 북쪽에서 발표된 소련군 포고문의 내용은 화끈했다. 소련군 사령관 치스차코프(I. M. Chischakov)는 "조선 인민들이여! 붉은 군대와 동맹국 군대들이 조선에서 일본 약탈자들을 구축했다. 조선은 자유국이 되었다. 해방된 조선 인민 만세!"라고 선언했다.

일본의 항복 소식을 듣고 오열하는 일본인들.

이어 10월 14일 평양공설운동장에서 '소련 해방군 환영 평양시민 군중대회'가 열렸다. 조만식 선생의 환영사에 이어 소련 제25군 군사위원 레베데프 소장이 답사를 하며 한 젊은이를 가리켜 "조선 인민의 영웅 김일성 장군"이라고 소개했다. 당시 김일성의 나이는 만 33살이었다.

한편, 연안에서 중국공산당과 함께 항일 투쟁을 벌이던 조선의용군 2천여 명은 심양을 거쳐 신의주로 들어가려다 소련군의 제지를 받았다. 소련군은 이들의 무장을 해제시키고 입국을 거부했다. 결국 무장 부대는 입국을 포기하고 중국 내전으로 뛰어들었다. 이들의 지도자인 조선의용군 사령관 무정, 독립동맹 주석 김두봉, 부주석 최창익·한빈 등 70여 명만 개인 자격으로 귀국했다. 이들은 모두 정권을 장악한 김일성 세력에 의해 숙청되었다.

남한에서도 사정은 마찬가지였다. 미 군정은 10월 16일 귀국한 이

일본이 항복했다는 소식을 듣고 광화문 사거리에 나와서 환호하는 서울 시민들. 뒤에 태극기가 펄럭이고 있다.

승만을 환대했다. 미국 입장에서는 정체도 모르는 대한민국 임시정부의 김구 주석보다는 미국에서 오래 산 친미 성향의 이승만을 추대하는 것이 여러모로 유리했다. 이승만보다 한 달 이상 늦게 귀국한 김구 선생은 환영 행사도 없이 찬바람 부는 서울 거리를 장갑차에 실려 쓸쓸하게 경교장으로 들어갔다.

3년 후인 1948년 남북에서 정부가 수립되자, 남한과 북한에서 최후까지 살아남아 정권을 장악한 인물은 이승만과 김일성 두 사람이었다. 이들은 강대국의 지원 아래 여운형과 김구, 조만식으로 대표되는 중도파 민족주의자들의 시신을 밟고 정권을 장악했다. 곧이어 소련군과 미군은 철수했지만 수천 명의 군사고문단이 남아 군부를 지도한다. 남북의 지도자들은 각기 '북진통일', '적화통일'을 외치며 무기를 공급받아 전쟁을 준비해 나간다.

외세를 등에 업고 정적들을 가차없이 숙청하며 권좌를 거머쥔 두 사람, 김일성과 이승만. 김일성이 한국전쟁 시기에 후방 지역의 최고사령부로 공화국 영웅과 모 범전투원들을 불러 대화를 나누는 모습(위). 1945년 10월 20일, 미 군정청 앞에 서 열린 '서울시민 미군 환영대회'에서 나흘 전 귀국한 이승만이 연설하고 있다. 왼쪽에 선글라스를 쓴 이는 미 군정 사령관 하지 중장(아래).

2.

남조선 침략은 OK,
소련군 참전은 NO

_ 스탈린, 북한과 중국을 미국과의 전쟁으로 떠밀다

1949년 10월 1일 마오쩌둥의 중국 공산당이 장제스의 국민당을 밀어내고 중화인민공화국을 수립했다는 소식이 전해지자 모스크바의 스탈린은 머리가 복잡해졌다. 이웃한 중국 대륙에 같은 공산주의 국가가 생긴 것은 축하할 일이지만, 자칫 유고슬라비아의 티토처럼 독립 노선으로 갈 경우 공산권의 분열이 불 보듯 뻔했기 때문이었다.

스탈린은 중국 내전 기간에도 장제스 정부와 우호적인 관계를 지속해 왔다. 중국공산군이 양쯔강을 넘어 최후의 공격을 시도할 때는 강을 넘지 말라고 저지한 적도 있었다. 스탈린은 중국이 양쯔강을 경계로 북중국과 남중국으로 나뉘어 있기를 원했다. 그래야 두 개의 중국을 상대로 소련이 최대한 이권을 챙겨갈 수 있기 때문이었다. 그러나 마오쩌둥은 이를 무시하고 양쯔강을 건너 넉 달 만에 중국을 통일시켰다.

이렇게 되자 스탈린은 미국과 장제스 정부의 동의를 얻어 확보한 만주의 이권, 말하자면 창춘철도와 뤼순항, 다롄항을 모두 포기할 수밖에 없다는 생각이 들었다. 내란 중인 장제스와 달리 중국 대륙을 장악한 마오쩌둥 정권은 모든 이권을 도로 내놓으라고 요구할 것이 뻔하기 때문이었다. 스탈린이 버티면 보나마나 '형제 국가끼리 이럴 수 있습니까?'라고 반발할 것이 확실하다는 판단이 섰다.

한편 중국의 공산화는 북한 지도부에게는 엄청난 호재였고 남한의 이승만 정부에게는 재앙에 가까웠다. 김일성과 박헌영은 같은 생각을 품었다.

'중국 혁명이 성공했으니 다음은 우리 차례다!'

티토의 독립 노선

나치 독일이 유고슬라비아를 침공했을 때 빨치산 부대를 이끌고 독일군에 맞선 지도자 요십 티토(1892~1980)는 다른 나라와는 달리 소련에만 기대지 않고 유럽에서는 유일하게 독자적인 힘으로 조국을 해방시켰다.

동유럽 공산당 정부 대부분은 북한의 김일성이 그랬듯이, 소련에 망명했다가 종전 후 소련군 뒤를 따라 고국으로 돌아와 권좌를 차지한 사실상의 괴뢰정부였으나 티토는 달랐다. 그는 인종이나 종파, 계급 구분 없이 지원병을 모집해 산악지역을 근거지로 독일군, 이탈리아군과 전투를 벌였다. 외부적 지원도 소련뿐만 아니라 영국과 미국으로부터도 받았다. 이 같은 차이를 무시하고 소련의 스탈린이 다른 동유럽 공산당과 똑같이 꼭두각시로 대하니 충돌은 피할 수 없었다.

사사건건 티토가 반발하자 스탈린은 1949년 여름 유고슬라비아에 경제 제재 조치를 취했다. 티토는 서방 세계의 지원을 받는 한편, 인도와 이집트 등과 함께 비동맹 외교를 통해 독자 노선을 추구했다. 스탈린이 사망하자 후계자인 흐루시초프가 1955년 6월 유고를 방문해 스탈린의 잘못을 시인하고 화해를 이뤄냈다.

김일성은 재빨리 스티코프 평양 주재 소련 대사를 찾아가 "스탈린과 만나 남조선 상황에 대해 토론하고 이승만 군대에 공격을 개시하는 문제를 논의하고 싶다."고 전했다. 그때까지 스탈린은 김일성의 적극적인 군사 행동을 막아왔다. 그런데 이번에는 태도를 바꿨다. 그는 전문을 보내 이렇게 답했다.

"남조선을 공격하는 문제에 대해 김일성이 나와 이야기를 나누기를 원한다면 언제든지 그와 회담할 준비가 되어 있다."

그리고는 북한에 무기와 군수물자를 보내주기 시작했다. 김일성은 뛸 듯이 기뻐하며 "1950년 3월 30일 평양을 떠나 4월 8일 모스크바에 도착할 계획"이라고 통보했다.

한편, 남한의 이승만은 불안한 시선으로 중국 대륙의 공산화를 바라보면서 혼잣말을 했다.

"그래도 우리 뒤에는 세계 최강국 미국이 있으니까……. 설마 미국이 우리 대한민국을 버리지는 않을 거야."

김일성과 박헌영, 모스크바와 베이징을 돌며 전쟁 허가를 받다

스탈린은 1949년까지 김일성의 통일전쟁을 반대했었다. 그러던 그가 1950년대 들어 생각이 바뀐 이유는 무엇일까?

스탈린은 중국에게 다시 빼앗긴 다롄과 뤼순항 대신 인천과 부산항 같은 부동항이 필요했다. 또한 중국이 공산화됨에 따라 전쟁을 일으킨 북한 인민군이 패퇴할 경우 중공군을 구원병으로 내보낼 수 있는 상황이 마련되었다. 그리고 미군과 중공군이 격돌하게 되면 중

1949년 3월 모스크바에 도착해 성명서를 읽고 있는 김일성. 앞줄 왼쪽에서
두 번째가 한국전쟁을 같이 추진한 부수상 박헌영이다.

국은 미국과의 대결을 계속하면서 어쩔 수 없이 소련에 기댈 수밖에
없을 것이라고 판단했다.

이런 상황에서 1950년 모스크바에서 스탈린을 만난 김일성은 자
신만만하게 다음과 같은 네 가지 이유를 들어 승리를 확신했다.

1. 북조선이 사흘 안에 군사적 승리를 쟁취한다.
2. 남한에서 20여 만 명의 남조선 공산당원이 봉기한다.
3. 남조선에 있는 유격대가 인민군의 작전을 지원한다.
4. 미국은 이에 대해 준비할 시간이 부족하다.

스탈린은 흡족한 마음으로 동의하는 한편으로 교묘하게 조건을
달았다.

중화인민공화국 수립을 선포한 날에 인민해방군이 천안문 광장에서 행군하고 있다.

"남침 계획은 동의하지만 그 이전에 마오쩌둥과 이 문제를 협의하시오."

스탈린은 김일성과의 마지막 회의에서 다시 한 번 토를 달았다.

"만약 당신이 미국의 강력한 저항에 부딪힌다면 나는 전혀 도울 수 없소. 반드시 마오쩌둥에게 가능한 모든 도움을 요청하시오."

스탈린은 만약 미국이 개입하면 자신은 뒤로 빠지고 중국이 나서서 책임을 지라고, 즉 중공군이 미국의 위협에 직접 대항하라고 등을 떠민 것이다.

평양으로 돌아온 김일성과 박헌영은 한 달 후인 5월 14일 베이징으로 달려가 마오쩌둥을 만난 자리에서 "남침 계획에 스탈린 동지가 동의했다."며 도움을 요청했다. 신중한 성격의 마오쩌둥은 스탈린에게 전문을 보내 김일성의 얘기가 맞느냐고 확인을 구했다.

남침의 선봉이 될 인민군 탱크부대. 소련제 T-34 중탱크로 구성된
기갑부대로 소련 군사고문들의 지휘 아래 조직되었다.

　스탈린은 "모스크바는 조선인들의 통일 방안에 동의했다."고 답신
을 하면서도 "이 문제는 반드시 중국과 조선 동지들이 최종적으로
해결해야 한다."고 슬쩍 한 발을 뺐다.

　마오쩌둥은 고민에 빠졌다. 갓 출범한 중화인민공화국은 당장 해
결해야 할 문제가 한둘이 아니었다. 완전히 파괴된 경제 복구, 사회
통합, 토지 개혁, 대만 해방, 잔존한 국민당 세력의 소탕, 티베트 점령
등 현안이 산적했다. 이 가운데 가장 급한 경제 복구와 대만 해방을
위해서는 소련의 도움이 절실한 상황이었다.

　마오쩌둥은 대만 해방을 먼저 이루기 위해 한반도에서의 전쟁을 내
심 반대했지만 스탈린의 의도를 읽고 결국은 전쟁에 동의했다. 국공
내전 때 인적·물적 지원을 아끼지 않았던 북조선에 은혜를 갚아야
한다는 의무감도 작용했다.

　소련에 이어 중국의 동의까지 얻어낸 김일성과 박헌영은 의기양양
하게 귀국한 후 전쟁 준비에 박차를 가했다.

북한에 쏟아져 들어오는 소련제 무기와 팔로군 출신 조선인들

마오쩌둥은 1949년 여름에 조선인 2개 사단을 북한에 보낸 데 이어 1950년 4월에 나머지 1개 사단도 조선에 귀국시켰다. 3개 사단약 4만 7천 명의 조선인 군대는 인민군의 최상층에서부터 소대장에이르기까지 전력의 핵으로 자리 잡았다. 이들 대부분은 서울을 점령하는 부대에 편입돼 20여 년에 걸친 중국 내전의 실전 경험을 유감없이 발휘했다.

한편, 소련은 김일성 일행이 모스크바를 다녀간 직후인 1950년 4월부터 막대한 양의 무기와 군사 장비를 해로와 육로를 통해 북한에보냈다. 하지만 공짜는 아니었다. 이를테면 김일성의 3월 9일자 무기구입 요청 공문을 보면, 무기 대금으로 총 1억 3,805만 루블에 해당하는 금 9톤과 각종 광석물을 지불하겠다고 약속하고 있다. 말하자면 전쟁은 북한과 중국이 떠맡는 대신 소련은 뒤에서 무기나 팔아먹겠다는 얄팍한 계산이었다.

1950년 6월 12일 슈티코프 평양 주재 소련 대사는 38도선 10~15킬로미터 지역으로 인민군이 병력을 이동한다고 스탈린에게 보고했다. 이어 북한군 총참모부가 작성한 침공 계획을 모스크바에 알렸다.

- 작전은 6월 25일 이른 새벽에 시작됨. 1단계 작전은 옹진반도에서 국지전 형태로 시작한 뒤 주공격선은 서해안을 따라 남쪽으로 이동해 감.
- 2단계 작전은 서울과 한강에서 작전함. 동시에 동부전선에서 춘천과 강릉을 해방. 이에 따라 남조선군 주력은 서울일원에서 포위당해 궤멸됨.

말년의 스탈린. 한국전쟁을 뒤에서 조종하면서도 일체 무대에 나
오지 않았다.

- 3단계 작전에서는 여타 지역 해방, 적의 잔여 세력을 소탕
  하고 주요 인구 밀집 지역과 항구를 점령함.

전쟁이 터지자 기다렸다는 듯이 참전한 미군

인민군이 남침하자 미국과 유엔은 긴박하게 대응하기 시작했다. 6
월 30일에 이르기까지 닷새 만에 남한에 대한 원조 제공과 참전 의
사를 공개적으로 발표했다. 6월 29일 해질 무렵에는 B-26 경폭격기
18대가 평양비행장을 폭격해 지상과 공중에서 26대의 북한 전투기를
파괴했다. 같은 날 도쿄에 주둔하고 있던 미 극동사령관 맥아더 장
군이 전황 파악 차 한국으로 날아갔다. 맥아더는 자신의 전용기가
수원에 착륙하는 동안 간이 활주로 한쪽 끝을 소련제 야크기가 공
격하는 것을 목격했다. 이어 한강 남쪽에서 서울을 바라본 뒤 지상
군 투입이 필요하다는 보고서를 본국으로 타전했다.

다음날 오전 트루먼 대통령은 미군 2개 사단 투입을 결정했다. 한국전쟁이 국제전으로 비화한 순간이었다.

미군이 신속하게 참전하자 스탈린은 발을 빼기 시작했다. 한국전쟁이 시작될 때 인민군에는 3천여 명의 소련 군사고문이 배치돼 있었다. 이는 인민군 45명당 1명 비율이었다. 이 군사고문들은 군대의 훈련과 작전 지휘를 보좌하는 역할을 맡았다. 인민군의 남침 계획 역시 소련고문의 참여와 결정 아래 수립되었다. 그러나 인민군이 38선을 넘어 남한으로 침공을 시작하자 스탈린은 명령을 내려 전방부대에 있는 모든 소련고문들을 소환했다. 흐루시초프가 이 조치의 이유를 묻자, "우리는 다른 사람들이 우리가 이 사건에 참여하고 있다고 지적할 만한 증거를 남기고 싶지 않네. 이 사건은 김일성의 일이야."라고 잘라 말했다.

김일성이 전방사령부에 25~35명 정도의 소련 군사고문이 필요하다고 서신을 보내자 아주 조심스러운 방법을 택했다. 소련고문들의 군복을 벗기고 「타스 통신」의 기자 신분증을 줘서 보낸 것이다.

소련 지도자 스탈린에게 공산주의 이념이나 공산주의 국가들과의 우정은 중요하지 않았다. 그에게 중요한 것은 소련 제국의 '국가 이익'이었다. 이 때문에 숱한 사람들이 그의 잔인하고 이기적인 결정에 휘말려 희생되고 말았다. 가장 대표적인 경우가 폴란드의 자유폴란드군이었다.

나치 독일에 점령당한 폴란드의 자유폴란드군은 소련군이 독일군을 밀어붙이고 바르샤바 인근까지 진출하자 일제히 봉기했다. 그러나 스탈린은 이들을 도와줄 생각이 눈곱만큼도 없었다. 자유폴란드군은 소련의 지시에 따르는 공산당 계열도 아니고, 민족주의에 충실한

회의에 입장하는 김일성(맨 오른쪽)과 박헌영(그 왼쪽). 패전에 몰리자
두 사람의 관계는 돌이킬 수 없이 악화된다.

단체였기 때문이다. 소련군은 돌연 전진을 중단했다. 그 사이에 나치
독일군은 자유폴란드군을 무자비하게 진압했다.

스탈린이 저지른 참극의 2막이 한국전쟁이었다. 중국의 공산화에
자극받은 그는 혈기 넘치는 김일성의 '미군은 절대 개입하지 않는다'
는 허풍과 박헌영의 내부봉기론에 현혹되어 남침을 지원했다. 결과
는 참혹했다. 미국의 트루먼 행정부는 전쟁 발발 이틀 만인 6월 27
일 "한국을 돕기 위해 미군 해군과 공군을 투입해 북한군을 공격하
라."고 지시했다. 나흘 만인 7월 1일 일본에 주둔하고 있는 미 24단
장에게 8군 사령관인 워커 중장이 전화해 한국으로 출동하라는 명령
이 내렸다. 불과 엿새 만에 벌어진 일이었다.

박헌영이 주장한 '내부봉기설'은 어떤가? 북한의 실세 최용건은 인
민군이 후퇴할 때 부하들에게 불만을 토로했다.

"서울만 점령하면 폭동이 일어난다고 하더니 며칠 기다려도 폭동은 무슨 폭동이야?"

당시 북한의 정치—군부 핵심 인사들은 서울까지 점령하면 이승만 정부가 붕괴되고, 그러면 인민들의 봉기가 일어나서 전쟁이 조기에 끝날 것으로 착각한 것 같다. 이들은 전쟁 전에 철저한 숙군작업 때문에 군대 내 좌익 세력이 소탕됐고 남로당은 이미 실체가 사라진 사실을 모르고 있었다. 전쟁사학자 마이클 왈쩌는 "베트남과는 대조적으로 남한에서는 반란은 없었고, 정부에 대한 상당한 지지가 있었다."고 평가했다.

그러면 합심해서 모스크바와 베이징을 돌아다니며 전쟁 승인을 받았던 김일성과 박헌영은 미군이 개입한 후 어떻게 되었나? 인천상륙작전으로 궤멸 위기에 놓였다가 중공군의 참전으로 한숨을 돌린 1950년 11월 7일 소련 대사관에서 10월 혁명 기념 연회가 열렸다. 이 자리에 참석한 북한 외무성 부상 박길룡은 이렇게 회상했다.

"김일성은 술이 들어가자 박헌영에게 '여보, 박헌영이~ 당신이 말한 그 빨치산은 다 어디에 갔는가?' 하고 힐난하며 '당신이 스탈린한테 어떻게 보고했는가? 우리가 넘어가면 막 일어난다고 당신이 그런 얘기 안 했나?' 하고 시비를 걸었다.
박헌영은 '아니, 김일성 동지~ 어찌해서 낙동강으로 군대를 다 보냈는가? 그러니까 후퇴할 때 다 독 안에 든 쥐가 되지 않았는가?'라고 반문했다.
그러자 김일성은 '야, 이 자식아, 만약에 전쟁이 잘못되면 나뿐 아니라 너도 책임이 있다. 난 남조선 정세는 모른다. 남로당이 거기 있고 거기에서 공작하고 보내는 것에 대해 어째서 보고를 그렇게 했는가?' 김일성은 대리석으로 만든 잉크병을 벽에 던져 박살냈다."

　박길룡은 둘의 관계가 "이때 이미 영 틀어졌다."고 진술했다. 외세를 빌려 동족에게 총질을 하다가 나라와 국민만 절단내고 쫓겨 다니는 무모한 공산주의자들의 맨살을 보는 것 같다.

3.

대한민국 국군 수뇌부,
'숙취' 중에 남침을 당하다

_ 대통령은 낚시 중, 국방부 장관과 작전국장은 연락 두절

"떨어집니다! 막 포탄이 떨어집니다!!"

1950년 6월 25일 새벽 4시 30분, 육군본부 정보국 일직장교 김종 필 중위(훗날 국무총리를 지낸다)는 포천에 있는 7사단 정보처로부터 다급한 전화를 받았다. 김 중위는 북한 인민군의 전면적인 남침이 시 작됐다고 판단했다.

이보다 30분 전인 새벽 4시 경, 북한 인민군 7개 사단 병력이 240 여 대의 탱크를 앞세운 채 일제히 38선을 넘어 파죽지세로 남하하고 있었다.

이날 남한에 있는 미 고문단 500명 가운데 38선에 가까이 있던 장교는 조셉 다리고 대위 단 한 명이었다. 새벽 5시 경 개성 동북쪽 에 있는 그의 집에 포성과 함께 총탄과 파편이 날아들었다. 그는 서

둘러 개성으로 지프차를 몰고 가다 개성역 앞에서 급정거를 했다. 인민군이 끊어진 철로를 이어 기차에 탱크와 차량, 병사 1천 명을 싣고 내려와 개성역에서 하차하고 있었다. 이날 오전 9시에 개성이 함락되었다.

국군 수뇌부는 이때 뭘 하고 있었을까?

대부분 새벽까지 술을 마셔 술이 깨지 않은 상태였다. 그 전날 저녁에 육군 장교클럽 개관식을 기념하는 성대한 댄스파티가 열렸다. 장교클럽 식당에는 채병덕 육군 총참모장을 비롯해 대부분의 사단장들, 육군본부의 참모와 고위 장교 약 50명과 미 군사고문단 장교들이 부인이나 애인을 데리고 참석했다. 파티는 밤 10시에 끝났으나 다수의 참석자들은 2차, 3차 술자리로 자리를 옮겨 새벽까지 술 파티가 이어졌다. 말하자면 한국군은 숙취 상태에서 전쟁을 맞은 것이다.

더구나 이틀 전 계속 유지되던 비상경계령이 해제되어 일선 부대마다 약 1/3에 달하는 병사들이 휴가와 외출을 떠난 상태였다. 북쪽은 은밀히 전선으로 집결해 어둠 속에서 눈을 빛내며 명령이 떨어지기만을 기다리고 있는 반면, 남쪽은 술에 취해 흥청거리거나 부대를 비우고 놀러나간 이상한 조합이었다.

대한민국의 국방을 책임진 채병덕 육군 총참모장은 새벽 2시에 귀가했다가 3시간 후인 5시 경에 보고를 받았다. 채병덕은 억센 평안도 사투리로 육군본부에 명령을 내렸다.

"뎐군에 비상하라(전군에 비상을 걸어라)!"

그러나 이 비상 명령은 제대로 집행되지 못했다. 비상 명령을 집행해야 할 장창국 작전국장이 연락이 되지 않았기 때문이다. 그의 집에는 전화가 가설되어 있지 않았다. 하는 수 없이 서대문 근처에 있다

전쟁이 터지기 1주일 전 38선을 방문한 덜레스 미 국무성 고문(중절모를 쓴 인물)과 신성모 국방장관(그 오른쪽). 신성모는 대한민국 최악의 국방부 장관이었다.

는 그의 집을 찾기 위해 헌병 백차가 달려가 "육군본부 작전국장 장창국 대령님~! 비상입니다!" 하고 가두방송을 하고 다녔다.

　더 한심한 인물은 육해공군을 총지휘해야 하는 국방부 장관 신성모였다. 전군에 비상을 건 채병덕은 신성모 국방부 장관 공관에 전화를 걸었다. 신호는 가는데 받는 사람이 없었다. 채 총장은 국방부 장관 비서실장 신동우 중령에게 전화를 해서 물었다. 신 중령의 설명이 걸작이었다.

　"장관님은 숙소에 계실 것입니다. 그렇지만 장관님은 영국에서 오래 살았기 때문에 일요일에는 아무도 만나시지도 않고 전화도 받지 않으십니다."

　개인이 아닌 공인이고, 나라의 국방을 책임진 국방부 장관이 아무리 일요일이라도 전화를 받지 않는 해괴한 일이 벌어진 것이다.

전쟁이 터져 적들이 포화를 동원하여 몰려오고 있는 다급한 상황에 육군 총참모장이 지프차를 타고 장관 공관까지 직접 찾아가 보고를 하고 비상동원령 선포 재가를 받을 수밖에 없었다. 신성모가 이후 한 일이라고는 국무회의와 국회에 나가 "걱정할 것 없다. 1주일 안에 평양을 탈취할 자신이 있다."고 허위보고를 한 것뿐이었다. 그리고는 이승만 대통령에게 피난 갈 것을 권하고, 이승만이 도주하자 서둘러 수원역으로 달려가 역장실에서 대기한 것밖에 없었다.

국군 통수권자인 이승만 대통령은 전쟁이 터졌을 때 한가롭게 창덕궁의 반도지에서 낚시를 하고 있었다. 그가 한 일은 임시 국무회의를 열어 적에 동조할 것 같은 국민을 재판 없이 처형하라고 명령하고 맥아더 장군에게 항의 전화를 한 것밖에 없었다. 그리고 전쟁 발발 불과 이틀 뒤인 6월 27일 새벽에 정부와 서울 시민을 버리고 도둑놈같이 몰래 남쪽으로 도주했다. 같은 시간에 미국 대사관은 미리 만든 지침에 따라 비전투 미국인 2,001명을 인천항을 통해 모두 안전하게 일본으로 피신시켰다.

인민군 탱크 2대가 국군에게 혼란을 불러일으키다

인민군의 주공은 4개 보병사단과 1개 전차여단으로 구성된 제1군단이었다. 3개 방면으로 진격한 1군단은 의정부와 문산으로 향했다. 여기에 대응해 채병덕 총참모장이 벌인 작전은 후방에서 무질서하게 올라오는 부대를 그저 차례차례 투입한 것이었다. 대오를 정비해 일거에 반격을 가하는 전략 따위는 실종된 것이다.

국군이 패퇴를 거듭한 가장 큰 원인은 탱크를 저지할 무기가 없다는 것이었다. 대전차 로켓이나 지뢰도 없었고 유일하게 보유한

파죽지세로 남하하고 있는 인민군 탱크 부대. 미 공군이 제공권을 장악하면서 힘을 잃게 된다.

57mm 대전차포는 두꺼운 장갑을 두른 소련제 T-34 탱크 앞에서는 무용지물이었다. 전쟁 이틀 만에 의정부를 점령한 인민군이 미아리에 진을 친 국군의 마지막 방어선에 들이닥쳤다.

국군은 27일 밤까지 완강하게 적의 돌파를 저지했다. 하지만 28일 새벽 은밀하게 홍릉 방면으로 진출한 탱크 2대가 혼란을 불러일으켰다. 후방에 나타난 적 전차를 보고 공황 상태에 빠져 미아리 방어선은 이내 붕괴되고 말았다. 돈암동에 나타난 탱크를 목격한 강문봉 대령이 채병덕 총참모장에게 달려와 "적의 전차가 서울 시내에 침입했습니다."라고 보고했다. 아직 인민군 주력은 미아리 고개에 포진하고 있을 때였다.

강 대령의 급보를 받은 채 총참모장은 더 자세한 정황을 확인해 보지도 않고 서둘러 최창식 공병감에게 전화해 "즉시 한강 다리를 폭파하라!"고 명령했다. 채병덕을 비롯한 육군본부 참모들에 이어 이시영 부통령이 한강 인도교를 넘자마자 새벽 2시 30분 경 엄청난 폭음

개전 당시 국군의 주력 대전차병기였던 57mm 대전차포. T-34 전차에 겨우 흠집이나 낼 수 있을 정도의 화력에 불과했다.

과 함께 한강다리가 폭파됐다.

이것마저 절반의 성공에 그치고 말았다. 5개의 한강 교량 중 3개만 파괴되고 나머지는 멀쩡했던 것이다. 이리하여 전쟁이 터지고 난 후 적의 진격을 막기 위해 반드시 폭파해야 했던 임진강 철교와 춘천의 모진교, 서울의 한강 교량이 적의 수중에 넘어갔다.

강북에는 그때까지 국군 6개 사단(1사단, 2사단, 3사단, 5사단, 7사단, 수도사단) 4만 4천 명의 병력이 남아 있었다. 이들은 지휘 체계가 무너진 가운데 중장비는 물론 소총까지 모조리 버리고 후퇴를 해야 했다. 의정부에서 혈전을 벌이던 7사단의 경우 모든 장비를 버리고 한강을 헤엄쳐 건너 겨우 500명의 장병이 기관총 4정만 갖고 한강을 건넜다.

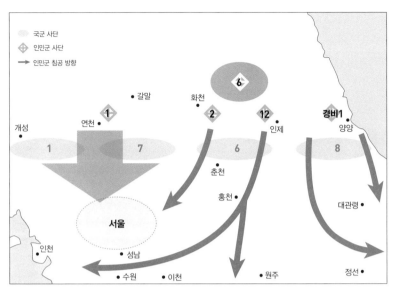

인민군의 침공 방향을 그린 지도. 개성과 철원을 출발한 주력부대가 서울을 점령하는 사이에 춘천과 홍천에서 남하한 부대가 수원으로 진출해 국군을 포위 섬멸한다는 계획이었다. 그러나 국군 6사단이 춘천전투에서 사흘 간 인민군의 공세를 방어함으로써 국군 전체가 포위되는 상황을 막을 수 있었다.

서울방어작전은 사라지고 시민들만 이중고를 겪다

미 군사고문단의 처치 준장은 서울이 위협을 받자 미군이 참전할 때까지 서울에서 적극적인 시가전을 벌이자고 권고했다. 그러나 이 작전을 통합 지도해야 할 대통령과 국방부 장관은 벌써 도주한 지 오래됐고, 육군본부는 성급하게 한강 교량을 폭파함으로써 서울 사수는 허공으로 날아갔다.

인민군은 어떻게 했는가? 인천상륙작전 때 전력이 열세였던 인민군은 서울을 요새화해서 무려 열흘 가까이 방어했다. 그들은 평양 교량을 어떻게 폭파했나? 부끄러운 얘기지만 한국전쟁에서 가장 성공적인 교량 폭파 작전은 인민군이 실시한 1950년 10월 19일 대동강 인도교와 철교의 폭파였다. 그들은 전면 후퇴하는 혼란 속에서도 얼마 남지 않은 인민군을 대동강 북쪽으로 모두 철수시킨 다음 유엔군이 도달하기 직전, 완벽하게 교량을 폭파했다.

고관대작들이 서둘러 도주하고 황급하게 한강 교량을 폭파하면서 서울은 완벽하게 인민군에게 기증되었다. 한강 북쪽에 갇힌 150만 명의 서울 시민들은 3개월 동안 악몽 같은 시간을 보내야 했다. 그런데 이승만과 신성모 등 서울 시민을 버리고 도망갔던 지도자들은 서울이 수복되자 뻔뻔하게도 이번에는 '부역자'를 처단한다며 시민들을 들볶기 시작했다. 서울은 물론 지방의 각 경찰서에는 인민군에게 협조했다는 죄목으로 잡혀온 남녀 시민들로 초만원을 이루었다. 서울에 남아 있던 시민들은 '서자' 또는 '이등 국민', '적으로 의심되는 사람' 취급을 받았다. 심지어는 피난 가지 못한 사람들이 경찰에게 잘 보이기 위해 밤마다 술과 고기를 대접하기도 했다.

피난 갔던 사람들이 남아 있었던 사람들을 등쳐먹는 일도 많았다. 정부를 믿었다가 피난을 가지 못하고 서울에 남았던 작가 박완서는 소설 『그 많던 싱아는 누가 다 먹었을까』에서 그 시절을 이렇게 회고했다.

"그들은 나를 빨갱이년이라고 불렀다. 빨갱이고 빨갱이년이고 그 물만 들었다 하면 사람이 아니었다. 사람이 아니기 때문에 영장이고 나발이고 인권을 주장할 수 없었다. 빨갱이를 색출하고 혼내줄 수 있는 기관은 수도 없이 난립돼 있었다. 이웃이 우리를 계속 수상쩍게 여기는 한 나는 그들의 밥이었다. 그들은 나를 짐승이나 벌레처럼 바라보았다. 나는 그들이 원하는

미 공군의 폭격으로 불타버린 보신각과 그을린 보신각종(1950년 9월).

대로 돼 있었다. 벌레처럼 기었다. 그들에겐 징그러운 벌레를
가지고도 오락거리를 삼을 수 있는 어린애 같은 단순성이 있
었다. …… 빨갱이 목숨은 파리 목숨만도 못했고, 빨갱이 가
족 또한 벌레나 다름없었다."

　그런데 한국전쟁 초기 상황은 왜 이토록 엉망진창이었을까? 전쟁사
가들 사이에 떠도는 참으로 믿기지 않는 이야기가 하나 있다. '전쟁
중인 국가의 국방부 장관이 적의 간첩이라면?' 바로 한국전쟁 당시
국방부 장관이었던 신성모를 두고 하는 말이다. 그의 행동 하나하나
가 대한민국의 불행을 낳았으니 이런 얘기가 나올 만하다.
　인민군이 모든 전선 배치를 마치고 마지막 공격 명령만을 기다리
고 있던 1950년 6월 24일 밤. 채병덕 육군 총참모장을 비롯한 국군
지휘부는 장교클럽의 만찬에 참석해 술에 만취해 들어갔다. 또 2주

일 전인 6월 10일 단행된 인사이동으로 전방 사단장과 육본 지휘부의 대부분이 교체돼 자기 부대 장악과 임무 파악도 못한 상태였다. 더욱 치명적인 조치는 계속 유지되던 비상경계가 6월 24일 새벽 0시를 기해 해제돼 약 1/3에 달하는 장병들이 토요일인 그날 휴가와 외출을 떠나 막사를 벗어나 있었던 것이다.

다음 날인 6월 25일 새벽 4시. 38선 일대에 배치된 인민군 각 부대에 '폭풍'이라는 명령이 하달됐다. 남쪽을 향해 조준한 대포들이 일제히 불을 뿜기 시작했다. 서해 끝 옹진반도에서 동해안 양양에 이르기까지 38선 전체에서 북한군은 동시에 포격을 가했다. 포연이 걷히자 주요 축선으로 탱크를 앞세운 대규모 북한군이 남하하기 시작했다. 국군의 방어선은 순식간에 무너지기 시작했다.

이 와중에 열린 국회 본회의에서 신성모 국방장관과 채병덕 총참모장은 큰소리를 쳤다. 그들은 "적이 남침을 개시했으나 조금도 걱정할 필요가 없다. 군의 고충은 명령이 없어서 38선을 넘어 공세 작전을 취할 수 없는 것이다. 만약 공세를 취한다면 1주일 안에 평양을 탈취할 자신이 있다."고 보고했다.

재미있는 것은 이승만 대통령이 두 사람의 보고를 전혀 신뢰하지 않았다는 사실이다. 이승만의 관심은 빨리 서울에서 도피하는 것과 미국을 끌어들이는 것이었다. 서울 시민의 안위는 안중에도 없었다. 전세가 불리한 것을 깨달은 신성모는 이승만에게 빨리 피신하라고 권한 뒤 이승만이 도주하자 본인도 정신없이 가족들을 데리고 수원역으로 달려가 숨어 지냈다.

육군 본부가 수원으로 이전하자 그제서야 모습을 드러낸 신성모는 이번에는 이승만이 도주한 대전으로 뒤쫓아간다.

국방부 장관이 빨갱이?

이런 혼란 상황이 지나자 신성모나 채병덕이 북한의 간첩이라는 설이 돌기 시작했다. 그렇지 않고서는 전쟁 초기의 엉망진창인 상황을 도저히 설명할 수 없기 때문이었다. 계인주 당시 육군본부 정보국 차장은 회고록에서 "신성모 국방부 장관이 북한과 비밀리에 연락을 취하고 있다."는 보고를 받았다고 회고했다. 부하인 고성훈이 "국방장관 신성모는 빨갱이입니다. 그가 이북의 이극로와 비밀리에 세 번이나 연락을 취했습니다."라고 보고했다는 것이다.

작가 김병권도 "일련의 이적행위들을 살펴보면 누군가 분명히 적과 내통했다는 심증을 얻을 수 있다. 신성모 국방부 장관이나 채병덕 육군 총참모장이 그 혐의를 받을 수도 있다."고 밝혔다. 육군 참모총장을 지낸 정승화 장군도 내부에 간첩이 있었을 것이라고 주장했다. 그는 회고록에서 이렇게 썼다.

> "지금 생각해도 이해할 수 없는 일들이 6.25가 터지기 한 달 전에 연이어 일어났다. 국방의 수뇌부에 적의 스파이가 침투해 있었다는 가정이 아니고는 도저히 설명할 수 없는 일들이 연이어 발생했다."

필자가 보기엔 이들이 적의 스파이라고 단정하는 것은 무리다. 오히려 인민군의 기습적인 남침을 감당하기에는 당시의 대통령, 국방부 장관, 육군 총참모장의 대처 능력이 가장 큰 문제였다. 이승만 대통령은 총 한 번 잡아보지 못한 백면서생이고, 신성모는 상선 선장 노릇이나 하던 뱃사람이니 전쟁이라는 초유의 위기 상황을 맞았을 때

인민군에게 밀려 후퇴하다 지쳐 쓰러진 국군 병사들.

그저 도망가기에 바빴다. 채병덕 총참모장은 일본 육사를 졸업했다지만 전투 부대를 지휘해본 적은 한 번도 없는 병기 전문 장교에 불과했다. 국방이나 전략 전술을 전혀 모르는 이들에게 한국전쟁은 감당하기엔 너무나 벅찬 거대한 재앙이었다.

　한국전쟁은 동족상잔의 비극인 동시에 전쟁이라는 국가 최대의 위기 상황에서 국민들의 안위를 책임져야 할 리더의 능력이 얼마나 중요한지를 생생하게 보여주는 뼈아픈 교훈이었다.

4.

"대통령인 내가
사과를 왜 하나?"

— 대통령은 야반도주, 고관대작들은 피난 경쟁

소련의 지도자 스탈린은 모스크바 코앞까지 쳐들어온 독일군에 맞서 후퇴를 거부하고 자리를 지켰다. 그러나 대한민국 초대 대통령 이승만은 전쟁이 터진 지 불과 이틀 만에 서울 시민들 몰래 새벽에 측근 몇 명만 데리고 황망히 서울을 떠나 남쪽으로 도주했다. 한 나라의 대통령이라는 사람이 전쟁이 터지자 국민들을 내팽개치고 혼자 야반도주를 해버린 것이다.

1950년 6월 25일 새벽 4시, T-34 탱크 240여 대를 앞세운 인민군 7개 사단 9만 명이 38선을 넘어 기습남침을 시작했다. 국군의 방어선은 모든 전선에 걸쳐 맥없이 붕괴되었다. 이날 오후 2시에 열린 국무회의에서 채병덕 육군 총참모장은 후방 사단을 전선으로 보내 반격을 가하면 격퇴할 수 있다고 큰소리를 쳤다.

이틀 뒤인 6월 27일 새벽 1시에 국회 본회의가 열렸다. 의원들은 210명 중 절반밖에 출석하지 않았다. 의원들은 '국회는 일백만 애국시민과 같이 수도를 사수한다'는 결의안을 가결했다. 신익희 국회의장과 조봉암 국회부의장이 대표로 이승만 대통령에게 결의안을 전하기 위해 경무대로 갔다. 그러나 이 대통령은 이미 떠나고 없었다.

야반도주한 대통령, 미국도 모르고 국회도 몰랐다

이승만은 국회 본회의가 한창 열리고 있었던 시각인 새벽 3시 반, 남행열차에 탑승했다. 피난 일행은 부인 프란체스카와 경무대 경찰서장 김장흥, 비서 황규면, 경호경찰 등 달랑 6명이었다. 아마 한민족 역사상 국가원수로는 가장 초라한 규모의 피난 행렬이었을 것이다. 이승만이 탄 특별열차는 기관차에 객차 두 량이 달린 낡아빠진 3등 열차였다. 유리창은 깨져 있어 바람이 들어왔고, 의자는 시트조차 없는 나무의자였다.

이승만의 야반도주는 극비사항이었다. 신성모 국방장관과 경무대 일부 비서진을 제외하고는 아무도 몰랐다. 국회의장과 대법원장, 무초 주한 미 대사, 군 최고지휘관들도 전혀 몰랐다.

새벽의 서울 거리를 바라보는 이승만 뇌리에 무초 대사와 나눈 대화가 떠올랐다.

"내가 만약 공산주의자들에게 잡히면 한국에는 재앙이야."

무초는 무뚝뚝하게 "결심은 각하 스스로 하시는 것입니다만 저는 여기 서울에 머물겠습니다."라고 말하며 자리를 떴다. 속이 상한 이승만은 서울을 떠날 때 미 대사관에도 알리지 않았다. 동이 트자 국무회의에 참석하기 위해 경무대를 찾은 장관들은 그제야 대통령의

끊어지지 않은 한강 철교를 미 공군이 폭격하고 있다.

야반도주 사실을 알았다.

'수도 사수'라는 지킬 수도 없고 의지도 없는 결의를 하고 집에 돌아온 국회의원들은 가족들을 데리고 촌각을 다투며 서울 빠져나가기 경쟁을 벌였다. 어떤 국회의원은 국회 본회의 도중에 집에 전화를 걸어 피난 갈 채비를 하라고 미리 일러두기도 했다. 수도 사수 결의안을 접수할 정부가 도망친 것을 안 신익희와 조봉암은 국회로 돌아와 이 사실을 알리고 산회를 선포했다.

의원들은 술렁거리며 집으로 달려가 짐을 꾸리기 시작했다. 신익희 국회의장마저 참모인 윤길중에게 "자네를 두고 내가 혼자 가겠느냐?"고 안심을 시키고는 아무런 연락도 없이 가족과 함께 서울을 빠져나갔다. 한편, 대통령의 도주 사실을 뒤늦게 안 장관과 고위 공무원들도 시민 안위에 대한 아무런 대책도 세우지 않고 가족들만 데리고 서둘러 한강을 넘었다.

한국전쟁이 발발한 후 서울 시민이 들은 정부의 공식 발표는 모두 여섯 차례였다. 국방부 담화문이 6월 25일 정오에, 무초 미국 대사의 입장 발표가 6월 26일 새벽 6시에, 신성모 국방부 장관의 생방송이 같은 날 아침 8시에 발표됐다. 이어 이승만 대통령의 담화가 6월 27일 밤 10시부터 11시까지 3번이나 반복 방송되었다.

가장 악영향을 끼친 것은 이승만 대통령의 담화였다. 그는 피난 간 대전에서 (자신이 서울에 있는 것으로 위장하고) 녹음한 연설을 통해 "유엔이 우리를 도와 싸우기로 작정했고, 침략을 물리치기 위해 군수와 물자를 날라 도우니까 국민들은 굳게 참고 있으면 적을 물리칠 수 있으니 안심하라."고 말했다. 이 방송을 듣고 피난 보따리를 싸들고 길을 나서려던 많은 서울 시민들이 도로 짐을 풀고 주저앉았다.

그러나 이승만은 이날 새벽 3시에 이미 경무대를 빠져 나와 서울역에서 특별기차를 타고 남쪽으로 내려간 상태였다. 대구까지 내려갔다가 "지나치게 멀리 왔다."는 지적에 따라 열차를 되돌려 대전에서 내렸다. 충남지사 관사에 여장을 푼 이승만은 태연하게 방송국에 전화를 걸어 담화문을 녹음한 것이었다.

정부 고관과 국회의원들의 '탈출 경쟁', 국민은 안중에도 없었다

대통령이 도망간 것을 확인한 신성모 국방장관이 27일 오후 2시에, 채병덕 육군 총참모장이 다음날 새벽 2시에…… 군 지휘 라인에 있던 인물들이 '끗발' 순으로 한강을 넘은 후 한강 다리가 끊겼다. 채병덕은 미아리에 인민군 탱크가 들어오던 무렵 "적의 전차가 시내에 들어왔다."는 잘못된 보고를 받고는 다리를 폭파하라는 지시를 내린 후 서둘러 한강을 건넜다. 대통령의 거짓 방송에 안심하고 잠자리에 든 서울 시민들은 새벽을 뒤흔드는 엄청난 폭발 소리에 잠에서 깼다. 한강 다리가 끊기는 소리였다.

한국전쟁 발발 사흘 뒤인 1950년 6월 28일 새벽 2시 30분 한강 인도교 남쪽.

국군 공병감 최창식 대령으로부터 명령을 받은 장교 3명은 이시영 부통령이 한강을 건너가자 도화선 4개에 불을 붙였다.

쾅―!

쾅―!

쾅―!

쾅―!

먼저 한강철교 네 군데에서 엄청난 폭발음과 함께 하늘에 큰 화염이 일었다. 10분 후에는 한강인도교 북쪽 두 번째 아치가 폭파되었다. 그 순간에 한강 인도교를 건너가던 트럭들과 사람들이 산산조각 나면서 한강으로 날아갔다. 남아 있는 다리 위에는 시체와 부상자가 즐비했다.

당시 강을 건너기 위해 인도교에 가까이 있었던 어느 특파원은 "지프차에서 도강을 기다리고 있는데, 갑자기 하늘이 노랗게 오렌지 색깔의 큰 화염으로 밝아지고 굉장히 큰 폭발 소리가 들리면서 우리가 탄 지프가 4~5미터나 공중으로 올라 날아갔다."고 회고했다.

폭파 장면을 목격한 미 군사고문단은 50여 대의 차량이 파괴되고, 500~800명의 인명이 희생됐을 것으로 추정했다. 당시 밀려드는 인파와 차량을 헌병들이 통제하면서 주로 군인과 경찰을 통과시켰기 때문에 민간인 희생자는 많지 않았다. 희생된 사람 가운데 유일하게

파괴되지 않은 철교를 이용하여 한강을 도하하는 인민군 기갑부대. 그들은 마음만 먹었다면 즉시 한강을 건널 수 있었다.

확인된 경우는 종로경찰서 직원 77명뿐이다.

인민군이 들어오기도 전에 폭파된 한강 다리

한강 다리가 끊기자 병사들은 제각각 배를 마련해 강을 건넜다. 이렇게 많은 인명 피해를 보면서 다리들을 폭파했는데 결과는 어땠을까? 한강의 다리들은 모두 파괴된 것이 아니었다. 한강 인도교와 경인철교 하행선, 경부복선철교 상행선은 완전히 끊겼지만, 경인철교 상행선과 그 옆에 있던 경부복선철교 하행선은 온전했다. 2개의 다리에 설치한 폭약이 폭발하지 않은 것이다.

인민군은 이들 다리를 이용해 사흘 후 한강을 넘어갔다. 미군은 6월 29일부터 이틀 동안 B-26 경폭격기를 동원해 한강철교를 맹폭격했지만 절단에 실패했다. 공식적으로 철교가 폭격기에 의해 완전히 끊어진 것은 7월 16일에 가서였다.

서울 방어의 중핵인 의정부 지구에서 지휘관들에게 명령을 내리고 있는 채병덕 육군 총참모장(가운데 철모를 쓴 뚱뚱한 인물).

이렇게 해서 서울 시민 대부분이 고립돼 인민군 손아귀에 넘어갔다. 또한 이렇게 나만 살겠다고 이웃을 버리고 도망친 인물들이 인민군이 물러가자 미처 피난 못 가고 남아 있던 시민들을 대상으로 '부역자 처단'에 나섰다.

서울 시민을 버리고 피난길에 나선 정부 요인들은 대통령이 대전에 있다는 소식을 듣고 일제히 대전으로 몰려들었다. 이승만은 충남 도지사 공관을 숙소로 정하고, 이시영 부통령을 비롯한 대부분의 고위 공무원들은 대전 시내에 있는 여관 〈성남장〉에 모였다. 〈성남장〉은 부지 약 3천 평에 건평 200평으로 대전에서 가장 큰 여관이었다. 하지만 아무리 큰 여관이라도 300명이 넘는 각료와 국회의원, 고급 관리, 장군, 재계 인사들이 한꺼번에 묵었으니 혼잡할 수밖에 없었다. 〈성남장〉 여주인 김금덕 씨는 이른바 사회지도층이라는 이들의 행태가 얼마나 꼴불견이었는지를 회상했다.

> "마당에는 그들이 타고 온 승용차가 80대 이상 주차해 있었
> 고, 그들 중에는 가재도구에다 키우는 개까지 데려온 사람들
> 도 있었다. 이시영 부통령은 다른 반찬이 있어도 김치와 찌개
> 만을 먹고 검소하게 처신을 해서 훌륭한 인품을 보였지만, 반
> 찬 타령을 하면서 맛있는 요리를 내오라는 사람들도 있었다.
> 이들은 모여 앉아 전시의 위급 상황에 대한 대책을 논의하지
> 않고 자신들의 안전한 피난 방책 얘기만 나누고 있었다."

중국 대륙에서 풍찬노숙하며 독립운동을 하던 이시영 부통령과 대다수가 친일파로 구성된 고관대작들의 행태가 극단적인 대조를 보인 광경이다.

7월 1일 이승만은 서울에서 그랬듯이 다시 한 번 비밀리에 숙소인 충남도지사 공관을 떠나 이리~목포를 거쳐 배를 타고 부산으로 향했다. 대통령이 떠났다는 소식을 들은 정부 요인들도 서둘러 대전역을 통해 빠져나갔다.

대통령과 정부 고위 인사들이 아무도 모르게 도망쳤다는 소식을 들은 대전 시민들은 공황 상태에 빠졌다. 서울 시민을 버린 것처럼 대전 시민들도 아무 대책 없이 버려진 것이다. 임시수도였던 대전은 무정부 상태로 빠져들었다. 시민들이 아우성치며 탈출하는 사이에 군경은 대전형무소에 있는 1,800여 명의 좌익 사건 연루자들을 연일 처형하고 있었다.

여차하면 일본이나 제주도로 도망치려는 지도층 인사들

부산으로 몰려든 상당수 고위층과 부유층 인사들은 대구마저 위협을 당하자 배를 구해 위급할 것 같으면 일본으로 도망칠 계획을 세워놓고 있었다. 이미 일부는 제주도로 도주한 상태였다. 부산에서 가까운 다대포, 송도, 영도 등의 항내에는 피난 나온 정치가와 실업가, 고위 장교들이 도망칠 때 필요한 선박과 선원을 찾느라 아우성이었다. 제1사단 13연대장 김익렬 대령은 "출항하려는 한 척의 배를 정지시키고 조사해보니 그 배에 타고 있던 사람들은 국회의원 10명과 고급장교 10여 명, 그리고 그들의 가족들이었다."라고 회고했다.

일본으로 밀항하는 것을 이른바 '돼지몰이'라고 불렀다. 밀항 주선 비용은 1인당 50만 원, 나중에는 100만~150만 원으로 올라갔다. 밀항을 위한 선박 대절비는 500만~1천만 원까지 부르고 있었다. 기독교 지도자들도 예외가 아니었다. 이들의 추태를 보면서 고(故) 강원룡 목사는 '과연 기독교 신앙이란 무엇인가?'라는 자괴심에 빠졌다고 고백했다. 길지만 모두 인용해보자.

"1.4후퇴 이후 대구는 물론 부산 함락도 시간문제라는 비관적 전망이 돌고 있었다. 아무래도 위험하니 교역자들을 제주도로 피난시킨다는 계획이 수립되었다. 미국이 큰 수송선 하나를 내줘 우선 목사와 그 가족들을 제주도로 옮기기로 했다. 내가 NCC(기독교회협의회)에서 활동하고 있어 수송선에 탈 목사와 가족들을 인솔하는 책임을 맡게 되었다.

그러나 부둣가에 도착하자 눈앞에 전개되고 있는 전혀 예상 밖의 상황에 그만 입을 딱 벌리게 되었다. 그것은 말 그대로 아비규환의 아수라장이었다. 어떻게 알았는지 장로들까지 몰려와 '어떻게 목자들이 양떼를 버리고 자기들만 살겠다고 도망칠 수 있느냐?'면서 달려들어 수송선은 서로 먼저 타려는 목사와 장로들, 그 가족들로 마치 꿀단지 주변에 몰려든 개미떼처럼 혼잡의 극을 이루고 있었다.

심지어는 자기가 타기 위해 올라가는 사람을 끌어당기는 사람들도 있었고, 여기저기서 서로 먼저 타기 위해 욕설과 몸싸움이 난무했다. 난장판이 되자 헌병들이 와서 곤봉으로 내리치며 질서를 잡으려고 해도 사태는 나아지지 않았다. 사람들은 곤봉으로 두들겨 맞으면서도 '이 배를 놓치면 죽을지 모른다'는 생각 때문에 필사적으로 배에 달려들었다.

다른 사람도 아닌 목사들과 장로들이 서로 자기만 살겠다고 그런 추악한 모습을 보이고 있었다. 지옥이라는 것이 별 게 아니었다. 천당에 가겠다고 평생 하나님과 예수님을 믿어 온 그 사람들이 서로 먼저 배를 타기 위해 보여준 그 광경이 바로 지옥이었다."

한강 다리가 끊기자 대다수의 서울 시민들과 상당수의 국군, 엄청난 전쟁물자가 북한군의 수중에 떨어졌다. 폭파 직후인 7월 초 주한 미 군사고문단이 조사한 결과, 전쟁 발발 당시 9만 8천 명이었던 국군이 5만 4천 명으로 줄었다고 한다. 전쟁이 터지고 1주일 사이에 절반에 가까운 4만 4천 명의 병사를 잃었다는 얘기다. 또 미 극동사령부의 전방지휘소 처치 준장은 6월 29일 전선을 시찰하러 수원에 온 맥아더 장군에게 한국군이 2만 5천 명에 불과하다고 보고했다. 전쟁 발발 나흘 만에 남은 병력이 1/4로 줄었다는 보고다.

군사전문가들은 인민군이 서울역 등 시내 중심가로 들어선 것을 28일 낮 12시 정도로 보고 있다. 따라서 6~8 시간 정도 여유가 있었는데도 폭파를 서두른 이유를 알 수 없다고 지적하고 있다. 너무 서둘렀던 폭파 때문에 서울 시민 대부분은 물론 최소한 1만 명에 달하는 군사력을 잃은 것으로 추정되고 있다.

한강 다리 폭파에 대한 비난이 일자 이승만 정부는 서둘러 속죄양을 찾았다. 군사 작전의 총책임자인 채병덕 전(前) 육군 총참모장이 하동전투에서 전사했기 때문에 그의 지시를 받고 다리를 폭파한 최창식 공병감이 책임을 뒤집어쓰고 체포됐다. 그는 1950년 9월 16일 '적전비행'이라는 죄목으로 부산에서 총살되었다.

폭파의 책임은 당시의 지휘 체계로 본다면 대통령 이승만 → 국방부 장관 신성모 → 국방부 차관 장경근 → 육군 총참모장 채병덕 → 육군 참모부장 김백일로 내려가야 하는데 최말단 실무자에게 모든 책임을 떠넘긴 것이다.

최창식 대령의 부인은 12년 후에 재심을 청구했다. 최 대령은 군법회의 판결 재심을 거쳐 1964년 무죄를 선고받아 사후 복권되었다. 그것으로 사건은 흐지부지되면서 역사적 심판으로 숙제를 남겼다.

"내가 왜 국민 앞에 사과해?"

한편 간신히 서울을 빠져나온 국회의원 50여 명은 이승만 대통령의 대국민 사과문 발표를 결의했다. 대통령이 국방을 등한시하고 정부가 경솔하게 행동해서 서울 시민과 국민들을 전란의 회오리에 몰아넣었다는 점을 지적했다. 이 같은 결의를 전달하기 위해 이승만을 찾

서울 시내로 들어오고 있는 인민군 탱크 T-34. 2차대전 당시 독일군을 상대로 맹위를 떨친 소련제 무기다.

아간 신익희 국회의장과 장택상·조봉암 부의장은 천만뜻밖의 말을 들었다.

"내가 왜 국민 앞에 사과해? 사과할 테면 당신들이나 하세요!"

이승만은 화를 버럭 내며 자리를 박차고 나가버렸다.

국가 비상사태가 발생하면 최고 지도자가 피난을 갈 수는 있다. 임진왜란 때 선조 임금은 이승만처럼 야반도주한 것이 아니라 신하들과 격론을 벌인 끝에 공개적으로 피난을 떠났다. 신하들도 명나라에 구원을 요청하고 그들을 안내하고, 식량을 조달하는 역할을 마다하지 않았다. 선조의 아들들은 전국에 흩어져 병사를 모으느라 고생을 했다. 지방의 유력한 선비들은 가산을 털어 의병을 모아 왜군과 전투를 벌였다. 한국전쟁 때처럼 추한 행태를 보인 지도자들은 많지

한국전쟁 당시 국회의장이었던 신익희. 이승만의 사과문을 받는 데 실패한다.

않았다. 신생 대한민국은 왜 이 같은 의로운 기상이 사라졌을까? 심
지어 이토록 파렴치한 행태를 보인 최악의 지도자 이승만을 대한민국
의 '국부(國父)'라고 칭하는 사람들이 적지 않다는 사실이 불가사의할
따름이다.

무자비한 폭격,
지도에서 사라진 평양

_ 미군의 무차별 폭격으로 불바다로 변한 북한

1950년 6월 27일 저녁. 도쿄에 있는 맥아더 장군은 제5공군사령관 패트리지에게 퉁명스럽게 명령을 내렸다.

"당장 폭격기를 한반도로 출동시켜 앞으로 36시간 동안 모든 폭탄을 북한군에게 쏟아부어라."
"지형도 모르고 한국군과의 교신이 안 돼 적군과 아군을 구분할 수 없습니다."
"어쨌든 38선과 전선 사이에서 움직이는 건 다 폭격해. 미군이 왔다는 걸 알면 북한군은 제자리로 돌아갈 거야."

1950년 7월 7일 김일성 내각수상 사무실. 끊임없이 전화벨 소리가 울리는 가운데 김일성 수상이 슈티코프 평양 주재 소련 대사에게 언성을 높였다.

> "사방에서 전화로 미 공군의 폭격과 대규모 파괴에 대해 보고한다. 왜 소련은 공군을 안 보내는 건가? 정말 힘들다!"

당시 전황은 북한군이 오산에서 미 육군 선발대를 궤멸시키면서 쾌속으로 대전으로 남하하는 중이었다. 급하게 출동한 미군 폭격기들은 여의도비행장이나 서울역, 한강 교량 등 요충지에 폭탄을 투하하는 등 전과를 올리기도 했지만, 한국군을 북한군으로 오인해 많은 희생자가 발생했다. 당시 제1사단장이었던 백선엽 장군은 "임진강 방어선에서 철수하다 문산에서 B-26 경폭격기가 우리 부대를 폭격해 많은 사상자가 생겼다."고 회고했다.

미 공군의 폭격, 인정도 사정도 없었다

한국전쟁 발발 이후 휴전이 성립되기까지 약 3년 동안 미 극동공군사령부는 단계적으로 폭격의 강도를 높였다.

처음에 미군의 폭격은 남하하는 북한군이나 산업시설, 군수창고, 유류저장소, 도로·철도·항만 등 북한의 전투력에 기여하는 곳에 집중되었다. 그러나 구름 위 높은 곳에서 B-29 중폭격기가 쏟아 부은 폭탄이 목표물에 정확히 맞을 리가 없었다. 1950년 7월 13일 B-29 중폭격기 56대가 참가한 원산 폭격에서는 주택가에 폭탄이 떨어져 1,249명이 희생되었다. 이 가운데 195명이 여성, 125명이 어린이, 122명이 노인이었다.

그러나 북진하던 유엔군이 대거 참전한 중국군에게 참패하자 폭격의 양상이 달라졌다. 맥아더 장군은 1950년 11월 5일 중대한 명령을 내렸다.

"수력발전소를 제외하고 북한의 모든 도시와 마을을 군사 목표로 삼아 초토화시켜라."

미군 폭격의 두 번째 단계였다. 이때 등장한 폭탄이 2차대전 때 독일과 일본을 불바다로 만든 소이탄과 네이팜탄이었다. 가솔린이 섞인 이 폭탄들은 터졌다 하면 지름 약 45미터 이내의 지역을 모조리 불태웠다. 이때부터 유엔군 진지 북쪽에서부터 압록강과 두만강 사이의 모든 지역이 불길에 휩싸이게 된다. 독일과 일본의 대도시와 중소도시를 대상으로 했던 2차대전과 달리, 북한에서는 아주 작은 시골 마을까지 모두 불살라버렸다. 폭격의 패턴은 먼저 중폭격기가 도시를 잿더미로 만들면 이어 전폭기가 나타나 화재 진화를 못하도록 기총소사를 하고 시한폭탄을 뿌렸다.

미군 폭격의 세 번째 단계는 휴전회담이 시작된 1951년 여름부터였다. 전선이 교착되자 미 공군은 전선으로 보내는 보급을 끊기 위해 북한 전역을 연결하는 철도망을 파괴했다. 마지막 단계에서는 포로송환 문제로 휴전 협상이 중단되자 적에게 압력을 가하기 위해 모든 민간인들에게 무차별 폭격을 가했다. 동시에 그때까지 폭격 대상에서 제외시켰던 수력발전소와 논농사에 필수적인 저수지를 대거 파괴하기 시작했다. 수풍발전소를 시작으로 부전·장진·허천발전소 등이 무너졌다. 곡창지대인 해주의 경우 저수지 20곳에 폭탄이 떨어지면서 둑이 파괴돼 마을이 물에 잠기고 벼농사가 중단되었다.

전쟁 중 포로로 잡혔다가 휴전협정 체결 후 석방된 미 24사단장

1950년 9월 미 공군의 B-26 경폭격기가 전북 이리조차장을 폭격하고 있다.

딘 장군은 "희천 시가지를 보고 놀랐다. 도로와 2층 건물로 이뤄진 도시가 사라졌다. 건물은 공터 아니면 돌무더기만 남았다. 사람들로 가득한 도시가 텅 빈 껍데기로 변했다."고 회고했다.

　폐허가 된 도시, 주민들 가슴에는 '증오'만 남았다

　필자의 아버지는 중공군의 개입으로 1951년 1월 4일에 유엔군이 서울을 포기하고 후퇴할 때 개성에서 피난 내려온 실향민이다. 언젠가 아버지께 여쭤본 적이 있다.

　"왜 고향을 두고 내려왔습니까?"

　"공산당도 싫었지만 그 무시무시한 폭격이랑 원자폭탄이 더 무서웠지."

　유엔군의 후퇴와 함께 남한 주민의 1차 피난에 이은 북한 주민의

2차 피난이 시작되었다. 그러나 폐허 속에 남겨진 북한 주민들의 가슴속에는 배고픔과 함께 깊은 원한이 자리 잡았다. 한반도에서 가장 친미적이고 기독교가 번성했던 평양 일대 서북 지역은 '반미'의 중심지로 탈바꿈했다. 지금도 북한에서 가장 심한 욕이 '미제 승냥이놈'이다. 탈북자들은 모두 어린 시절 유치원과 인민학교에서 '미국 놈 때리기' 놀이를 했다고 증언했다.

북한 폭격에 대해 기념비적인 저서인 『폭격』(2013)을 쓴 김태우 서울대 평화연구소 HK연구교수는 "어린 시절 강원도 출신인 할머니에게 전쟁 때 제일 무서운 경험이 무엇이었냐고 물었다. 할머니는 '폭격이었지. 굴뚝에서 연기가 날 때마다 폭격하는 것 같더라. 그 이후로 제대로 밥을 해먹을 수 없었어'라고 회고하셨다."고 밝혔다.

2014년 9월을 기준으로 할 때 대한민국의 터널 뚫는 기술은 세계 최고다. 반면 북한은 땅굴 파는 기술이 세계 1위다. 그 기술은 세계 곳곳에 수출되고 있다. 북한의 평양 지하철을 비롯해 주요 시설은 땅굴 안에 숨어 있다. 그 기술의 배경은 한국전쟁 때 북한에 쏟아부은 미 공군의 무자비한 폭격에서 찾아야 한다. 한국전쟁 당시 폭격의 상처 때문에 인민군이 세계 최강의 땅굴 군대로 거듭난 것이다.

미군에게 제공권을 빼앗겨 곤경에 처한 김일성은 소련에 도움을 청했다. 한국전쟁을 일으킬 당시 인민군은 소규모의 공군밖에 없었다. 이마저 개전 초기 미 공군의 공습으로 궤멸되었다.

1950년 9월 29일 김일성은 스탈린에게 전보를 보내 항공 전력 지원을 요청했다.

"1천 대가 되는 여러 종류의 항공기들이 우리 북조선의 저항

1950년 8월 28일 폭격을 당하기 전의 함경북도 성진제철소(위)와 폭격이 끝난 성진제
철소 모습(아래).

을 받지 않고 제공권을 장악해 전선과 후방에서 매일 밤낮없이 공격하고 있습니다. 적의 비행부대는 철도와 도로, 전신과 전화 통신망, 교통 수단과 기타 목표물을 자유롭게 공격하고 있습니다. 아군은 작전 활동은 물론 부대의 자유로운 기동조차 불가능한 상황에 처해 있습니다. 아군 부대에 필요한 물자를 공급하고 전선에 대한 부단한 보급을 유지하려면 무엇보다 먼저 어느 정도 제공권을 장악해야 합니다."

김일성과 중공군의 거듭된 요청에 따라 스탈린은 만주에서 발진하는 미그기 부대를 보냈지만 평양~원산 이남 지역의 비행은 엄격히 금했다.

이로부터 49년 후인 1999년 12월 16일 한 통의 편지가 유엔 안전보장이사회에서 배포되었다. 「S-1999편지 42호」라는 이 공식 문건은 유엔 주재 북한 상임대표가 유엔 사무총장에게 전달한 것이다. 북한은 이 서한을 통해 한국전쟁 당시 미군이 북한 지역에서 190만 명의 주민을 학살했다고 주장했다. 북한이 전쟁 피해자 규모를 공식 문서를 통해 분명하게 제시한 것은 그때가 처음이었다.

이 문건에서 북한은 1950년 10월부터 12월까지 유엔군 점령 시기에 희생된 민간인 17만 명을 제외하고도 173만 명의 전쟁 희생자가 더 있다고 주장했다. 군사 전문가들은 이 희생자의 상당수가 전쟁 내내 북한에 쏟아 부은 미 공군의 폭격 때문에 발생한 희생일 것으로 추정하고 있다. 항구 도시인 원산의 경우 공군의 폭격에다 항구 도시라는 특성이 겹쳐 미 해군의 함재기 폭격과 전함, 순양함 등의 함포사격까지 추가돼 더 이상 파괴할 시설을 찾아볼 수 없을 정도로 쑥

폐허가 된 평양 시가지. 미군의 무차별 폭격은 평양 시민들에게 공포와 증오심을 동시에 심어 놓았다.

대밭이 되었다.

어떻게 이런 야만적인 작전이 벌어졌을까?

앞에서 말했듯이 전쟁 초기에 유엔군 사령관 맥아더는 미 대통령과 국무부의 지시에 따라 북한의 인구 밀집 지역에 대한 소이탄 공격을 엄격히 금했다. 그러나 중공군이라는 새로운 적이 한반도에 등장하고, 미 지상군이 연전연패를 당하자 지체 없이 북한 민간인 주거 지역을 향한 '초토화 작전' 개시를 명했다. 맥아더는 미국의 이해가 훼손되고 전쟁 영웅인 자신이 전쟁 패배의 책임자로 몰리자 망설임 없이 '한국 민간인'들을 희생양으로 위기를 돌파하고자 한 것이다.

미 대통령과 국무부를 포함한 워싱턴의 정·군의 핵심 인사들은 하나같이 맥아더의 선택에 침묵으로 동조했다. 당시 합참본부는 "미국의 국익 차원에서 볼 때 한반도 분쟁을 국지화하는 게 결정적으로 중요하다."고 주장하면서 이 작전에서 발생할 수 있는 중국이나 소련 지역에 대한 오폭만을 경계했다.

1952년 초에 김일성과 박헌영은 '전쟁을 더 이상 계속하는 것을 원치 않는다'는 북한 지도부의 공식 입장을 중공군 지도부에 전달했다. 미군의 폭격으로 인한 북한 지역의 피해가 이미 감당할 만한 수준을 넘어섰다고 판단했기 때문이다. 그러나 중국의 반대에 부딪히면서 이 문제는 공산권 내부에서 격렬한 갈등을 불러일으켰다. 이들이 논쟁을 벌이는 사이에 북한 전역은 불바다로 변하고 있었다. 중국과 소련을 믿고 전쟁을 개시한 북한 지도부가 치러야 할 남침의 대가는 혹독했다.

6.
중공군,
압록강을 건너다

_ 소련의 공군 지원 확약 없이 한국전쟁에 참전한 마오쩌둥

인민군이 파죽지세로 부산으로 진격하던 1950년 7월 초, 지도를 들여다보던 마오쩌둥은 중요한 사태를 예견했다.

"맥아더는 상륙작전의 귀재다. 그는 여기 서울 바로 옆인 인천에서 상륙작전을 벌일 것이다."

마오쩌둥은 이 예측을 저우언라이 수상을 통해 스탈린과 김일성에게 통보했다.

"미군이 인천상륙작전을 감행할 가능성을 고려하여 인천 후방에 강력한 방어선을 구축할 필요가 있다."

그러나 당시 승리에 취해 있던 북한 수뇌부는 이 귀중한 충고를 묵살했다. 부산으로 진격하던 인민군은 1950년 9월 15일 유엔군의 인천상륙작전에 이어 9월 28일 서울 수복으로 궤멸 위기에 놓였다.

남한에 진주한 모든 인민군이 일제히 북쪽으로 도주하기 시작했다. 맥아더 사령관은 10월 1일 북한에 항복 권고 방송을 하고, 유엔군에게는 북한 전역을 점령하라는 작전 명령을 내렸다.

1950년 10월 1일, 중화인민공화국 수립 1주년인 그날 북한의 김일성과 박헌영은 마오쩌둥에게 친서를 보냈다. 뜯어보니 중화인민공화국 수립 1주년을 축하하는 축전이 아니라 중공군의 참전을 다급하게 요청하는 내용이었다. 이들은 "38선이 위험하다. 우리 힘으로는 위기를 극복할 능력이 없다. 조선 땅에 들어와 작전을 펴달라."고 애걸했다.

같은 날 동해안에 있는 국군 제3사단의 23연대가 38선을 돌파하고 북쪽으로 진격하기 시작했다. 이어 10월 9일 서부전선의 미8군도 38선을 돌파해 북쪽으로 진군했다.

마오쩌둥, 사흘 낮밤의 고뇌

스탈린과 김일성, 박헌영이 합의해 시작하기로 한 한국전쟁은 마오쩌둥에게 고뇌를 안겨 주었다. 마오쩌둥은 처음에는 한반도에서의 전쟁 발발을 탐탁지 않게 생각했다. 그에게는 무엇보다 대만 해방이 중요했기 때문이다.

그럼에도 중국공산당 중앙정치국 상무위원회에서 마오쩌둥은 "조선의 형세가 이토록 엄중한 때에 이제 출병을 할 것인지 안 할 것인지가 문제가 아니라 출병 시각과 누구를 사령관으로 삼을 것인가가 문제"라고 말했다. 사실상 참전 의지의 표명이었다.

그러나 중국 수뇌부의 결정은 대다수 공산당 지도자들의 반대에 부딪쳤다. 정치국원들은 "신중국이 수립된 지 얼마 안 된 만큼 국내

1950년 10월 5일에 열린 중국 공산당 정치국 확대회의에서 펑더화이(서 있는 이)가 한반도 출병을 주장하고 있다.

건설에 몰두해야 하고, 또 적은 강대한 미국이니 만큼 대외전쟁은 할 수 없다."고 주장했다.

그러나 참전할 지원군 사령관으로 내정돼 급거 소환된 펑더화이(彭德懷) 장군의 격렬한 주장이 분위기를 바꿨다. 그는 "적이 조선반도 전체를 점령한다면 그것은 우리나라에 막대한 위협이 된다."면서 "패할 경우 기껏해야 해방 전쟁의 승리를 몇 년 늦춘 셈으로 치자."고 역설했다. 결국 중국 지도자들은 파병을 결정했다. 이 과정에서 마오쩌둥은 "사흘 낮밤에 걸쳐 방안을 오락가락하면서 사색했다."고 회고할 정도로 고민을 거듭했다.

그러나 일단 결정이 내려지자 스탈린보다 더 적극적으로, 그리고 동지적 관점에서 북한을 지원하고 격려했다. 마오쩌둥은 펑더화이에

미 해군 전함 미주리함이 1951년 함흥 해역에서 함포를 발사하고 있다. 해·공
군이 없는 인민군과 중공군은 속절없이 당해야 했다.

게 10월 15일 압록강을 건너갈 수 있도록 준비하라고 지시했다. 그
리고는 스탈린과 김일성에게 전보를 보내 이 같은 결정을 통보하면서
비밀 업무를 수행하기 위해 저우언라이와 린뱌오가 스탈린이 머물고
있는 소치(흑해 연안의 휴양지)로 출발한다고 통보했다. 저우언라이의
비밀 업무란 미국과의 전쟁에 꼭 필요한 무기 제공과 공군 지원의 약
속이었다.

　스탈린은 인민군이 유엔군에 밀려 패퇴를 거듭하자 세 가지 일을
동시에 벌인다. 한편으로는 북한에 있는 소련 군사고문단 등 모든 소
련인들에게 철수할 것을 명령하고, 다른 한편으로 김일성에게는 강
력히 맞서 싸우라고 종용했다. 동시에 중국 정부에 계속 전문을 보
내 한국전쟁 참전을 강권했다. 소련이 직접 참전해서 북한을 도울 생
각은 눈곱만큼도 없었다. 참모들이 북한에게 뭔가 지원을 해야 하지

중공군 참전의 주역인 펑더화이
(왼쪽)와 마오쩌둥.

않느냐고 건의하자 스탈린은 이렇게 답했다.

"김일성이 패배한다고 해도 우리 군대를 참전시키지 않을 것이오.
(망하더라도) 내버려두시오. 이제 미국이 극동에서 우리의 이웃이 되게
합시다."

그리고는 "김일성 동지는 장래 중국 국경 부근에 망명정부를 수립
할 것"이라고 중국에 통보했다. 전쟁을 벌이도록 충동질해놓고는 북
한이 막상 위기에 처하자 나 몰라라 하겠다는 계산이다. 마오쩌둥이
참전하지 않았다면 스탈린은 1950년 가을에 일찌감치 김일성을 버렸
을 것이다.

스탈린, 공군 지원을 사실상 거절하다

1950년 10월 11일 스탈린을 만나러 간 저우언라이로부터 마오쩌
둥에게 급전이 왔다. 충격적인 내용이었다. "소련 공군이 아직 준비가
덜 되었기 때문에 당분간 출동할 수 없으며, 따라서 중국과 소련 모
두 잠시 병력을 출동하지 않고, 김일성에게 압록강 이북으로 철수하
라고 요구한다."는 요지였다.

중소 회담이 결렬된 것이다. 어떻게 해서 공산주의 국가들 간에 이

중화인민공화국 수립을 선포하던 날 천안문 광장을 행진하는 인민해방군 대공포부대.
이들은 모두 압록강을 건너 미군기에 대공포를 발사한다.

런 일이 벌어졌을까? 이번 회담은 시종 중국의 참전을 강력하게 종용
하는 스탈린과 소련 공군의 지원을 확약받으려는 저우언라이, 린뱌
오 사이에 밀고 당기는 공방전이었다. 이들의 대화를 들어보자.

> 스탈린 : 우리 소련 공군은 출동할 수 없다는 것입니다. 일단
>   비행기가 하늘로 떠오르면 국경이 모호해집니다. 자칫
>   우리와 미국 간에 충돌 사태가 벌어질 수 있습니다.
> 린뱌오 : 이렇게 하면 어떻겠습니까? 소련 조종사들이 중국 인
>   민지원군의 복장을 하고 참전하는 겁니다. 그러면 제
>   공권의 문제나 소·미 간의 군사 충돌도 피할 수 있습
>   니다.
> 스탈린 : 하지만 조종사가 포로로 잡힐 경우 그의 몸에 걸쳐
>   진 중국 인민지원군 복장이 무슨 의미가 있겠습니까?

당신들의 이번 모스크바 방문은 한국전쟁 참전 유보
를 통보하기 위해서입니까?

저우언라이 : 그렇습니다. 소련 공군의 측면 지원이 없다면 우
리는 출병을 보류할 수밖에 없습니다.

스탈린 : 그렇다면 좋습니다. 이 사실을 김일성에게 통보해주
는 것이 어떻습니까? 아울러 동북지구 퉁화에 망명
정부를 세우라고 권할 수도 있겠지요.

이념이고 나발이고 자국의 이해를 관철시키려는 공산주의자들의
속셈을 엿볼 수 있다.

중국은 충격에 빠졌다. 한반도에서 중공군이 전투를 벌일 때 소련
공군의 엄호 제공을 기대했는데 설마 스탈린이 거절하리라고는 상상
도 못한 것이다. 10월 13일 중국공산당 중앙위원회가 다시 소집되었
다. 결론은 소련 공군의 지원이 없더라도 즉각 지원군을 출동시켜야
한다는 쪽으로 모아졌다. 이렇게 해서 대한민국에 단 한 번 찾아온
통일의 기회가 허공으로 날아갔다.

같은 날 김일성과 박헌영은 스탈린으로부터 절망적인 내용의 전문
을 받았다.

"저항을 계속하는 게 무의미하다고 생각한다. 중국 동지들은
군사 개입을 거부하고 있다. 이런 상황에서 귀하는 중국과 소
련으로 완전 철수를 준비해야 한다. 모든 병력과 군사 장비를
갖고 나오는 것이 매우 중요하다."

압록강을 건너가는 자칭 '중국 인민지원군'. 해·공군과 중포도 없이 유엔군의 현대식 화력에 맞선다.

낙담한 김일성과 박헌영이 어찌할 바를 모르고 허공만 바라보고 있을 때 전혀 다른 내용의 전문이 스탈린으로부터 다시 날아왔다.

"중국군 참전에 관한 최종 결정이 이루어졌다. 중국 동지들을 만나 중국군 참전에 관한 구체적인 문제들을 상의하라. 중국 군에게 필요한 무기는 소련이 제공한다."

김일성은 지옥과 천당을 오간 기분이었을 것이다.

중공군은 1950년 10월 19일부터 압록강을 넘기 시작했다. 그리고 엿새 뒤인 10월 25일 첫 전투에 돌입했다.

그러면 중국 지도부는 왜 소련의 공군 지원 없이도 참전을 결정했을까? 김일성이 만주로 후퇴한다면 전쟁의 불길은 중국 땅으로 옮겨 붙을 수밖에 없었다. 스탈린이 저우언라이에게 한 말을 상기해보자.

북한으로 출격하고 있는 미군 함정과 전투기. 곧 소련 미그기와의 공중전에 휘말린다.

"조선에 재진입하기 위해 조선의 동지들은 조직적이고 계획적으로 만주로 철수해야 한다. 김일성은 만주에 망명정부를 세우는 것이 필요하다."

김일성이 만주에 망명정부를 세우고 미국이 장악한 한반도로 진입을 시도하면, 만주가 중국과 미국의 전쟁터로 변할 수 있다. 미군이 만주로 들어오면 중소조약에 따라 소련군도 만주로 진격할 가능성이 있다. 그러면 일본 패망 직후 만주를 침공한 소련군이 만주의 철도니 항구니 이권을 요구했던 것과 같은 사태가 다시 벌어질 수 있었다. 결국 중국 지도부가 결정한 것은 소련의 지원이 없더라도 중국 국경 밖에서 전쟁을 치르는 것이다.

여기에다 중국의 공산화 과정에서 북한이 제공했던 지원을 중국 지도부는 잊을 수 없었다. 국공내전 시기에 만주에서 중공군으로 참전한 조선인들은 6만 3천 명에 달했다. 또 만주에서 중공군이 일시 후퇴했을 때 이들의 후방기지가 되어 막사를 제공하고 훈련기지와 병원 등을 제공한 것도 북한이었다. 오죽했으면 조중군사합작위원회

북한 대표인 무정이 1947년 중국측에 "만주전투에서 조선인들이 피를 흘린 대가로 중국은 조선에게 간도를 줘야 한다."고 주장했을까?

중국 지도부가 북한을 지키려고 한 무모한 결단은 동양식으로 표현하면 의리 있고 동지애 가득한 행위였다. 일단 참전을 결정하자 망설일 때와는 달리 단호하게 행동했고, 참전한 이상 최선을 다해 도와주자는 방식이었다. 이것이 중국식, 대륙적 스타일이었다.

감격한 스탈린, 공군과 막대한 전쟁 물자를 보내다

중국이 소련의 공군 지원 없이 북조선을 구하겠다며 전격 참전을 결정하자 스탈린은 중국에 대한 모든 의심을 버렸다. 그는 즉시 명령을 내려 곧바로 소련 공군이 중공군의 후방과 보급로를 엄호하라고 지시했다. 단둥(丹東)에 기지를 둔 소련 공군의 미그 15기가 11월 1일 북한 상공에 모습을 드러냈으며 11월 8일부터 미군 전투기와 공중전에 돌입했다. 소련 비행기는 중국 공군기와 같은 색을 칠하고, 조종사는 중국군 복장을 했으며 중국어를 쓰도록 교육받았다. 작전 범위도 평양-원산 라인, 즉 북위 39도선 이남으로 적기를 추격하는 것이 금지되었다. 이렇게 해서 한국전쟁 기간에 7만 2천 명에 달하는 소련 공군이 비밀리에 참전했다.

소련 공군이 참전하고 중공군이 유엔군을 격파하고 있다는 소식에 흐뭇해하던 마오쩌둥에게 비보가 날아들었다. 큰아들 마오안잉(毛岸英)이 11월 25일 미군기의 지원군 사령부 폭격 때 전사했다는 것이다. 스물여덟, 아직 한창인 젊음이었다. 큰아들 마오안잉의 참전을 결정한 것은 아버지 마오쩌둥이었다. 주변에서 만류하자 마오쩌둥은 이렇게 말했다.

마오쩌둥과 그의 큰아들 마오안잉. 한국전쟁 중에 전사한 마오안잉
의 시신은 아버지 마오쩌둥의 뜻에 따라 북한에 묻혔다.

"안잉은 마오쩌둥의 아들이다. 그가 죽음이 무서워 가지 않는다면
어느 누군들 가겠는가?"

마오안잉은 참전 후 중국 인민지원군 총사령관의 비서 겸 러시아어
번역, 사령부 작전처 참모를 지냈다. 그의 사망을 보고받은 저우언라
이는 차마 곧바로 마오쩌둥에게 알리지 못했다. 한참 뒤에 이 사실을
알게 된 마오쩌둥은 묵묵히 두 대의 담배를 피운 다음 한숨을 쉬면
서 중얼거렸다.

"그놈은 마오쩌둥의 아들이니까……."

그러나 마오쩌둥은 울지 않았다. 마오안잉의 시신은 중국으로 돌
아오지 않고 평안남도 양덕군에 있는 중국인 묘지에 다른 중공군과
함께 묻혔다. 아버지 마오쩌둥의 지시였다.

중국은 형제국가인 북조선을 돕는다는 명분으로 참전했지만 그

포로가 된 중공군. 이들 중 1만 4천여 명이 중국 송환을 거부하고 대만으로 갔다.

대가는 컸다. 중공군 21만 명이 죽거나 실종됐으며 38만 명이 부상을 입었다. 특히 중국이 정치적으로 패배당한 것은 중국군 포로 가운데 1만 4,227명이 중국으로의 송환을 거부하고 대만으로 간 것이었다.

한반도에서 포성이 멎은 지 40년 가까이 된 1992년, 중국의 최고 지도자 덩샤오핑(鄧小平)이 외교부에 지시를 내렸다.

"대한민국의 노태우 정부와 협상해서 우리와 수교하는 방안을 추진하라."

"북조선은 어떻게 합니까?"

"내버려둬라. 우리에게 실익이 없다."

국제관계란 이렇게 비정하며 영원한 적도 없고, 영원한 동지도 없는 것이다.

1.
빨치산,
그 주홍글씨

_ 지금도 유령처럼 떠도는 '빨갱이'라는 손가락질

집안 어른의 좌익 활동 때문에 고초를 겪은 유명인사는 우리 주변에 얼마든지 찾아볼 수 있다. 문인들만 해도 시인 고은, 소설가 이문열, 김성동, 김원일·김원우 형제 등 많은 사람들이 있다. 정치인들 중에서도 2002년 대선 때 민주노동당 대통령 후보였던 권영길이 '빨치산의 아들'이라는 이유로 공격을 받았다. 그의 아버지 권우현은 빨치산 활동을 하다가 체포돼 1954년에 경남 산청에서 총살됐다.

노무현 전 대통령 역시 당내 경쟁자들로부터 '빨치산의 사위'라서 대선 후보로는 부적절하다는 비판을 받았다. 우리 사회에서 빨치산이라는 굴레가 세대를 넘어 상대방을 무력화시키는 데 얼마나 효과적인 무기인지를 여실히 보여주는 예들이다. 그러나 당시 노무현 후보는 장인의 전력이 문제가 되자 "그럼 사랑하는 아내를 버리란 말인가? 그런 아내를 가진 사람은 대통령 자격이 없다면 나는 후보를 그만두겠다."라고 정면으로 맞섰다. 우리 사회의 보이지 않는 연좌제에 분연히 맞섬과 동시에 이 발언으로 여성 유권자들의 호감도가 급상승했다는 후일담도 있다.

또다른 사례는 독립운동가 김순애 여사의 이야기다. 독립운동을 한 사람들은 친일파가 득세한 이승만 정권에서 고통을 많이 겪었다. 그러다 4.19혁명으로 이승만이 물러났는데도 김 여사의 여권이 상당 기간 안 나왔다. 이분 자신이 독립운동으로 포상을 받기도 했지만 남편이 상하이 임시정부의 부주석을 지낸 김규식 박사다. 김규식 박사는 해방 후에는 이승만, 김구와 함께 우익 3영수로 꼽힌 분이다. 그런데 한국전쟁 때 김 박사는 납북됐고, 그 부인은 좌익에 협력한 것으로 기록이 남아 있다는 이유로 여권이 안 나온 것이다. 그 유명한 독립운동가 김규식 박사의 부인이자 독립운동가인 김순애 여사가 이런 일을 당했을 정도이니 힘없는 서민들은 얼마나 많은 불이익을 당했을까?

연좌제는 공식적으로는 사라졌으나 앞의 예에서 보듯이 정적이나 자신들과 반대의견을 가진 이들을 공격하는 최고의 무기로 살아남아 21세기 대한민국을 유령처럼 배회하고 있다.

그러면 대한민국의 빨치산은 어떻게 생기고 어떻게 역사 속에서 사라졌을까?

퇴로가 막힌 인민군, 빨치산 투쟁으로 전환하다

남한에서 빨치산 투쟁이 벌어진 것은 1948년 2월 유엔이 38선 이남에서라도 선거를 치르기로 결정한 것이 시발점이었다. 이후 제주도

1952년 1월 14일 전주교도소로 이송되는 빨치산들.

4.3사건, 여순 사건 같은 좌익이 주도한 단독정부 수립 반대 투쟁이 격화됐다.

이 과정에서 수많은 젊은이들이 지리산과 태백산을 중심으로 무장 투쟁을 벌였다. 이들이 바로 빨치산이다. 그러나 잇따른 군경의 토벌 작전에 밀려 세력이 점차 약화됐다. 국방부는 한국전쟁이 발발하기 직전 남한에 잔존해 있는 빨치산은 지리산 이현상 부대 100명을 비롯해 460명 정도라고 추정했다.

그러나 약화되어 가던 빨치산 투쟁은 1950년 9월 인민군의 전면 후퇴를 계기로 다시 격화되었다. 인천상륙작전으로 퇴로가 막힌 인민군과 노동당원, 인민공화국 치하에서 활동하던 남한 좌익은 전선의 후방에서 본격적인 유격전을 벌였다. 이들의 규모는 국방부 공식 추정에 따르면 양구, 평강, 곡산, 양덕 일대에 약 1만 명, 오대산, 소백산, 속리산, 덕유산, 지리산 일대에 약 1만 5천 명으로 모두 2만 5천 명에 달했다고 한다.

1951년 12월 전남 담양에서 붙잡힌 빨치산과 부역자들. 한겨울인데도 얇은 옷을 입고 추위에 떨고 있다.

이들이 후방에서 파괴 활동을 벌이자 이승만 정부는 1951년 10월 15일 빨치산 토벌을 전담할 국군 제3군단을 창설해 본격적인 토벌 작전을 벌였다. 한국전쟁이 한창인데 전선에서 3개 사단을 빼냈으니 결과적으로 빨치산 투쟁이 인민군에게 큰 도움을 준 셈이다. 국군은 주로 겨울을 택해 조직적인 토벌 작전을 전개했다. 가장 주안점을 둔 작전은 빨치산의 식량 공급선을 원천봉쇄해버린 것이다. 주민을 대대적으로 소개하거나 '식량배급제'까지 실시해 빨치산을 아사 직전으로 몰아갔다. 설상가상으로 1951년 봄부터 산중에서 재귀열이라는 열병이 돌아 수많은 빨치산들의 생명을 앗아갔다.

그러나 군경은 토벌 작전 와중에 엉뚱하게 수많은 양민들을 학살했다. 국군 11사단은 1950년 11월부터 다음 해 1월 사이에 전남 함평군과 장성군, 광산군에서 민간인 258명을 집단 학살했다. 그것도 성에 안 찼는지 11사단은 경남 거창군 신원면 일대에 들이닥쳐 1951년 2월 9일부터 사흘 동안 죄 없는 민간인 719명을 사살했다. 이 가운데 절반이 넘는 359명이 16살이 채 되지 않은 어린이와 소년, 소녀였다. 유명한 거창 양민학살 사건이다. 총만 들었다 하면 적과 아군을 구분하지 않고 총질을 해댔으니 죄 없는 무수한 양민들만 희생된 셈이다. 전쟁 중 서울에 갇혀 갖은 고초를 겪었던 소설가 박완서는 이렇게 고백했다.

"욕먹을 소리지만 이런저런 세상 다 겪어보고 나니 차라리 일제 시대가 나았다 싶을 적이 다 있다니까요. 아무리 압박과 무시를 당했지만 그래도 그때는 우리 민족, 내 식구끼리는 얼마나 잘 뭉치고 감쌌어요? 그러던 우리끼리 지금 이게 뭡니까? 이런 놈의 전쟁이 세상에 어디 있나요? 같은 민족끼리 불구대천의 원수가 되어 형제 간에 총질하고 부부 간에 이별하고 모자 간에 웬수지고 이웃끼리 고발하고 한 핏줄을 산산이 흩뜨려 척을 지게 만들어 놓았으니……."

남북이 버린 빨치산, 살아남은 자만 고통 속으로

1952년 2월 8일 종료된 토벌 작전에서 빨치산은 사살 7천여 명에 포로 6천여 명이라는 궤멸적인 타격을 입었다. 비극은 여기서 그치지 않았다. 빨치산을 지도하고 그들이 추앙했던 박헌영 부수상 겸 외상이 1953년 8월 8일 북한에서 숙청된 것이다. 이를 시작으로 박헌영을

1950년 4월 군경에 체포되어 사형대에 선 빨치산.

따라 월북한 남로당파 대부분이 처형을 당하거나 강제노동수용소로 끌려갔다.

휴전이 임박하자 김일성은 패전의 속죄양이 필요했다. 그래서 자신이 늘 거북스럽게 여겨온 박헌영을 중심으로 한 남로당파를 희생양으로 삼았던 것이다. 박헌영에게는 미국을 위한 스파이 활동, 남한 내 민주 세력의 파괴, 북한 정부의 전복이란 세 가지 죄목이 씌워졌다. 그리고는 박헌영을 지도자로 옹립하고 있는 남한 내 빨치산들을 내치기로 결정했다. 휴전 협상에 참가한 유엔군 측 대표단도 이상한 기류를 발견했다. 한 관계자의 회고를 들어보자.

"북한은 기나긴 협상 동안 한 번도 남한의 빨치산에 대해 언급하지 않았다. 오히려 미군 측에서 지리산과 소백산맥 일대에 남은 유격대 1천여 명을 안전하게 보내줄 테니 데려가라고 제안한 적이 있다. 남한의 치안을 안정화시키기 위해서였다. 북 측은 이 제안에 아무런 답변을 하지 않았다. 휴전 협상에는

고 차일혁 경무관. 누구보다 동족
간의 상쟁을 가슴아파했다.

상대방 후방에 남은 물자와 장비의 철거, 전사자의 시체 발굴
과 이송에 관한 조항까지 있었으나 분명히 생존해 있는 빨치
산에 대해서는 끝내 단 한 줄의 합의사항도 없었다."

남과 북 모두 빨치산을 버린 것이다.

1963년 11월 12일 최후의 빨치산 이홍이가 사살되고 정순덕이 총
상을 입고 체포되면서 한반도에서 빨치산 투쟁은 종언을 고했다. 지
리산 일대에서 4년 간 토벌대를 이끌고 빨치산을 소탕했던 차일혁 총
경은 자서전에서 이렇게 물었다.

"새벽부터 들판에서 일하는 농부들에게 물어봐라. 공산주의가
무엇이며, 민주주의가 무엇이냐고. 과연 몇 사람이 이를 알겠
는가? 지리산에서 사라져 간 수많은 군경과 빨치산들에게 물
어보라. 너희들은 왜 죽었느냐고. 민주주의를 위해서, 혹은 공
산주의를 위해서 죽었다고 자신 있게 대답할 자 몇 명이나 있
겠는가?"

8.

한국의 체 게바라,
지리산에서 산화하다

_ 인간적 공산주의자 이현상의 삶과 죽음

여순 사건이 벌어지고 사흘 뒤인 1948년 10월 22일 저녁.

독립투사 출신이자 남로당 핵심 간부인 이현상이 순천역에 도착했다. 이 작은 도시에서는 반란군과 좌익이 이성을 잃고 학살극을 벌이고 있었다. 시내 곳곳에는 이미 1,200명에 달하는 경찰과 우익 인사들이 희생돼 온 사방에 시체가 널려 있었다. 이현상은 25년 전 독립운동에 뛰어든 이래 악독한 고문도 받아보고, 수십 명이 넘는 동지들의 고통스런 죽음을 경험해봤지만 이 같은 처참한 떼죽음 앞에 설 줄은 생각도 못했다.

해방된 조국에서 같은 민족에게 이처럼 잔인한 살상을 벌인 것은 누가 원인 제공자이든 용납할 수 없는 죄악이었다. 이현상은 나중에 산속에서 여순 사건에 대한 토론이 벌어질 때마다 "민중 봉기가 아니

평양의 조선혁명박물관에 전시된 이현상의 사진.

라 반란"이라고 격하했다. 당의 일사불란한 명령에 따라 봉기했어야
했는데 우발적으로 일으켜 수많은 혁명 역량과 무고한 생명을 앗아
갔다고 비판했다.

허름한 국방색 작업복을 입고 거북껍데기로 만든 누런 테 안경을
쓴 43살의 중년 남자는 일생일대의 결단을 내려야 했다. 그는 반란
군을 인솔해 지리산 자락으로 들어가기로 결심했다. 더 이상의 인명
피해를 줄이려면 시내에서 진압군과 전투를 벌여서는 안 된다는 판
단이 섰다. 반군을 산악지대로 이동시켜 대오를 정비한 다음 본격적
으로 유격전을 벌이기로 했다. 그는 반군 지휘자인 홍순석 대위와
김지회 중위를 만나 지휘권을 넘겨받았다.

그날 밤 반군을 가득 실은 군용트럭들이 요란한 소리를 내며 순
천을 빠져나갔다. 순천에 남아 있던 400명과 사방으로 진출했다가
진압군에 밀려 돌아온 200여 명이었다. 여수에 남아 있던 병력은 지
리산 방향으로 이동하는 중이었다. 이들 병력을 다 모아 구례읍을

통과해 지리산 문수골로 들어갔다. 숙영할 준비를 끝낸 이현상은 지휘관들을 모아 엄명을 내렸다.

"인민의 군대인 여러분은 무엇보다도 인민을 사랑하고 아껴야 합니다. 어떤 이유가 있더라도 인민을 함부로 죽이거나 괴롭히면 안 됩니다. 설사 우리에게 반대하는 사람이라도 정당한 인민재판의 절차를 거쳐 심판해야 합니다. 우리에게 총을 들이댄 적이라도 모두 우리의 동포, 우리의 형제입니다. 일단 포로로 잡으면 절대 죽어서는 안 됩니다. 이 규약을 어기면 가차 없이 처단할 것입니다."

'교전 중인 적 이외에는 죽이지 않는다'는 이현상의 선언은 지리산 유격대의 최고 지침으로 거듭 강조되었다. 이 지침은 이현상이 이끄는 유격대가 고립무원의 산악 지대에서 수년 간 살아남을 수 있는 힘의 원천이 되었다.

'한국의 체 게바라'는 어떻게 빨치산 투쟁에 뛰어들었나

1926년 4월 26일 조선의 마지막 황제 순종이 서거했다. 그보다 1년 전 비밀리에 결성된 조선공산당은 순종 장례일인 6월 10일에 대대적인 시위를 계획했다. 그러나 사전에 적발돼 지도부 200여 명이 체포됐다. 결국 만세운동은 학생들이 주도하게 되었다. 서울에서 가장 앞장선 학교는 중앙고보(오늘날 서울 중앙고)였다. 6월 10일 이른 아침 순종의 상여가 지나가는 돈화문에서 홍릉까지 몇 킬로미터의 인도는 30여 만 명의 추도 인파로 가득했다. 살벌한 경비

6.10만세운동의 최선봉에 섰다가
첫 감옥살이를 한 청년 이현상.
다부진 얼굴에 강렬한 눈빛이 인
상적이다.

망을 뚫고 맨 처음 만세를 부르고 뛰어나간 학생은 중앙고보 4학
년 이현상이었다. 종로3가 단성사 앞에서였다. 그는 일본군 해군의
장대가 장송곡을 연주하며 통과할 때 돌연 태극기를 들고 뛰쳐나
가 만세를 부르기 시작했다.

"대한 독립 만세! 이천만 동포여, 원수를 몰아내자!"

다른 중앙고보생들도 우르르 도로로 몰려나왔다. 건너편에 도열
해 있던 중동고보생들도 합세했다. 거리는 순식간에 혼란의 도가니
가 되었다. 여기저기서 잇따라 시위가 발생했다. 이날 서울에서 체포
된 학생만 210명이나 되었다. 시위는 전국으로 번져 나가 전국에서 5
천여 명이 연행되고 160명이 다쳤다. 체포된 학생들은 모진 구타와
혹심한 고문에 시달렸다.

이현상은 6개월 만에 기소유예로 석방됐다. 감옥에서 이현상은 수

감된 수많은 사회주의자들로부터 공산주의 기초 이론을 배웠다. 이 때부터 독립운동에 뛰어든 이현상은 해방될 때까지 네 번에 걸쳐 12년 간 수감 생활을 했다. 고려공산청년회와 연루되어 두 번째로 체포됐을 때 그는 재판정에서 당당히 호통을 쳤다.

"나는 철저한 공산주의자이며 일본 제국주의는 반드시 공산주의 혁명으로 붕괴되고 조선은 독립할 것이오!"

이날 재판정에는 이현상의 고향인 금산에서 올라온 가족과 사촌들, 학교 동창들이 대거 방청했는데, 쩌렁쩌렁 울리는 이현상의 연설에 모두들 간담이 서늘해졌다고 한다. 이현상의 형제와 사촌들은 일본인 판사를 향해 조금도 굽힘없이 우렁차게 자기주장을 펼치는 그의 모습에 감동해 고향에 돌아가서 두고두고 이야기했다.

최종심에서 4년형을 선고받은 이현상은 감옥에서 평생의 동지 이재유와 김삼룡을 만났다. 세 사람은 석방되면 조선공산당 재건을 위해 함께 노동운동에 뛰어들기로 약속했다. 출감 직후인 1933년 1월 이현상, 이재유, 김삼룡을 주축으로 한 '조선공산당 재건을 위한 경성 트로이카'라는 지하조직이 결성됐다. 이 조직은 젊은 혁명가들을 규합해 경인 지역에 적색노조를 잇따라 결성해 파업을 주도하고, 경성 시내 고등학교의 동맹 휴학을 지도해 나갔다.

8개 공장이 연쇄 파업을 벌이자 뭔가 배후가 있을 것으로 짐작한 일본 경찰의 검거 선풍이 불었다. 이현상은 또 다시 체포되어 4년 7개월 간의 수감 생활을 해야 했다. 1938년 6월 이현상이 34살의 나이에 세 번째 옥살이에서 풀려나왔을 때 국내외 정세는 험악하게 돌아가고 있었다. 일본군은 만주에 이어 중국 본토로 파죽지세로 밀고 나가고 있었고, 국내 독립운동은 사실상 붕괴된 상태였다. 도처에 친

1930년대 중반의 박헌영. 조선 공산당 재건을 위해 상하이에서 국내에 잠입했다 체포되었을 때의 모습으로 추정된다. 그가 이끈 경성콤그룹은 일제 말에 국내에서 일제에 항거한 유일한 독립운동 단체였다.

일파들이 설치고 있었다. 이현상은 김삼룡, 이관술, 정태식, 이순금, 박진홍 등과 규합해 '조선공산당 재건을 위한 경성 지역 공산주의자의 모임'이란 뜻의 경성코뮤니스트그룹(경성콤그룹)을 창립했다. 지도자로는 조선공산당 창립 멤버의 하나였던 박헌영을 영입했다.

그러나 경성콤그룹은 1940년 여름부터 시작된 대대적인 검거 사태를 맞아 와해되고 말았다. 지도부 중에 체포를 면한 박헌영은 광주에서 벽돌공장 노동자로 숨어 지내고, 이관술은 고물상으로 변장해 전국을 떠돌아다녔다. 일본이 패망하고 조선이 해방되자 좌익의 주도권은 마지막까지 변절하지 않고 일본에 대항했던 경성콤그룹으로 넘어갔다. 그러나 이들이 재건한 조선공산당은 미 군정에 의해 불법화되고 좌익과 우익은 한반도의 주도권을 둘러싸고 격렬한 충돌을 벌이게 되었다.

박헌영을 따라 월북했던 이현상은 남한 정세가 험악해지자 소련 유학을 포기하고 다시 38도선을 넘어 남한으로 내려와 지리산으로 발길을 돌렸다.

빨치산 생활 5년, 총 맞아 죽고 굶어 죽고 얼어 죽었다

지리산 일대에서 토벌대와 격전을 벌이던 빨치산 부대는 겨울이 지나면서 세력이 위축됐다. 크고 작은 전투가 계속되면서 지리산 일대 주민들만 고통의 나날을 보내야 했다. 1950년 봄에 천왕봉의 북동쪽 계곡인 조개골에 모여든 대원은 150명에 불과했다. 더 이상 생존이 힘들다고 판단한 이현상은 이들을 이끌고 북으로 향하기로 했다. 환자를 빼고 걸을 수 있는 인원은 70명 정도였다. 이들이 덕유산을 거쳐 무주의 적상산 기슭에 자리 잡았을 때 정찰대원들이 뛰어오면서 외쳤다.

"전쟁이 났답니다! 농부들이 그러는데 인민군이 밀물처럼 내려와 어제 대전을 함락시켰답니다."

남로당이 붕괴되면서 모든 연락이 끊기자 보름 전에 시작된 전쟁 소식도 몰랐던 것이었다. 환호하던 이현상 부대는 산속을 벗어나 오랜만에 도로를 걸어 무주 읍내로 들어갔다.

그러나 기쁨도 잠시, 양산에 머물던 무렵 인민군이 일제히 퇴각하기 시작했다. 맥아더의 인천상륙작전이 성공한 것이다. 이현상 부대도 후퇴 행렬에 동참했다. 이들이 북강원도(휴전선 이북의 강원도) 세포군 후평리에 들어설 무렵 백마를 탄 이승엽 남조선해방지구 군사전권위원이 달려왔다. 그는 남한 지역의 모든 빨치산을 '남반부 인민유격대', 약칭 남부군으로 통합하고 이현상에게 지휘권을 맡겼다. 이현상은 다시 남쪽으로 내려가 퇴로가 막힌 인민군 패잔병 2만 명을 규합해 후방을 교란하라는 지시를 받았다.

1950년 11월 10일 남부군이 정식으로 창설되었다. 860명에 달하는 규모였다. 지리산으로 내려가는 길에 충북의 도청 소재지인 청주를 공격했다. 1951년 5월 26일 새벽 청주시의 주요 기관들은 순식간에 빨치산에게 점령되었다. 청주경찰서와 충북도경 무기고에서는 무기가 털리고 은행에서는 막대한 자금을 꺼내갔다. 청주교도소에서는 수감돼 있던 좌익사범 142명이 석방되었다. 불과 30분 만에 벌어진 일이었다. 그날은 충북도경국장을 비롯한 경찰 간부들이 금강변 부강유원지에 놀러간 날이어서 비상소집마저 이뤄지지 않았다. 이날이 남부군의 최고 절정기였다.

이승만 정부의 충격은 대단히 컸다. 1951년 10월 말부터 수도사단과 8사단, 15사단을 지리산으로 남하시켜 총 4만 명의 병력을 동원해 대대적인 빨치산 토벌 작전을 벌이기 시작했다. 국군은 작전 시기를 겨울로 택해 24시간 교대로 빨치산을 추적했다. 세 차례의 대규모 작전으로 남부군은 궤멸에 가까운 타격을 입었다. 군사적인 타격을 입고 허우적거리던 이현상에게 정치적 타격까지 다가오고 있었다. 북한에서 이현상이 속한 남로당의 숙청이 시작된 것이었다. 1953년 3월 하순, 이승엽을 비롯한 남로당 출신들에 대한 대대적인 체포가 시작되었다. 이들 중 8명이 휴전협정이 체결된 지 불과 1주일 만인 8월 3일 반역죄로 처형되었다.

이현상은 남부군 사령관직을 사임하고 평당원으로 돌아가 하산해 지하 활동을 하기로 결정했다. 사실상 남로당의 수뇌부라는 이유로 숙청된 것이다.

이현상의 죽음을 보도한 1953년 9월 자 「동아일보」 기사.

『이현상 평전』(2007)을 쓴 안재성 작가가 이현상과 함께 5년의 세월을 지리산에서 보낸 생존 빨치산을 만난 적이 있었다. 그는 "이현상 선생님은 여순 사건을 봉기라거나 항쟁이라고 부른 적이 없었습니다."라고 회고했다.

"그러면 뭐라고 불렀나요?"

"당적 죄악이라고 하셨지요. 당의 지시를 받지도 않은 채 우발적으로 군사 반란을 일으켜 수많은 인민과 혁명 역량을 훼손시킨, 크나큰 오류요 죄악이라고 말씀하셨습니다."

"그리고 이현상 선생님은 교전 중이 아닌 이상, 포로로 잡은 군인이나 경찰을 절대 죽이지 못하게 했습니다. 토벌대에 협조하다가 잡힌 민간인은 물론, 경찰 첩자로 산에 들어왔다가 잡힌 사람들도 함부로 죽이지 않았습니다. 인정이 참 많은 분이었습니다. 그것 때문에 나중에 온정주의라고 비판을 받기도 했습니다."

비슷한 이야기가 빨치산 토벌대장 차일혁 총경의 수기에도 나온다. 차일혁의 부하들이 이현상이 지휘하는 남부군의 함정에 빠져 궤멸됐을 때의 일이다.

"운반해 온 시체들을 확인해본 결과 의경 24명과 우리 대원 3명의 행방을 알 수 없었다. 빨치산들이 경찰들의 시체를 발견했을 때는 옷을 벗기고 위해를 가하는 것이 보통이었다. 그런데 이번에는 전혀 그런 흔적이 보이지 않았다. 57사단은 이현상의 직속 부대로 기존의 빨치산들과는 행동 양태가 다른 것을 알 수 있었다. 행방불명되었던 무주경찰서 의경 24명이 나흘 만에 무사히 안성지서로 돌아왔다. 빨치산은 의경과 정식 경찰을 구분해 의경들에게는 아무 죄가 없다며 정치학습을 이틀 동안 시킨 다음 모두 방면했다는 것이다. 정식 경찰은 악질반동이라며 따로 감금시켰다고 한다. 합동장례식에서 29구의 영령들 앞에서 나는 우리 부대에 커다란 패배를 안겨준 이현상만은 꼭 내 손으로 잡고야 말겠다고 굳은 맹세를 했다. 비록 적일 망정 의경 24명을 살려준 은혜는 은혜대로, 복수는 복수대로 되돌려주겠다는 결심을 했다."

차일혁도 이현상처럼 붙잡힌 빨치산들을 함부로 죽이지 않고 가능하면 설득해서 경찰에 특채해 빨치산 토벌에 가담시켰다.

이현상, 빗점골에서 사살되다

경찰에 체포된 이현상의 호위대원으로부터 이현상이 빗점골로 내려온다는 정보를 들은 차일혁 총경은 병력을 출동시켰다. 1953년 9월 18일 오전 11시 30분, 차일혁은 기다리던 무전 보고를 받았다.

"10시 경 이현상을 비롯한 3명이 너덜바위 아래로 내려오는 것을 발견하고 집중사격한 결과 이현상을 사살했습니다."

신원을 확인하기 위해 경찰과 같이 올라간 이현상의 호위병들은 그가 이현상임을 확인하고는 무릎을 꿇은 채 "선생님, 죄송합니다……!"라며 오열했다.

"이현상이다! 이현상을 잡았다!"

빗점골을 겹겹이 에워싸고 포위망을 좁혀가던 3,800명의 경찰들은 무전을 받자마자 곳곳에서 만세와 함성을 올렸다. 한국전쟁이 터지기 2년 전인 1948년 10월 하순, 1천여 명의 반란군을 이끌고 지리산에 들어갔던 빨치산 지도자 이현상의 공식적인 죽음이었다.

다음날, 미군 프로펠러 비행기들이 드넓은 지리산 상공을 돌며 이현상의 죽음을 알리는 선무방송을 하면서 남은 빨치산들에게 자수를 권하는 전단을 하얗게 뿌리고 다녔다. 숲속에 숨어 이현상의 죽음을 알게 된 빨치산들은 곳곳에서 망연자실하며 눈물을 흘렸다. 일부 대원들은 이현상의 흔적이라도 찾으려는 듯 빗점골을 헤매다 맥없이 사살당하기도 했다.

이현상이 입고 있던 옷 주머니에서 뜻밖에 염주 한 줄이 나와 화제가 됐다. 숱한 죽음을 겪으면서도 철저한 이념의 신봉자였던 그가 마지막에는 불교에 귀의한 것 아닐까? 이현상의 시신은 창경원(오늘날 창경궁. 일제가 동물원 등 위락시설로 격하시켰다)에 전시되었다가 남원에 있는 빨치산 토벌 사령부로 내려갔다. 그러나 고향인 금산에 살고 있던 유일한 친족인 막내 작은아버지가 "온 집안을 풍비박산낸 놈이라 꼴도 보기 싫다."고 시신 인수를 거부해 차일혁 총경이 대신 약식으로 장례를 치렀다.

이렇게 해서 조선 독립과 공산주의 통일국가 수립이라는 목표에 평생을 걸었던 한 사나이의 흔적은 지상에서 사라지고 말았다. 이현상의 죽음을 보고받은 이승만 대통령은 '한국전쟁이 비로소 완전히 종식됐다'고 선언했다.

북한은 이현상을 영웅으로 치켜세웠다. 북한은 그가 죽기 전인 1953년 2월 이현상에게 영웅 칭호를 내렸으며 지리산으로 영웅훈장을 보냈다고 발표했다. 또한 1968년 평양 신미동에 조성한 애국열사릉에 이현상의 묘지를 제1호로 만들었다. 이현상의 가족들도 영웅의 자손이라며 극진히 모셨다.

북한에서 엘리트로 살고 있는 이현상의 후손들

이현상은 북한에 올라가 김일성을 만났을 때 남한에 있는 자식들을 보호해달라고 부탁했다. 외아들 이극은 1948년 8월에 먼저 월북했고, 아내 최문기와 세 딸은 전쟁 때 인민군을 따라 올라갔다고 한다. 월북한 가족들은 김일성과 김정일의 특별한 배려로 순탄하게 북한 생활에 적응했다. 김일성은 정적 박헌영과 그 부하들은 싫어했지만, 남한에서 빨치산 투쟁을 지도하는 이현상은 존경했다고 한다. 본인이 빨치산 출신이기도 했고, 빨치산 활동을 미화하는 정책의 좋은 본보기가 되기 때문일 것이다.

이현상의 시신이 발견된 지리산 빗점골 너덜바위 아래 계곡.

　아들 이극은 김일성의 지시로 모스크바 유학을 다녀온 후 김일성대학에서 교수를 지내다 정년퇴직하고 나서는 인민대학습당의 국제도서교환처장으로 일했다. 큰딸 이무영은 중앙당학교를 졸업하고 조선인민군 정치부와 노동당에서 일했다. 그녀의 일흔 살 생일에는 김일성이 직접 잔칫상을 보냈다고 한다.

　둘째 딸 이문영은 혁명유자녀가 다니는 만경대 혁명학원을 졸업하고 노동당 중앙위원회에서 일했다. 막내딸 이상진은 대학을 졸업한 후 외교관으로 활동하다 북한 최초의 여성 일등서기관이 되어 경공업 분야를 담당했다. 2000년 북한을 방문한 김대중 대통령이 평양의 만수대의사당에 갔을 때 안내한 여성이 이상진이었다. 남한을 붕괴시키기 위해 2만 명의 빨치산을 지휘했던 이현상의 딸이 남한의 대통령을 안내했으니 이런 역사의 아이러니가 또 있을까?

한편 고향인 금산에서 살고 있던 이현상의 어머니 김행정은 주변에서 아들이 죽었다고 얘기해도 믿지 않았다. '빨갱이의 씨'를 낳았다는 이유로 버림받은 그녀는 남의 집이 되어버린 옛집의 행랑채에서 걸인과 다름없이 근근이 목숨을 부지하면서도 아들이 살아 있으리라는 희망을 잃지 않았다. 그녀는 1975년 10월 홀로 살아온 옛집의 문간방에서 한 많은 이승을 하직했다.

해방 후 30여 년 세월을 비참하게 살다간 그녀는 죽은 후에도 끝끝내 평안을 찾지 못했다. 장례가 끝난 지 며칠 되지 않아 주민들은 그녀의 무덤이 파헤쳐진 것을 발견했다. 그녀의 시신은 목과 사지가 잘린 끔찍한 모습으로 버려져 있었다. 누가 왜, 이런 짓을 했는가는 끝내 밝혀지지 않았다. 슬픈 우리 현대사의 어두운 단면이다.

9.
"죽은 뒤에도
빨갱이란 말입니까?"

_ 남한 빨치산 총사령관 이현상의 장례를 치른 차일혁 경무관

사살된 남한 빨치산 총사령관 이현상의 시신은 갈 곳이 없었다. 직계가족들은 모두 북한에 있고, 남한에 있던 유일한 혈육인 숙부가 인수를 거부했기 때문이다. 이현상 사살의 주역인 서남지구전투경찰대 2연대장 차일혁 총경에게 5연대장인 정인주 총경이 권했다.

"차 총경, 비록 공비의 괴수로 국가를 혼란하게 했지만 그래도 한판 승부를 겨루었던 상대 아닙니까? 정중히 장례를 치러주는 것이 적장에 대한 예의가 아니겠소?"

"맞습니다. 비록 공비의 괴수였지만 그도 이제 한 인간에 지나지 않습니다. 공비가 아니라 한 인간으로서 마지막 가는 길에 정중히 예의를 갖추어줍시다."

이현상이 세상을 떠난 지 20여 일 뒤인 1953년 10월 8일, 차일혁은

2연대 본부 옆에 있는 섬진강 백사장에서 이현상의 시신을 화장했다. 만신창이가 된 그의 몸 위에 유품인 염주를 올려놓았다. 차일혁은 머물던 암자가 불에 탄 후 부대에 몸을 의탁하고 있던 스님에게 독경을 부탁했다. 이현상의 시신은 스님의 독경 소리와 함께 하얀 재로 변해갔다. 이따금 불어오는 강바람을 타고 하얀 재가 흩날렸다.

지리산에 스며들어간 지 5년, 빨치산 총사령관 이현상은 한 줌 재가 되어 섬진강 가에 흩날리고 있었다. 차일혁은 철모를 벗고 타다 남은 뼈를 모아 담았다. 그리고는 M1 소총으로 곱게 빻아 섬진강에 뿌렸다. 다 뿌린 후 권총을 꺼내 허공을 향해 3발을 쏘았다.

타앙—!

타앙—!

타앙—!

지리산에서 숨져간 수많은 원혼들에게, 초라한 모습으로 삶을 끝낸 이현상에게 보내는 단출한 조사였다. 차일혁은 이현상의 수첩에 적혀 있던 한시를 떠올렸다.

지리산에 풍운 일어 기러기떼 흩어지니
남쪽으로 천리길, 검을 품고 달려왔네.
내 마음에서 조국을 잊어본 적 있었을까?
가슴에는 철의 각오, 마음속엔 끓는 피 있네.

차일혁이 정중하게 예를 갖춰 이현상의 시체를 화장한 일이 알려지자 일부 경찰 간부들이 시비를 걸었다.

"차 총경, 빨갱이 시체를 화장해줬다면서? 그것도 중을 불러 염불까지 하게 하고."

화가 치민 차일혁은 큰소리로 항의했다.

"죽은 뒤에도 빨갱이고 좌익이란 말입니까? 이제 지리산의 공비 토벌도 다 끝나가고 있습니다. 나 역시 많은 공비들을 죽였지만 그들 역시 같은 민족 아닙니까? 내 친척일지도 모르는 것 아니겠소? 당신은 죽어서까지 공비 토벌하러 다니겠소?"

1955년 4월 1일 지리산 일대에는 평화가 왔다는 사실을 알리는 서남지구전투경찰사령부 명의의 공고문이 나붙었다.

이제는 평화의 산, 그리고 마을……
안심하고 오십시오.
지리산 공비는 완전히 섬멸되었습니다.

공고문을 바라보는 차일혁의 머리에 쉼 없이 달려온 지난 인생이 떠올랐다.

평범한 은행원에서 독립운동가로, 세 번의 변신

차일혁 경무관에게는 인생의 전환점이 세 번 있었다. 첫 번째는 평범한 은행원으로 일하던 그가 독립운동가이자 아나키스트인 김지강(본명 김성수)을 만난 일이다. 그에게서 조국의 독립과 인간이 인간답게 사는 세상이 무엇인지를 배운 차일혁은 독립운동에 뛰어들었다. 중국군에 이어 좌익 계열의 독립군인 조선의용대에서 일본군과 전투를 벌이다 해방과 함께 공산주의 이념을 버렸다.

자유분방하고 예술을 사랑하고 휴머니즘에 물든 차일혁에게 공산주의는 우리 민족에게는 맞지 않는, 버려야 할 이념이었다. 해방 후 서울로 돌아온 그는 영원한 멘토 김지강 선생과 재회했다. 그리고 그의 설명과 지시를 받고 다시 총을 들었다. 두 번째 변신이었다.

목표는 사이가 시치로였다. 일제 강점기에 경기도 경찰부 경부였던 사이가의 악명은 하늘을 찔렀다. 20년에 걸쳐 수많은 독립운동가를 체포해 고문하고 사형대로 보낸 사이가는 '사상경찰의 악마'로 불렸고 일제에게는 일 잘하는 형사로 유명했다. 그런 그가 1945년 11월 2일 저녁 6시 30분 서울 원남동 자택 근처 우체국 건너편 노상에서 권총 두 발을 맞고 사살됐다.

'일본 소설의 거인'으로 불리는 일본 작가 마쓰모토 세이초의 소설 『북의 시인 임화』에는 사이가의 최후가 다음과 같이 묘사되어 있다.

> "검은 외투를 입은 사나이가 푹 쓰러졌다고 합니다. 쏜 사람
> 은 군중 속으로 도망쳐 누구인지 모습을 보지 못했답니다."
> "사이가 경부가 틀림없나?"
> "물론입니다. 현장에서 목격한 사람이 있었으니까요. 결국은
> 사이가도 천벌을 받은 겁니다."

역사학자 이문창은 「해방 공간의 아나키스트」란 논문에서 차일혁, 김성수, 이규창, 공형기, 네 사람이 사이가를 저격했다고 밝혔다. 그는 후속 연구를 통해 "네 사람 중 정확하게 총을 쏠 만한 인물은 차일혁밖에 없었다."고 분석했다. 이 사건을 계기로 차일혁은 경찰에 투신했다. 그의 세 번째 변신이다.

그는 빨치산 토벌에서 연전연승했다. 차일혁 본인이 명사수이자 대

포를 잘 다뤘다. 차 경무관의 경호원이었던 김규수 참전경찰유공회장은 "차 대장은 조선의용대 시절 팔로군 포병사령관이었던 무정 장군에게 포격술을 배워 박격포를 잘 쐈다. 수십 미터 앞 담배개비를 총탄으로 부러뜨릴 만큼 소총도 명사수였다."고 회고했다.

빨치산의 게릴라 전술을 중국에서의 항일 투쟁에서 이미 익혔다는 점도 있었지만, 부하들과 동고동락하며 솔선수범하는 등 통솔력도 뛰어났다고 한다. 그는 빨치산 토벌 과정에서 단순 부역자는 모두 풀어줬고 끝까지 전향하지 않은 빨치산은 전쟁 포로로 대우했다. 부대원들에게는 일체의 보복 살인을 금했다.

김규수 회장은 "차 대장은 '적 포로에 관대한 부대는 실전에도 강하다'고 늘 강조했다."고 밝혔다. 그는 조금이라도 빨갱이라는 혐의만 있으면 죽이던 다른 지휘관과 달리, 붙잡힌 빨치산들을 뜨거운 민족애와 사상 교화로 귀순시켰고 자신의 부하로 채용했다. 이현상을 사살한 부대원 대부분이 귀순한 빨치산 출신인 것만으로도 그의 인격을 짐작할 만하다.

이현상의 빨치산을 토벌하기 위해 전투경찰에 들어가다

1950년 12월 10일 차일혁은 중국에서의 항일 투쟁 동지였던 최석용 전북지구 전투사령관의 권유에 따라 제18전투경찰 대대장으로 취임했다. 이때부터 차일혁은 부하들과 동고동락하며 당시 지리산을 주무대로 빨치산 투쟁을 지휘하는 이현상과 결전을 벌였다. 그는 빨치산과의 전투에서는 용감했지만 적에게 협조했다는 이유로 양민을 학살하거나 재물을 빼앗는 행위는 엄단했다.

그가 적을 대하는 방식은 독특했다. 포로가 된 빨치산을 인간적

중국 구이린에서 독립투사이자 유명한 아나키스트인 김지강과 함께한 차일혁(왼쪽).

으로 대해 전향시킨 뒤 자기 부대원으로 배치해 빨치산 부대의 행적을 쫓는 데 활용했다. 이렇게 만든 전향자 부대가 훗날 이현상을 비롯한 거물 빨치산을 소탕하는 데 큰 힘이 되었다.

빨치산이 장악한 칠보발전소 탈환 작전을 앞두고는 흥미로운 서신이 날아왔다. 빨치산 전북도당 사령부가 양측 대표가 만나 대화를 하자는 것이었다. 차일혁은 1중대장 우희갑 경위를 보냈다. 빨치산 측은 발전소는 인민의 재산이니 서로 파괴하지 말자, 우리와 함께 있는 사람들 중에 비무장요원들이 많은데 관대히 대해준다면 내려 보내겠다는 뜻을 전했다. 이 요청을 받아주자 단순 부역자나 노약자, 짐꾼들이 산에서 내려와 집으로 돌아갔다.

성질이 불같은 차일혁이 싫어하는 것이 세 가지 있었다. 그것은 회식 때 일본 노래 부르는 것과 적의 목을 따라는 지시, 작전에 지장을 준다고 사찰을 불태우는 것이었다. 전북경비사령부의 이경 보안과장이 차일혁에게 물었다.

"경비사령관이 참석한 회식 자리에서 상을 발로 걸어차고 나왔다면서?"

"간부들이 일본 노래 함께 부르는 것이 비위가 상해서 그랬습니다."

"자네 그 성질 고치지 못하면 큰 화를 당할 걸세."

훗날 그가 경찰서장을 할 때 기관장들의 회식 자리에서는 차일혁의 성향을 아는 기관장들이 절대 일본 노래를 부르지 않았다.

전북 부안에서 빨치산을 소탕할 때의 일이다. 도경찰국에서 사살한 적의 목을 잘라 와야 전과로 인정하겠다고 통보했다. 차일혁이 "적을 죽이면 됐지, 목까지 잘라서 뭐하자는 거냐?"고 따졌지만 소용이 없었다. 화가 치민 차일혁은 죽은 빨치산 간부 3명의 목을 잘라 소쿠리에 넣은 뒤 발송했다. 다음날 차일혁이 보낸 선물이 도경에 도착했다. 간부들이 '상납용으로 특산품을 보냈겠지' 하며 침을 삼키면서 보자기를 벗기자 허옇게 눈을 부릅뜨고 노려보는 빨치산 3명의 목이 튀어나왔다. 공비의 목을 처음 본 간부들은 기겁을 했다.

한번은 내장산에 작전을 나간 부하들이 유서 깊은 내장사를 불태웠다. 차일혁은 불같이 화를 내며 부하들에게 엄명을 내렸다.

"절대로 절을 불태우지 말라. 절을 태우는 데는 한나절이면 족하지만, 절을 세우는 데는 천년 이상의 세월로도 부족하다."

차일혁은 빨치산들의 은신처로 이용되고 있는 화엄사를 소각하라는 사령부의 명령을 거부했다. 대신 문짝만을 뜯어내 법당 앞에서 불태우는 것으로 명령을 이행했다. 이렇게 해서 조선 숙종 때 건립된 조선 시대 건축물의 백미인 국보 제67호 화엄사 각황전이 가까스로 살아남을 수 있었다. 1998년에 화엄사는 사찰을 지킨 차일혁 경무관의 공적을 기리는 공적비를 세움으로써 감사를 표했다.

허망한 죽음, 그러나 대한민국 경찰의 영원한 신화로 남다

전쟁이 끝나자 차일혁은 충주서장으로 발령을 받았다. 이어 1년 반 후에는 충주보다 더 규모가 큰 진해경찰서장으로 영전했다. 그때부터 차일혁에 대한 투서가 날아들기 시작했다. 그가 일제 시대에 중국에서 팔로군으로 복무했고, 토벌대장 시절 사상이 의심스러운 행동을 했다는 것이다. 특히 포로들을 죽이지 않고 풀어주어 지하공작을 시킨 것이 이적행위라는 것이다. 차일혁은 이 일로 조사를 받자 몹시 괴로워했다고 한다.

결국 차일혁은 7개월 만에 좌천되어 충남경찰국 경비과장을 거쳐 1957년 3월 공주경찰서장으로 발령받았다. 공주에서 차일혁은 예전과 달리 가족들과 오붓한 시간을 많이 가졌다.

운명의 1958년 8월 9일 토요일, 공주 금강나루 백사장.

오전 근무를 끝내고 가족들과 함께 물놀이에 나선 차일혁은 멋지게 강물 속으로 다이빙을 했다. 그리고는 아들에게 외쳤다.

"이 아버지를 잘 봐라!"

차일혁은 다시 물속으로 들어갔다. 그러나 10분이 지나도 머리가 물 밖으로 나오지 않았다. 그가 다시 물 밖으로 나온 것은 하루가 지나고서였다. 수색대원들이 무려 1.9킬로미터나 강을 내려가서야 시신을 찾을 수 있었다. 서른여덟, 너무나 이른 죽음이었다.

차일혁이란 사람이 없었으면 대한민국 경찰은 누구를 본으로 삼을 수 있었을까? 해방 후 경찰의 역사는 오욕의 역사였다. 경찰 수뇌부

소각 명령을 거부하고 지켜낸 화엄사를 1년 후 다시 찾은 차일혁.

와 중간 간부들은 온통 친일 경찰로 채워졌다. 이들은 양민 학살은 물론 이승만의 주구로, 나중에는 4.19 발포의 주역으로, 박정희와 전두환의 방패막이로 나섰으니 '진정한 경찰관'으로 내세울 변변한 인물이 없었다. 그나마 '차일혁'이란 걸출한 인물이 있었기에 후배 경찰관들의 표상으로 내세우고 교육시킬 수 있게 되었다. 2011년 경찰청은 고 차일혁 총경을 경무관으로 승진 추서했다.

빨치산 토벌 작전이 한창일 때 어느 부하가 차일혁 대장에게 물었다.

"공비 토벌이 끝나면 무엇을 하실랍니까?"

그는 담담하게 대답했다.

"나는 공비 토벌이 끝나면 깊은 산속의 절에 들어가 이념의 대결 속에 짓밟힌 무주고혼의 명복을 빌고 내 몸에 스며든 피비린내를 씻고 싶다."

참고문헌

가토 기요후미, 『대일본제국 붕괴』, 안소영 옮김, 바오, 2010.

강원룡, 『역사의 언덕에서 1~5』, 한길사, 2003.

국방부 군사편찬연구소, 『6.25전쟁과 채병덕 장군』, 2002.

국외소재문화재재단, 『우리 품에 돌아온 문화재』, 눌와, 2013.

권오영, 『고대 동아시아 문명 교류사의 빛 무령왕릉』, 돌베개, 2005.

김경임, 『클레오파트라의 바늘』, 홍익출판사, 2009.

김기협, 『해방일기 1~8』, 너머북스, 2914.

김동춘, 『전쟁과 사회』, 돌베개, 2000.

김득중, 『'빨갱이'의 탄생』, 선인, 2009.

김삼웅, 『독부, 이승만 평전』, 책보세, 2012.

김삼웅, 『김상덕 평전』, 책보세, 2011.

김삼웅, 『백범 김구 평전』, 시대의 창, 2004.

김삼웅, 『심산 김창숙 평전』, 시대의 창, 2006.

김삼웅, 『안두희, 그 죄를 어찌할까』, 책보세, 2014.

김삼웅, 『약산 김원봉 평전』, 시대의 창, 2008.

김성태, 『의사 김재규』, 매직하우스, 2012.

김정형, 『20세기 이야기 1940년대』, 답다, 2012.

김정형, 『20세기 이야기 1950년대』, 답다, 2012.

김준엽, 『장정1-나의 광복군 시절』, 나남, 2013.

김태우, 『폭격』, 창비, 2013.

김효순, 『간도특설대』, 서해문집, 2014.

남도현, 『잊혀진 전쟁』, 플래닛미디어, 2013.

데이비드 핼버스탬, 『콜디스트 윈터』, 정윤미 옮김, 살림, 2009.

마고사키 우케루, 『미국은 동아시아를 어떻게 지배했나』, 양기호 옮김, 메디치미디어, 2013.

문화재청, 『수난의 문화재』, 눌와, 2008.

미 해외참전용사협회, 『그들이 본 한국전쟁』, 박동찬·이주영 옮김, 눈빛, 2005.

박명림, 『한국 1950 전쟁과 평화』, 나남, 2002.

박명림, 『한국전쟁의 발발과 기원 1, 2』, 나남, 1996.

박완서, 『그 많던 싱아는 누가 다 먹었을까』, 세계사, 2012.

박완서, 『그 산이 정말 거기 있었을까』, 세계사, 2012.

박태균, 『한국전쟁』, 책과함께, 2005.

박환, 『만주지역 한인민족운동의 재발견』, 국학자료원, 2013.

빌 포셋, 『역사를 바꾼 100가지 실수』, 권춘오 옮김, 매일경제신문사, 2013.

서문당 편집실, 『다큐멘터리 중국 현대사』, 2014.

서중석, 『사진과 그림으로 보는 한국 현대사』, 웅진지식하우스, 2013.

션즈화, 『마오쩌둥 스탈린과 조선전쟁』, 최만원 옮김, 선인, 2010.

신기철, 『국민은 적이 아니다』, 헤르츠나인, 2014.

신명식, 『대한민국 임시정부의 안살림꾼 정정화』, 역사공간, 2010.

아마가와 에미코·기무라 요이치로, 『조선왕실의궤의 비밀』, 조양욱 옮김, 기파랑, 2012.

안재성, 『박헌영 평전』, 실천문학사, 2009.

안재성, 『이현상 평전』, 실천문학사, 2007.

야마모토 다다사부로, 『정호기』, 이은옥 옮김, 에이도스, 2014.

에드워드 L. 로우니, 『운명의 1도』, 정수영 옮김, 후아이엠, 2014.

엔도 기미오, 『한국의 마지막 표범』, 이은옥 옮김, 이담북스, 2014.

왕수쩡, 『한국전쟁』, 황선영·나진희 옮김, 글항아리, 2013.

유시민, 『나의 한국현대사』, 돌베개, 2014.

이관술, 『이관술 1902-1950』, 사회평론, 2006.

이구열, 『한국문화재 수난사』, 돌베개, 2013.

이덕일, 『근대를 말하다』, 역사의 아침, 2012.

이덕일, 『우리 안의 식민사관』, 만권당, 2014.

이덕일, 『이회영과 젊은 그들』, 역사의 아침, 2009.

이덕일, 『잊혀진 근대, 다시 읽는 해방전사』, 역사의 아침, 2013.

이동훈, 『전쟁영화로 마스터하는 2차세계대전 : 태평양전선』, 가람기획, 2009.

이상국, 『나는 조선의 총구다』, 세창미디어, 2012.

이상돈, 『미 해병대 한국을 구하다』. 기파랑, 2013.

이연식, 『조선을 떠나며』, 역사비평사, 2012.

이완범, 『한반도 분할의 역사』, 한국학중앙연구원 출판부, 2013.

이주한, 『한국사가 죽어야 나라가 산다』, 역사의 아침, 2013.

이철, 『경성을 뒤흔든 11가지 연애사건』, 다산초당, 2008.

이태진, 『외규장각 도서를 찾아서』, 지식산업사, 2010.

임영태, 『산골대통령, 한국을 지배하다』, 유리창, 2013.

전계완, 『일본, 다시 침략을 준비한다』, 지혜나무, 2014.

정운현, 『친일·숭미에 살어리랏다』, 책보세, 2012.

조셉 C. 굴든, 『한국전쟁 비화』, 김병조 옮김, 청문각, 2002.

존 키건, 『2차세계대전사』, 류한수 옮김, 청어람미디어, 2007.

존 톨랜드, 『존 톨랜드의 6.25전쟁』, 김익희 옮김, 바움, 2010.

차길진, 『빨치산 토벌대장 차일혁의 수기』, 후아이엠, 2011.

한국구술사학회, 『구술사로 읽는 한국전쟁』, 휴머니스트, 2011.

한성훈, 『가면권력』, 후마니타스, 2014.

한홍구, 『유신』, 한겨레출판, 2013.

허문명, 『김지하와 그의 시대』, 블루엘리펀트, 2013.

허은, 『아직도 내 귀엔 서간도 바람소리가』, 민족문제연구소, 1995.

황순종, 『식민사관의 감춰진 맨얼굴』, 만권당, 2014.

숨어 있는
한국 현대사

초판 1쇄 펴낸 날 2014. 11. 26
초판 4쇄 펴낸 날 2015. 6. 22

지은이 임기상
발행인 양진호
책임편집 위정훈
디자인 강영신
발행처 도서출판 인문서원

등 록 2013년 5월 21일 (제2014-000039호)
주 소 (121-894) 서울시 마포구 양화로 56 동양한강트레벨 718호
전 화 (02) 338-5951~2
팩 스 (02) 338-5953
이메일 inmunbook@hanmail.net

ISBN 979-11-952090-5-7(03900)

이 도서의 국립중앙도서관 출판시도서목록(CIP)은 서지정보유통지원시스템 홈페이지
(http://seoji.nl.go.kr)와 국가자료공동목록시스템(http://www.nl.go.kr/kolisnet)에서
이용하실 수 있습니다.(CIP제어번호: CIP2014030865)